Joan Chittister

Weisheitsgeschichten aus den Weltreligionen

W0179374

Das Buch

»Der wahre Sinn unserer Fragen liegt darin, aufzuwachen und die Augen zu öffnen für die Weisheit, die seit je in uns schlummert und nur darauf wartet, von uns entdeckt zu werden« (Joan Chittister). Die amerikanische Bestseller-Autorin gibt in diesem Buch Antworten auf die Lebensfragen von Menschen heute. Sie schöpft aus ihrer reichen Kenntnis der Weisheitsüberlieferung der Weltreligionen und verbindet sie mit eigener Erfahrung aus ihrer Begleitung von Menschen heute. So führt sie lebendig vor Augen, wie lebenspraktisch Spiritualität sein kann.

Die Autorin

Dr. Joan Chittister, Benediktinerin in den Vereinigten Staaten, Kursleiterin und spirituelle Begleiterin, Erfolgsautorin mit Auftritten im Fernsehen und eigener Internetpräsenz (www.benetvision.org). Sie unterstützt Initiativen für Frieden und interreligiösen Dialog.

Joan Chittister

Weisheitsgeschichten aus den Weltreligionen

Antworten auf die Fragen des Lebens

Aus dem Amerikanischen übersetzt von Annette Nau

HERDER

FREIBURG · BASEL · WIEN

HERDER spektrum Band 6640

Titel der Originalausgabe
Welcome to the Wisdom of the World
And its Meaning for You
Wm. B. Eerdmans Publishing Co.,
Michigan (USA) / Cambridge (Großbritannien) 2007
www.eerdmans.com
© 2007 Joan Chittister

Für die deutschsprachige Ausgabe
© Verlag Herder GmbH, Freiburg im Breisgau 2009

MIX
Papier aus verantwor-
tungsvollen Quellen
FSC® C083411

Taschenbuchausgabe
© Verlag Herder GmbH, Freiburg im Breisgau 2013
Alle Rechte vorbehalten
www.herder.de

Redaktion: Beate Vogt, Freiburg
Glossar: Dr. Ulrich Sander, Freiburg

Umschlagkonzeption: Agentur RME Roland Eschlbeck
Umschlaggestaltung: Verlag Herder
Umschlagmotiv: © Olga Lyubkin – Fotolia.com
Innengestaltung und Vignetten:
Weiß-Freiburg GmbH, Graphik & Buchgestaltung

Herstellung: CPI – Clausen & Bosse, Leck

Printed in Germany

ISBN 978-3-451-06640-5

Inhalt

Weisheit für unser
Leben heute

Einführung *9*

Antworten aus der
Hindu-Weisheit

1. Warum ist mein Leben so hektisch? *19*

2. Warum macht mir der Gedanke ans Älterwerden Angst? *31*

3. Was kann ich tun, um etwas zu verändern? *44*

4. Was macht einen spirituellen Menschen aus? *53*

5. Wie kann ich lernen, die Vergangenheit hinter mir zu lassen? *61*

Antworten aus der
buddhistischen Weisheit

6. Würde ich alles noch einmal genauso machen? *73*

7. Wie finde ich heraus, was das Richtige ist? *83*

8. Wie finde ich heraus, wem ich folgen soll? *91*

9. Was ist Erfolg? *101*

10. Ist es möglich, vergangene Fehler wiedergutzumachen? *108*

Antworten aus der
jüdischen Weisheit

11. Warum habe ich meinen Idealismus verloren? *119*

12. Warum komme ich einfach nicht weiter? *128*

13. Was kann ich tun, wenn mir alles zu viel wird? *136*

14. Gibt es etwas, das wirklich zählt? *144*

15. Warum wurde ich geboren? *152*

Antworten aus der
christlichen Weisheit

16. Warum kann ich nicht einfach alles hinter mir lassen? *161*

17. Was muss ich tun, damit mein Leben wieder aufregend
    wird? *170*

18. Wie kann ich erkennen, was wahr ist? *178*

19. Warum kann ich mich nicht ändern? *187*

20. Welchen Sinn hat das Leben? *194*

Antworten aus der
islamischen Weisheit

21. Warum stehen wir am Morgen auf? *205*

22. Wo ist Gott? *215*

23. Was ist Glück? *225*

24. Was ist wichtig im Leben? *233*

25. Warum habe ich das Gefühl, dass in meinem Leben
etwas fehlt? *243*

Anhang:
Die Wurzeln der Traditionen

I. Hindu-Weisheit: Die Bedeutung des Ewigen *252*

II. Buddhistische Weisheit: Das Loslassen des Begehrens *257*

III. Jüdische Weisheit: Gerechtigkeit und Freude *263*

IV. Christliche Weisheit: Der Ruf der Seligpreisungen *268*

V. Islamische Weisheit: Hingabe in Gemeinschaft *272*

Wichtige Begriffe   277

Erklärung der Vignetten   288

Danksagung und Widmung   291

Zur Autorin   295

Einführung
Weisheit für unser Leben heute

Sind die Menschen heute anders als früher? Gibt es etwas, das uns von unseren Vorfahren unterscheidet? Oder haben die Menschen vor uns dieselben Dinge durchgemacht wie wir heute? Antwort: Es kommt ganz darauf an, worüber wir reden.

Ja, wir unterscheiden uns von unseren Vorfahren, denn wir leben in einer anderen Zeit. Wir sind zwar die Erben einer bestimmten Kultur, doch jede Kultur ist wiederum typisch für ihre eigene Zeit. Was uns heute formt, unser Leben bestimmt und unsere Seelen bewegt, ist vermutlich anders als das, was die Menschen vor einem Jahrhundert geprägt hat.

Und dennoch haben die Menschen früher genau dieselben Dinge durchgemacht wie wir heute. Ganz gleich, wie unterschiedlich Zeiten, Orte und Kulturen auch sind, ganz gleich, wann und wo wir leben, wir sind doch alle Menschen – Menschen, die unabhängig von Zeit und Raum dieselben Emotionen kennen und durchleben.

Wir haben also etwas gemeinsam mit allen, die irgendwann und irgendwo auf dieser Erde gelebt haben. Sie alle haben mit denselben Fragen gekämpft und dabei ihre ganz eigenen Antworten gefunden. Wir halten heute eine Sammlung von Weisheit in den Händen, die so weit ist wie der Himmel und so alt wie die Geschichte der Menschheit selbst.

Dieses Buch beschäftigt sich mit den Antworten, die andere Kulturen und Völker lange vor unserer Zeit und unter völlig anderen Lebensumständen auf die Fragen gefunden haben, die uns auch heute noch quälen. Das Buch soll uns helfen, von der Weisheit jener zu profitieren, die zu anderen Zeiten und in anderen Traditionen mit denselben Fragen gerungen haben wie wir jetzt – nur eben anders.

Die Fragen, mit denen sich dieses Buch beschäftigt, stammen nicht aus Theologiebüchern oder philosophischen Abhandlungen, sondern wurden von ganz gewöhnlichen Menschen gestellt. Auf der Suche nach irgendeiner Art von Trost oder Richtung in ihrem Leben haben die Fragesteller jene Fragen gefunden, mit denen wir alle irgendwann in unserem Leben konfrontiert werden. Und sie taten dies auf die denkbar einfachste Weise: in Briefen.

Die distanzierteste und zugleich intimste Art, etwas zu schreiben, ist heute der ganz alltägliche, persönliche Brief in Form einer E-Mail. Die Anonymität der vernetzten Welt bewahrt die Absender davor, ihrem Gesprächspartner jemals in die Augen blicken zu müssen. Sie können sich mit anderen unterhalten, als ob sie mit sich selbst redeten. Die Verfasser sitzen im Dunkeln und stellen ihre Fragen. Ich sitze im Dunkeln und antworte darauf. Die Anzahl der Briefe, die ich über die Jahre hinweg tagtäglich erhalten habe, ist inzwischen auf mehrere Tausend gewachsen. Ich habe alle gelesen, und sieht man von einigen beschädigten Dateien, nicht identifizierbaren Adressen und fehlgeschlagenen Übermittlungsversuchen ab, habe ich auch jeden einzelnen beantwortet. Schließlich offenbaren die Menschen sehr wichtige Dinge, wenn sie mit jemandem kommunizieren, von dem sie glauben, dass er ihnen gerne zuhört, auch wenn sie ihn nicht kennen. Die Anfragen haben mich mehr über das Wesen der Menschheit gelehrt, als es soziologische Untersuchungen, Lehrbücher über die menschliche Entwicklung oder Philosophie-Vorlesungen je vermocht haben.

Das vorliegende Buch beschäftigt sich mit eben jenen Fragen und Problemen, die meine Leserinnen und Leser umtreiben und meine Mailbox zum Überquellen bringen. Doch geht es um mehr als das, nämlich darum, wie andere Völker, Zeitalter, Kulturen und spirituelle Traditionen mit diesen Problemen umgegangen sind. Vielleicht haben sie andere Worte und Bilder benutzt, ihre Fragen waren aber ganz gewiss dieselben.

Diese Fragen rühren daran, was es bedeutet, ein wirklich menschliches Wesen, ein wahrhaft spiritueller Mensch zu sein. Sie verdienen mehr als eine Antwort von der Art, wie sie auf den Lebensberatungsseiten der Klatschpresse zu finden sind. Sie verdienen es, dass wir uns ein Leben lang mit ihnen auseinandersetzen. Und deshalb sind sie der Gegenstand dieses Buches.

Hinter den Fragen, um die es hier geht, verbirgt sich weit mehr als das individuelle Problem einer bestimmten Person: Sie zeichnen die Konturen des menschlichen Daseins nach. Sie verfolgen die Reise der Seele durch den Alltag bis hin zum Tod und haben zum Ziel, ihre spirituelle Substanz zu stärken, um sie gegen den Druck von außen zu wappnen. Früher oder später im Leben muss sich jeder von uns mit diesen Fragen auseinandersetzen. Es gab bisher keine Kultur, die nicht mit ihnen fertig werden musste, keine spirituelle Tradition, die nicht mit ihnen gekämpft hat. Vielleicht sind sie genau deshalb so wichtig. Vielleicht ist es gleichzeitig aber auch ein Hinweis darauf, dass sie im Grunde nicht lösbar sind oder es zumindest keine endgültigen Antworten auf sie gibt. Und dennoch versuchen es die großen spirituellen Traditionen immer weiter.

Es gibt kein Wertesystem, das sich nicht auf irgendeine Weise mit genau diesen Problemen auseinandersetzt. Dieser Umstand mag das beste Maß dafür sein, was es bedeutet, spirituell zu wachsen. Er verdeutlicht, dass wir alle im Leben dieselben Reifeprozesse durchmachen müssen, um das zu werden, was in der Sprache der spirituellen Überlieferung «heilig» heißt. Damit ist gemeint: Wir alle müssen einen Weg finden, wie wir ein gutes und dynamisches Leben führen können. Ein jeder von uns muss sich durch die Wirren und Rätsel des Lebens kämpfen, um eins zu werden mit dem Universum und zu spiritueller Reife zu gelangen.

Die meisten Antworten auf die großen Fragen des Lebens finden sich nicht in katechetischen Handbüchern oder theologischen Abhandlungen. Vielmehr hat jede spirituelle Tradition ihre eigene Sammlung von Weisheitsgeschichten, die mehr offenbaren als Riten und Theorien es je könnten. Sie beleuchten ganz schlicht und einfach jene Momente im Leben, die wir nur allzu oft als vergänglich oder wertlos abtun, wobei wir übersehen, dass in ihnen die beunruhigendsten, herausforderndsten Themen unseres Lebens wie in einem Kristall eingeschlossen sind – Ehrgeiz, Erfolg, Sicherheit, Glück, Geduld, Liebe, Einsamkeit, Depression oder Versagen.

Während ich mich mit den Fragen meiner E-Mail-Schreiber auseinandersetzte und – unabhängig davon – die mystischen Schriften der großen spirituellen Traditionen las, wurde mir immer mehr bewusst, was es mit den großen Lektionen des Lebens auf sich hat. In jeder Kultur ist es weniger das Vermeiden von Sünden, das als das Wesen des «Heiligen» und als Voraussetzung für geistliche Reife gilt, sondern die Kultivierung eines spirituellen Bewusstseins.

Ich habe vieles gelernt aus den Fragen meiner Leserinnen und Leser. Die Anliegen meiner Leserinnen und Leser sollen Menschen, die mit denselben Fragen ringen und gleichsam Antworten jenseits der Grenzen ihres «Hier und Jetzt» suchen, als Vorlage dienen, um sich über die Bedeutung ihres eigenen spirituellen Ringens ein Urteil bilden zu können.

Die Weisheitsgestalten vergangener Zeitalter und anderer Kulturen, die lange vor uns nach Antworten auf solche Fragen gesucht haben, haben damit gekämpft, einen Weg durch die Höhen und Tiefen des Lebens zu finden. Sie waren Suchende, die danach strebten, die Äußerlichkeiten des Lebens hinter sich zu lassen, um zu seinem Kern zu gelangen. Menschen, die jenseits spiritueller Handlungsanweisungen das Wesen des spirituellen Lebens entdecken wollten. Menschen, die in anderen Zeiten und Traditionen in den hellen Strahl des spirituellen Lichtes getaucht sind und darin geformt wurden. Ihre Antworten sind Thema dieses Buches. Dieses Licht hat ihnen Weisheit geschenkt und sie in seiner Schönheit wachsen lassen. Sie dienen uns auch heute noch als Zeichen, dass wir es ihnen gleichtun können.

Jede der großen spirituellen Traditionen – Hinduismus, Buddhismus, Judentum, Christentum und Islam – trägt ihr eigenes Geschenk zu der Kunst bei, ein spirituelles Leben zu führen. Jede von ihnen bricht das Licht ihrer eigenen spirituellen Weisheitstexte in besonders scharfen und klaren Strahlen. Jede von ihnen schlägt einen eigenen Ton an, wenn sie die großen Lebenswahrheiten benennt, die gemeinsam einen Akkord, ja eine Symphonie der Wahrheit bilden.

Jede der großen spirituellen Traditionen spiegelt eine Vielzahl von Varianten ein und derselben Botschaft wider. Sie entspringen demselben spirituellen Impuls und streben nach denselben spirituellen Zielen – nach Frieden, Transzendenz und Freiheit der Seele. Doch oft haben sich subtile Unterschiede herausgebildet, die Bräuche und Glaubensausübung betreffen. Diese historischen Veränderungen sind jedoch nicht Gegenstand dieses Buches, obwohl sie interessant und wichtig sind.

Dieses Buch beschäftigt sich mit der Weisheit, die sich im Laufe der Jahrhunderte in den verschiedenen Traditionen herausgebildet hat und für uns heute immer noch von Bedeutung ist. Dieses Buch schöpft aus der Weisheitsliteratur der verschiedenen Traditionen, um, wie ich hoffe, neues Licht auf die uralten, aber immer noch aktuellen Fragen der Menschheit zu werfen.

Fünfundzwanzig Fragen kommen zur Sprache, und jeweils fünf werden im Licht einer Weisheitsgeschichte aus Hinduismus, Buddhismus, Judentum, Christentum und Islam betrachtet. (Im Anhang dieses Buches finden Sie eine kurze Einführung in die Tradition der fünf Weltreligionen und ein Glossar, das kurze Stichworte zu wichtigen Begriffen enthält, die im Buch verwendet werden.)

Der Streifzug durch die Erkenntnisse und Vorstellungen, die andere Kulturen über das spirituelle Leben hatten, ist sehr aufschlussreich. Ob er Früchte trägt, hängt jedoch davon ab, wie offen unser Herz ist und wie frei unser Geist. Althergebrachte Konzepte aus neuen Blickwinkeln zu betrachten kann manchmal anstrengend sein. Doch es lohnt sich, die Mühen dieser Reise auf sich zu nehmen – kann sie uns doch zu den höchsten Gipfeln und den tiefsten Abgründen unserer Seele führen. Vielleicht verleiht sie sogar den Geschichten, die wir aus unserer eigenen Tradition kennen, neue Bedeutung und Aussagekraft.

Die Sufis beschreiben diesen Prozess in einer ihrer Geschichten ganz einfach und verständlich:

«Sag uns, was bei deiner Erleuchtung geschehen ist»,
sagte der Suchende. «Bist du göttlich geworden?»
«Nein, nicht göttlich», antwortete der Erleuchtete.
«Bist du heilig geworden?»

«Du meine Güte, nein», sagte der Erleuchtete.
«Was ist dann geschehen?», wollte der Suchende
wissen.
Und der Erleuchtete antwortete: «Ich bin
aufgewacht.»

Der wahre Sinn unserer Fragen liegt darin, aufzuwachen und
die Augen zu öffnen für unseren Gott, für unsere Welt und
für die Weisheit, die seit je in uns schlummert und nur darauf wartet, von uns entdeckt zu werden. Dies ist die größte
Aufgabe unseres Lebens.

Ich hoffe, dass Ihnen unsere Reise durch die großen Fragen des Lebens und die Antworten der Weisheitsgeschichten
neue Augenblicke der Achtsamkeit schenkt. Augenblicke der
Erleuchtung. Ich hoffe, dass Sie – wie alle Schüler des Lebens
vor uns – in der Weisheit vergangener Zeitalter jene Antworten finden, nach denen Sie gerade suchen. Ich hoffe, dass
diese Reise etwas in Ihnen weckt, das tiefgründiger ist als
jede Tatsache, mehr Wahrheit enthält als jede Erzählung und
Ihren Glauben stärkt. Mögen Sie erkennen, dass in jedem Ereignis im Leben eines Menschen ein Funken des Göttlichen
wohnt. Ihm wenden wir uns zu, wenn wir in diesem Leben
hier nach Sinn und Bedeutung suchen, nach ihm strecken
wir uns aus, wenn wir einmal der Vollendung unseres Lebens
entgegensehen.

*Antworten
auf Lebensfragen
aus der*
Hindu-Weisheit

Kapitel 1
Warum ist mein Leben so hektisch?

Als das Telefon auf meinem Schreibtisch läutete, war ich gerade dabei, die Tagesordnung für die nächste Gemeindeversammlung vorzubereiten. Das Kloster wirkte ruhig und verlassen an diesem Tag. Die Gänge waren wie ausgestorben, es gab keine Lautsprecherdurchsagen und niemand wartete vor meinem Büro auf einen Termin. Es war ein Tag, genau wie ich ihn brauchte: Ich hatte genug Zeit, um in Ruhe an meinem Projekt zu arbeiten und darüber nachzudenken. Später würde ich dann mit den anderen Schwestern über die Hintergrundinformationen sprechen, die bei der Versammlung präsentiert werden sollten. Sicher hatte ich auch noch Zeit, um etwas zu lesen.

Da fing das Telefon wieder an zu läuten. Dieses Mal war es ein doppeltes Klingeln – das Zeichen, dass ich den Anruf nicht einfach auf die Rückrufliste setzen konnte. Was auch immer das Anliegen des Anrufers war, es duldete keinen Aufschub. Ich schüttelte den Kopf und nahm den Hörer ab.

Ob ich einen Kommentar abgeben könnte zu einer gerade veröffentlichten aktuellen Stellungnahme, fragte der Reporter einer Nachrichtenagentur am anderen Ende der Leitung.

«Nein», antwortete ich ihm. «Ich habe sie noch nicht gelesen.»

Ob ich trotzdem ein paar Worte zum Thema sagen könne, wollte er wissen.

«Nein», sagte ich. «Ich kann keinen Kommentar zu etwas abgeben, mit dem ich mich nicht ausführlich beschäftigt habe.»

Ob ich bereit sei, den Text zu lesen, fragte er weiter.

«Natürlich werde ich ihn lesen», sagte ich, «aber er liegt mir im Moment nicht vor.»

Ob er das Dokument schicken könne, um später mit mir darüber zu sprechen, drängte er.

Ich überlegte kurz: Wenn er es heute, am Donnerstag, in die Post gab, war es nicht vor Montag hier. Dann war die Versammlung vorbei und ich hatte genug Zeit, um das Ding zu lesen. «Ja, das geht», sagte ich und wir beendeten das Gespräch.

Als ich mich wieder daranmachte, meine Notizen für die Sitzungsvorbereitung zu ordnen, fing das Faxgerät im Büro gegenüber an zu rattern. «Was ist denn mit dem Faxgerät los?», fragte ich die Sekretärin fünf Minuten später. «Da kommt ein Fax aus New York für dich rein», antwortete sie. «Es sind schon über siebzig Seiten, und bisher ist kein Ende in Sicht.»

Ich kann mich noch gut an den Schock erinnern. Der Reporter, mit dem ich gerade am Telefon gesprochen hatte, war schon dabei, mir den Text zu schicken, den ich kommentieren sollte. Der Papierstapel, den eine Sekretärin im fast 1000 Kilometer entfernten New York in ein Faxgerät fütterte, wurde bereits in Erie, Pennsylvania, von einer anderen Sekretärin in Empfang genommen. Auf dem letzten Blatt hatte der Reporter handschriftlich vermerkt, dass er am Nachmittag anrufen würde, um mit mir über das Material zu sprechen. Da ging er hin, der Tag. Vorbei war es mit der Ruhe und der Stille. Meine Pläne waren zunichte.

Das ist Hektik. Das ist die Art von Unmittelbarkeit, in der die Welt heute lebt. Das ist Stress. Das ist das typische Leben, das Sie und ich heute führen.

An jenem Tag habe ich etwas gelernt, das mir noch Jahre später zu denken geben sollte: Die alten Gewohnheiten, nach denen wir früher unser Leben geplant, unsere Zeit eingeteilt und unsere Arbeit organisiert haben, sind ganz einfach vom Tempo des Faxgeräts, des Telefons, der E-Mail, des Autos und des Flugzeugs verdrängt worden. Alles ist einfach zu schnell, zu nah, zu erreichbar geworden. Zeit und Raum schützen uns nicht mehr vor dem Karussell, das sich «Leben» nennt. Ununterbrochen dreht es sich um uns, ganz gleich, wie weit entfernt wir uns auch von seinem Zentrum wähnen.

Darüber haben wir etwas Wichtiges vergessen – falls es uns je bewusst war: Nicht alles, was möglich ist, ist auch notwendig und wichtig.

«Wenn man früher die Postkutsche verpasste», erzählte mir jemand, «ging man einfach nach Hause und wartete auf die nächste. Das war überhaupt kein Problem, sie kam ja alle sechs Monate vorbei. Heute», fuhr er fort, «ärgern sich die Leute, wenn sie ein Abteil in der Drehtür verpassen.»

Der Humor dieser kleinen Anekdote ist natürlich erfrischend, doch er trügt. Die Erkenntnis, die dahintersteckt, ist nicht zum Lachen, sondern sehr ernst. Wir haben unsere Seelen an die Ablenkung, die Aufregung, die Geschwindigkeit und das Chaos verraten. Wie Marionetten tanzen wir an Fäden, die wir selbst zu dirigieren glauben. Wir haben die Ruhe der Reflexion über das, was uns wichtig ist, aufgegeben, um uns dem Trugbild des «Sofort», dem schnellen Tun, der schnellen Entscheidung hinzugeben.

Doch nichts, was im Leben wirklich wichtig ist, geschieht sofort. Die Unmittelbarkeit, die sich dem zeitgemäßen «Sofort» verdankt, kann uns zwar Befriedigung schenken, um Qualität geht es dabei jedoch nicht. Sie zielt lediglich auf unsere Impulse ab: Wir können ausdrücken, welches Begehren uns gerade quält. Wir können sagen, was uns in den Sinn kommt. Wir können haben, was immer wir wollen, ohne in Ruhe über dessen Wert nachzudenken. Schnelle Lösungen können unsere Wut dämpfen und unsere Gefühle, Begierden, Triebe und Bedürfnisse befriedigen. Um Sorgfalt geht es dabei aber nicht. Und auch nicht um Reflexion.

Große Lebensentscheidungen und -ereignisse verlangen von uns, dass wir tief in unsere Seele hineinlauschen, dorthin, wo es keinen Lärm mehr gibt. An diesem Ort findet jeder Einzelne ganz persönliche Motive, die es zu hinterfragen gilt: Warum denke ich überhaupt daran, dieses oder jenes zu tun, jemanden mit etwas zu konfrontieren, diesen oder jenen Schritt zu gehen? Was geschieht, wenn ich es tue? Werde ich dadurch mehr – oder weniger – ein Mensch sein? Wird mein Leben deshalb mehr im Einklang mit meiner Seele sein oder nicht?

Und was geschieht, wenn ich in einer solchen Situation nicht «sofort» zu einer Entscheidung kommen kann? Wie soll ich einer Welt, die mit Höchstgeschwindigkeit vorbeidonnert und Taten statt Besinnung erwartet, sagen, dass dieser Moment, diese Situation mehr verlangt als eine reflexartige Reaktion? Wie mache ich klar, dass ich gerade nicht reden möchte, sondern in Ruhe nachdenken muss? Wie drosselt man die Geschwindigkeit einer Welt, die gerade dabei ist, sich kopfüber ins Chaos zu stürzen? Wie erkenne ich den Unterschied zwischen dem, was getan werden muss, und dem, was getan werden kann? Wie entscheide ich, was ich tun muss, um sowohl das eigene als auch das Leben der anderen bedeutsam und dauerhaft zu bereichern?

Es ist nicht leicht, Antworten auf diese Fragen zu finden. Das Einfachste ist natürlich, keine Rücksicht auf die Menschen zu nehmen, die dich mit ihren Anliegen stören. Zwar mag es sein, dass ihre Bitten an sich kein Problem darstellen, sie aber einfach nicht mit den anderen Dingen vereinbart werden können, zu denen du dich verpflichtet hast. «Sag einfach, dass du keine Zeit hast», meinen die einen. «Sag einfach, dass du es nicht machen kannst», raten die anderen. Aber sie haben nicht verstanden, worum es geht, oder? Sie reden von Zeit, aber du machst dir Sorgen um dein Leben – um dein Leben und darum, wie alles zusammenpasst, welchen Sinn es hat und was geschieht, wenn du jetzt Nein sagst.

Tief in deinem Inneren befürchtest du – weißt du –, dass die Welt sich einfach weiterdrehen wird, wenn du diese Bitte jetzt abschlägst. Nichts wird sich wirklich ändern – ein anderer wird liebend gerne das tun, was du nicht tun möchtest. Alles, was passieren wird, ist, dass eine Party ohne dich stattfindet, dass du dieses Mal nicht befördert wirst, du wichtige Beziehungen nicht knüpfen kannst oder eine spannende Erfahrung verpasst.

Was dann?

Dann ist es an der Zeit, dein Leben neu zu überdenken. Wie sieht das Leben für dich aus, wenn du in Ruhe darüber nachdenkst? Was möchtest du überhaupt, wonach sehnst du dich in deinem tiefsten Inneren? Was würdest du aufgeben, um an dein Ziel zu gelangen? Was vermag dir Leben zu schenken? Es ist an der Zeit zu überlegen, bis zu welchem Punkt etwas lebensspendend ist und ab wann selbst das Lebensspendende tödlich für dich wird.

Dann ist es vielleicht an der Zeit, das Leben neu zu definieren. Wir müssen aufhören, Dinge zu tun, die getan werden können, aber nicht zwingend getan werden müssen – zumindest nicht von uns. Es gilt, die Dinge in unserem Leben auszumachen, die wir nicht tun wollen, damit wir das, was wir tun möchten, mit mehr Energie, Sorgfalt und innerem Frieden erledigen können.

Wir müssen uns fragen, ob das Diktat des «Sofort» für uns schon zur Normalität anstatt zur Ausnahme geworden ist. Es ist zwar nicht immer schlecht, mehr auf sich zu nehmen, als man eigentlich möchte, doch wenn wir den Punkt erreicht haben, an dem wir ständig überlastet sind, sollten wir über eine wichtige spirituelle Frage nachdenken.

Ruhe, Regelmäßigkeit und Stille sind spirituelle Übungen, die so alt sind wie die Heiligen der großen Traditionen selbst. «Gott», so lehrt uns die Hebräische Bibel, «ist nicht im Wirbelsturm».

Im Wirbelsturm unseres Lebens, im Wirrwarr von Ereignissen, Menschen und Arbeit riskieren wir, dass das Leben uns aus den Händen gleitet und wir das Ziel aus den Augen verlieren. Eines Tages stellen wir plötzlich fest, dass wir nicht mehr wissen, um was es in unserem Leben eigentlich geht. Das Einzige, was wir noch wissen, ist, dass es um viel zu viel geht. Wir riskieren, Beziehungen zu verlieren, weil wir zu beschäftigt und rastlos sind, um die zwischenmenschliche Vertrautheit zu pflegen, die es braucht, um wahrhaft menschlich zu bleiben. Wir riskieren, die Orientierung zu verlieren. Wir riskieren, das zu verlieren, worauf die hinduistische Spiritualität am deutlichsten hinweist und womit uns die Mystiker aller Traditionen seit je konfrontiert haben: die vollkommene Versenkung in das äußerste Geheimnis des Lebens.

«Alles was ist und sein wird, ist hier drin», erinnert uns die christliche Mystikerin Juliana von Norwich (14. Jahrhundert) und deutet dabei auf eine Haselnuss in ihrer Hand. In diesem kleinen Samen steckt das ganze Potenzial, das ganze Versprechen der Zukunft. Die Entscheidungen, die wir heute treffen, bestimmen über unser zukünftiges Leben – wenn nicht heute, dann vielleicht morgen, aber ganz gewiss in ein paar Jahren. In diesem Moment ist alles, was ist und sein wird.

Alles, was wir im Leben erreichen können, liegt bereits in uns. Wir müssen nur lernen, es zu erkennen und in Anspruch zu nehmen, damit es über die Qualität unseres zukünftigen Lebens bestimmen kann. Müssen wir viel dafür tun? Natürlich müssen wir das. Reflexion ist keine selbstverliebte Freizeitbeschäftigung, sondern die konzentrierte Leistung, vollkommen menschlich zu sein und unsere Begabungen so zu nutzen, dass wir uns weiterentwickeln, anstatt uns selbst zu zerstören.

Eine indische Geschichte erzählt von einem Flaschengeist, dem wir alle in unserem Kampf gegen die Hektik begegnen:

Es war einmal ein Kaufmann, der verbrachte seine Ferien in einem kleinen Dorf. Als er zum Marktplatz ging, um sich die Stände zu besehen, entdeckte er einen Mann, der eine Flasche in der Hand hielt. Er fragte ihn: «Was verkaufst du, mein Freund?»

«Ich verkaufe meinen Flaschengeist», antwortete der Mann.

«Nun, was kann er denn?», fragte der Kaufmann.

«Oh, er kann alles, was du von ihm verlangst», sagte der Händler. «Er macht das Unmögliche möglich.»

«Aber warum verkaufst du ihn dann?», wollte der Kaufmann wissen.

«Weil ich keine Wünsche mehr habe», antwortete der Händler. «Der Geist erfüllt zwar alle Wünsche, aber er raubt einem die Kräfte. Er kann nicht müßig sein und braucht immer eine neue Aufgabe, eine neue Beschäftigung. Sonst zerstört er alles, was er zuvor geschaffen hat.»

«Ich habe viele Wünsche und Aufgaben, die erledigt werden müssen», sagte der Kaufmann. «Ich kaufe ihn.» Als sie bei der Unterkunft des Kaufmanns ankamen, sagte der Geist: «Nun Herr, sag mir, was ich für dich tun soll. Ich verspreche dir, du wirst zufrieden sein. Aber bevor du es genießen kannst, musst du mir meine nächste Aufgabe stellen.»

«Als Erstes», sagte der Kaufmann, «sollst du Grenzlinien um meine Ländereien ziehen und Mauern darauf errichten.»

Der Geist klatschte in die Hände und sprach: «Deine Ländereien sind umgrenzt, Herr. Nun stell mir meine nächste Aufgabe.»

«Du erfüllst tatsächlich alle Wünsche», freute sich der Kaufmann. «Ich bin so froh, dass ich dich habe. Als Nächstes sollst du Häuser auf meinen Ländereien errichten.»

Der Geist klatschte wieder. «Es ist geschehen, mein Herr. Es gibt Fabriken, Theater, Schwimmbäder und Marktplätze, die voller Menschen sind.»

«Großartig», sagte der Kaufmann. «Jetzt möchte ich, dass du mich zum König der Welt machst. Bau mir einen Palast und bereite die Krönungsfeier vor. Lade alle wichtigen Leute ein. Hol Dichter, Musikanten und Tänzer herbei und lass die Gaukler ihre Späße treiben.»

Der Geist klatschte wieder und sprach: «Du bist nun der alleinige Herrscher der Welt. Hier ist deine Krone. Kleide dich festlich und genieße es, der mächtigste und wichtigste Mensch auf Erden zu sein. Doch bevor du gehst, stell mir bitte meine nächste Aufgabe.»

Der Kaufmann fühlte sich wie gelähmt. All seine Wünsche waren in Erfüllung gegangen. Da erinnerte er sich plötzlich an die Warnung des Händlers: Wenn er den Geist nicht weiter beschäftigte, würde er alles, was er bis dahin geschaffen hatte, wieder zerstören.

Der Schweiß rann ihm von der Stirn. Jetzt gab es nur noch einen, der ihm vielleicht helfen konnte. «Geist», sprach er, «bevor ich zum Herrscher der Erde gekrönt werde, würde ich gerne meinen spirituellen Meister um seinen Segen bitten. Bring mich zur Höhle des Heiligen im Himalaja-Gebirge.» Also klatschte der Geist ein weiteres Mal, und schon war der Kaufmann dort.

«Segne mich, o Heiliger, segne mich», flehte der Kaufmann. «Ich stecke in großen Schwierigkeiten. Ich habe heute Morgen einen Geist gekauft, der alle Wünsche erfüllt. Nun habe ich keine Begehren mehr, all meine Wünsche sind wahr geworden. Doch habe ich den Geist unter der Bedingung gekauft, ihn immerzu mit neuen Aufgaben zu beschäftigen. Tu ich dies nicht, zerstört er alles, was er geschaffen hat. Und jetzt weiß ich nicht, was ich mit ihm tun soll.»

Der Heilige, der nackt auf seiner Strohmatte saß, begrüßte den Kaufmann mit einem strahlenden Lächeln.

«Sorge dich nicht, mein Sohn. Es ist ganz einfach, diesem Geist eine immerwährende Aufgabe zu stellen. Aber zunächst beruhige dich», sagte der Heilige.

«Ich kann mich nicht beruhigen», rief der Kaufmann. «Ich bin furchtbar aufgeregt, nervös und angespannt. Ich mache mir Sorgen und habe Angst. Rette mich!»

«Hör gut zu, mein Kind», sprach der Heilige. «Befiehl dem Geist, dir die längste Bambusstange zu bringen, die er finden kann. Dann befiehl ihm, sie fest und sicher in den Boden zu stecken. Wenn die Stange fest im Boden verankert ist, sagst du dem Geist, dass er solange an ihr hoch und runter klettern soll, bis er weitere Anweisungen von dir erhält. So ist er immer beschäftigt, und du kannst dein Leben ungestört und ohne Angst genießen.»

«Wie dumm von mir, dass ich nicht selbst auf diese einfache Lösung gekommen bin», stöhnte der Kaufmann.

«Wenn man von Angst und Sorge besessen ist, kann man keine einfachen Lösungen finden», sagte der Heilige. «Erst warst du von deiner Gier geblendet und hast den Geist gekauft. Als der Geist deine Wünsche zu schnell erfüllte, machte dir die Geschwindigkeit, mit der er deinen Befehlen nachkam, Angst. Dann wurdest du nervös und angespannt, weil du die drohende Zerstörung fürchtetest. Nun geh und fühl dich frei.» Der Heilige hielt einen Moment inne.

«Doch bevor du gehst», fuhr er fort, «wisse dies. Auch ich habe einen Geist. Und auch ich habe eine Stange für ihn.»

Da öffnete der Heilige seine Hand und zeigte dem Kaufmann seine Gebetskette.

Diese Geschichte hat sämtliche Eigenschaften eines Märchens, doch ist sie keines. Sie ist die Geschichte unseres Lebens. Sie handelt davon, was es bedeutet, als Erwachsener in einer Welt zu leben, die unaufhaltsam an einem vorbeirast. Und tatsächlich besitzen wir alle einen solchen Geist. Er ist die Sehnsucht nach Erfolg, die Hoffnung auf Anerkennung, der Durst nach Möglichkeiten und der Hunger nach Aufregung. Er ist das quälende Bedürfnis nach Leistung, nach Lob, nach absoluter Unverwüstlichkeit. Er ist ein Geist, der in jedem von uns wohnt. Er ist der «Geist der Möglichkeiten», für den wir einen hohen Preis bezahlen müssen. Der Preis ist unser Leben.

Das Schwierige daran ist, dass nur wir selbst in der Lage sind, den Geist zu zähmen, bevor es zu spät ist.

Zähmen können wir ihn nur, indem wir unsere Grenzen erkennen und sie frühzeitig abstecken. Zum Beispiel hätte ich den Reporter schon zu Beginn des Telefongesprächs unmissverständlich darauf hinweisen müssen, dass ich vor nächster Woche keine Zeit haben werde, das Dokument zu lesen und zu kommentieren.

Der hinduistische Meister zeigt uns, dass wir beginnen müssen, uns denjenigen Dingen in unserem Leben zu widmen, die auch dann noch wichtig sein werden, wenn all unsere Aufgaben, Besitztümer, Stellungen und Ehrungen zu Staub zerfallen sind. Wir müssen in der Gegenwart Platz machen für die Dinge der Ewigkeit.

In unserem Leben wird es natürlich immer Unterbrechungen geben. Es wird immer wieder Forderungen geben, die unseren sorgfältig ausgearbeiteten Zeitplan über den Haufen werfen und uns dazu zwingen, uns zu verbiegen. Wir werden immer entscheiden müssen, was wir auf jeden Fall auf unseren Zeitplan setzen müssen und was darauf gesetzt werden kann, aber nicht zwingend muss, weil es unser Leben nicht bereichert.

Es wäre unmoralisch, wenn wir uns nie in unserem Tun unterbrechen lassen würden, zum Beispiel von unseren Kindern, unseren Familien, unseren tatsächlichen Verpflichtungen und unserer Verantwortung uns selbst gegenüber, uns Zeit, Ruhe und Erholung zu gönnen. Doch wenn wir noch zusätzliche Dinge auf unseren Zeitplan setzen, zerstört dies meist nur die Freude und die Qualität all jener Dinge, die getan werden müssen. Denn dann fühlen wir uns zerrissen, ausgenutzt, gereizt und aus dem Konzept gebracht.

Warum ist mein Leben so hektisch? Weil wir, so lehrt uns der hinduistische Meister, den Geist, der «Möglichkeit» heißt, noch nicht mit der Aufgabe betraut haben, sich auf die wesentlichen Dinge des Lebens zu konzentrieren, die für unser Seelenwohl weitaus wertvoller sind, als es Hektik und Stress je sein könnten. Dazu zählt zum Beispiel, jeden Morgen aufzustehen und unseren Weg stetig, gelassen und voller Freude weiter zu verfolgen.

Menschen, die ein glückliches und erfülltes Leben führen, sind natürlich ständig damit beschäftigt zu wachsen, zu geben und das zu werden, zu sein und zu tun, wofür sie bestimmt sind. Beschäftigtsein als solches zerstört uns nicht. Gefährlich wird es erst dann, wenn wir ununterbrochen mit Dingen beschäftigt sind, die uns zerreißen anstatt uns Tiefe zu verleihen. Genau das macht den Unterschied aus, etwas zu tun, einfach weil wir dazu in der Lage sind oder weil wir berufen sind, es zu tun.

Der hinduistische Meister macht uns deutlich, dass wir unseren Flaschengeist an die Dinge im Leben binden sollen, die zu tun wir berufen sind, anstatt an alles, was möglicherweise getan werden kann. So kann aus «hektisch» bald schon heilig werden.

Kapitel 2

Warum macht mir der Gedanke ans Älterwerden Angst?

Eddie war 92 und ein Berg von einem Mann. Es schien, als seien die Jahre spurlos an ihm vorübergegangen. Mit 88 spielte er immer noch jeden Morgen Golf, und jeden Nachmittag traf er sich mit «den Jungs» zum Kartenspielen. Er lebte immer noch in dem Haus, in dem seine Kinder geboren worden waren.

Als er schließlich nach monatelangem Kampf gegen den Krebs keine Kraft mehr hatte und starb, kamen die Menschen von überall her, um ihm die letzte Ehre zu erweisen. Als wir Eddie auf seinem letzten Weg begleiteten, wurde mir bewusst, dass es eigentlich Eddie gewesen war, der uns die ganzen Jahre über auf unseren Wegen begleitet hatte.

Eddie hat uns auf den Weg der Tradition mitgenommen. Er hat uns die schönsten Seiten Polens gezeigt: Seine spirituelle Stärke, seinen Stolz auf die Geschichte, seine wunderbare Dichtung, die besondere Art, den Weihnachtsabend zu feiern, die Lieder und Familienbräuche. Er hat uns allen, ob Iren, Deutsche oder Afroamerikaner, deutlich gemacht, wie wichtig es ist, unser kulturelles Erbe zu verstehen und zu pflegen, um der Welt das zurückgeben zu können, was wir ihr schulden.

Eddie hat uns auf den Weg des Glaubens mitgenommen. Er führte ein spirituelles Leben, das so beständig und alltäglich wie das unsere war. Doch im Vergleich zu uns tat er es immer und überall.

Eddie hat uns auf den Weg mitgenommen, den Sinn für Familie in uns zu pflegen. Er war der einzige mir bekannte Mann aus seiner Generation, der sich über seine Vaterrolle definierte. Und er tat dies so klar und selbstverständlich, wie eine Frau sich nicht besser über ihre Mutterrolle definieren könnte. Vater zu sein war sein größtes Glück und zählte für ihn viel mehr als sein Geld, seine Arbeit, sein sozialer Status, die Größe seines Hauses oder das Prestige seiner Beziehungen. Nur seine Kinder waren wirklich von Bedeutung: Seine Kinder, seine Enkel, die Nachbarskinder und alle anderen, die er mit offenem Herzen in seine Arme schloss.

Eddie hat uns auf den Weg der Kultur mitgenommen. Er war der Inbegriff des intellektuellen Lebens. Er liebte die Oper, die Literatur und die Kunst. Ganz besonders wichtig war ihm aber das Gespräch mit anderen. Und, ja, ich weiß, er war äußerst rechthaberisch. Das rührte daher, dass er immer über alles genauestens Bescheid wissen wollte. Er hatte zwar keinen akademischen Abschluss, aber er las mehr als die meisten Professoren, stellte mehr Fragen als die meisten Wissenschaftler und verlangte ausführlichere Antworten als die meisten Experten.

Er konnte hartnäckig und starrköpfig sein, wenn es um seine Meinung ging. Es war typisch für ihn, andere Ansichten einfach abzutun, wenn sie ihm nicht gefielen. «Nein, nein, nein, nein», sagte er dann einfach, immer und immer wieder. Am Ende erreichte er aber stets genau das, was er damit bezwecken wollte: Er brachte uns dazu, eine Sache zu überdenken – immer und immer wieder.

Schließlich hat Eddie uns auf einen Weg mitgenommen, die Vision einer besseren Welt zu entwickeln, ob auf lokaler, nationaler oder globaler Ebene. Seine Ziele waren hochgesteckt, seine Werte waren richtig.

Der Mittelpunkt seines Lebens war ein kleiner Laden, der sich in einer heruntergekommenen Straße im ärmsten Viertel der Stadt befand. Dort bediente er Menschen, denen der Rest des Landes immer noch nicht erlaubte, Wasserspender zu benutzen oder im Restaurant zu essen. Nein, Eddie hat nie Millionen verdient. Aber er hat Millionen von Herzen gewonnen und das Leben vieler Kinder für immer verändert, weil er sie dazu brachte, besser von sich selbst zu denken.

Als Eddie starb, weinten kleine Kinder und erwachsene Männer.

Helen ist gerade 92 geworden. Sie ist ein wenig geschrumpft, seit ich sie zum ersten Mal gesehen habe. Damals trug sie eine Pelzstola um die Schultern, ihr blondes Haar hatte sie hinter die Ohren geklemmt und der lange Mantel umspielte beim Gehen ihre Figur. Helen war der Inbegriff des Lebens. Kein Raum schien groß genug zu sein, um sie aufnehmen zu können.

Sie ließ sich nie einen Vortrag entgehen und lud jeden Redner persönlich zu sich nach Hause ein. Es gab keine Frage, der sie nicht bis ins kleinste Detail nachging, und keine Antwort, vor der sie zurückschreckte. Sie war hungrig nach Leben, so als ob es sich hinter der nächsten Ecke verstecken würde und sie sich beeilen müsste, damit sie es nicht verpasst.

Die Männer in ihrer Familie waren alle Geschäftsleute und politisch konservativ. Helen dagegen war politisch eher links eingestellt. Oft beobachtete ich, wie die Männer skeptisch die Stirn runzelten, wenn Helen etwas sagte, doch keiner wagte es je, sich mit ihr anzulegen.

Lange nachdem sich die meisten Menschen normalerweise aus dem öffentlichen Leben zurückziehen, fing Helen einfach noch einmal von vorne an. Mit über 70 Jahren beschloss sie, die Grenzen der Kleinstadt, in der sie knapp sieben Jahrzehnte gelebt hatte, zu durchbrechen. Zwar liebte sie ihre Stadt, doch konnte diese Helen einfach nicht die intellektuelle Anregung bieten, die sie brauchte. Also verbrachte sie von da an jeden Sommer mit einem Großteil ihrer Familie in dem Bildungs- und Erholungszentrum am Chautauqua-See im Bundesstaat New York, wo für gewöhnlich viermal am Tag Vorträge, Lesungen, Tanz, Theater oder andere Veranstaltungen zu den unterschiedlichsten Themen angeboten werden.

Dort stellte sie die große Veranda hinter ihrem Haus am See für private Seminare zur Verfügung. Es gab kaum einen Gelehrten oder Künstler, der nicht in den Genuss ihrer Unterstützung kam. Wenn sie etwas nicht selbst erledigen konnte, sorgte sie dafür, dass es andere für sie taten.

Junge Menschen, neue Ideen, schwierige Fragen und unerwartete Antworten brachten sie zum Erblühen. Sie war die Jugend in Person.

Allein, sie war es eben nicht, schließlich war sie inzwischen über 90. Trotzdem trieb sie jeden in ihrer Familie und in ihrem Bekanntenkreis dazu an, mehr zu lernen, mehr zu tun, mehr zu entdecken und mehr zu sein als das, was sie sich je vorzustellen wagten. Kein Staubkorn konnte sich auf ihrer Seele niederlassen, keine Spinnwebe verhüllte ihren Geist.

Als ein befreundeter Facharzt für Geriatrie ihr den Rat gab, sie solle sich endlich einen Hausarzt suchen, erzählte sie, dass ihr ein Arzt nahegelegt habe, sich doch einmal mit einem Sozialarbeiter für Altenarbeit zu treffen. Als sie den Rat befolgte, sagte ihr der Sozialarbeiter, der mindestens 50 Jahre jünger war als sie, sie solle mehr unter die Leute gehen und Bastelnachmittage besuchen! «Und das bei meinen schlechten Augen!», fügte Helen hinzu.

Helen ist nicht aus dem Holz, aus dem man Mitglieder fürs Seniorenbasteln schnitzt. Sie ist die Ideenbeauftragte ihrer Familie, der Mittelpunkt des intellektuellen Lebens ihrer

Gemeinschaft am See. Und sie war eine Philanthropin: In einer Zeit, in der Patriotismus eher für Militarismus stand als für weltweite Kooperation, hatte sie bei der Gründung einer Friedensvereinigung mitgewirkt. Zudem hatte sie mindestens zwei globale Projekte ins Leben gerufen, deren Entwicklung sie mit großem Eifer verfolgte. Helen dazu aufzufordern, ihre Zeit mit Basteln zu verbringen, ist so, als würde man Henry Ford sagen, er solle Dreirad fahren. Das Traurige an der Sache ist nicht, dass Helen kein Interesse an Bastelkränzchen hat, sondern dass jüngere Menschen ganz selbstverständlich davon ausgehen, dass sie aufgrund ihres Alters Interesse daran haben müsste.

Der große Pianist Vladimir Horowitz hatte seine Heimat Russland schon früh in seinem Leben verlassen. Erst im Alter von 82 Jahren kehrte er nach Moskau zurück, um dort sein erstes Konzert nach mehr als 60 Jahren zu geben. «Wie haben die russischen Kritiker auf Sie reagiert?», fragte ihn ein Reporter. «Oh», antwortete Horowitz bedächtig, «nicht anders als früher. Als ich fünf Jahre alt war, sagten sie, ich sei ‹sehr gut für mein Alter›. Jetzt, da ich 82 bin, sagen sie genau dasselbe.» Die Tendenz der modernen Welt, alte Menschen für ebenso unmündig wie Kinder zu behandeln, ist eins der hässlichsten Zeichen unserer Zeit.

Von Helen und Eddie habe ich gelernt, dass Jahre nicht mit Alter gleichgesetzt werden können. Es sind nicht die Jahre, die das Alter bestimmen. Das Alter ist eine Geisteshaltung. Zudem ist es eine Quelle der Weisheit, eine Mischung aus Erinnerung und Erkenntnis.

In den Upanishaden haben die Hindus eine Geschichte festgehalten, die diesen Unterschied sehr deutlich macht.

Es gab einmal eine Zeit, da fingen die Menschen an zu rufen: «Hier ist nicht genug Platz. Hier ist nicht genug Platz.» Und sie hatten Recht. Die Pflanzen in der Ebene waren so hoch und so dicht, dass kein Säbel und kein Messer mehr einen Weg hindurch zu bahnen vermochte. Eine dichte Decke aus Gras und Gestrüpp drohte die Bäume, die weit in den Himmel aufragten, zu ersticken und die Menschen für immer im Schatten ihrer Blätter einzusperren. Die Nahrung war knapp, da es kaum Platz gab, um etwas anzupflanzen.

Alle Lebewesen konnten sich ungehindert vermehren. Sie wurden immer größer und größer, ohne je zu altern. Das Gewicht des wimmelnden Lebens drohte die Erde unter sich zu zerquetschen. Die Rufe der Menschen wurden lauter und lauter: «Hier ist nicht genug Platz. Wir brauchen mehr Platz», flehten sie.

Hoch oben, auf dem Gipfel ihres Berges, vernahm Kali, die Göttin des Todes, die Rufe der Menschen und fuhr erschreckt aus dem Schlaf hoch. Sie sprang aus ihrem Bett und riss das Fenster des Schlafgemachs auf. Der Anblick, der sich ihren Augen bot, zerriss ihr das Herz. Unter dem Fenster drängten sich Massen von Menschen, eingezwängt zwischen dichten Mauern aus Bäumen, die so hoch waren, dass sie den Himmel verdeckten. Tiere aller Art bahnten sich vorsichtig einen Weg durch das Gedränge. Es stank nach Schweiß, und von überall her drangen schrille, panikerfüllte Schreie an Kalis Ohr.

Kali wandte sich um und rief eilends nach ihrer Dienerin, der Zeit. «Leg den Pferden ihr Geschirr an und spann sie vor den Wagen», befahl sie ihr.

Dann öffnete Kali ihre Schatztruhe und zog ein Päckchen nach dem anderen aus dem dunklen Inneren der Truhe, bis das ganze Gemach, vom Boden bis zur Decke, mit Geschenken vollgestapelt war. Ein jedes von ihnen war goldglänzend verpackt.

Als die Zeit den Wagen vorfuhr, befahl ihr Kali, die Päckchen aufzuladen. Ein kurzes Knallen mit der Peitsche genügte, und schon stürmten die Pferde über das Himmelszelt und trugen Kali und Zeit immer tiefer und tiefer, der Erde und all ihrem Leid entgegen.

Kali besuchte jedes Haus, jede Stadt und jedes Dorf. Jedes Mal, wenn sie anhielten, befahl sie der Zeit, einen Arm voll Geschenke aus dem Wagen zu holen und sie an alle zu verteilen, die dort lebten und gediehen. Gierig wurde die goldene Hülle aufgerissen, um zu sehen, was sich darunter verbarg. Doch der Inhalt der Geschenke rief alles andere als Begeisterung hervor.

Was Kali den Menschen brachte und für sie als Geschenk verpackt hatte, war Verfall, Schimmel, Staub, Rost, Verwesung, Falten, Kälte und Alter. An diesem Tag verfärbten sich die Blätter zum ersten Mal und fielen von den Bäumen. Die Stängel der Pflanzen vertrockneten, knickten um und fielen zu Boden. An diesem Tag sahen die Menschen zum ersten Mal faltige Gesichter, fühlten steife Glieder und Gelenke und blickten durch trübe Augen. Bald schon lernten sie den Tod kennen und den Schmerz des Verlusts – zuerst unter den Tieren, dann auch unter den Menschen. Die Alten gingen fort, um Platz für die Jungen zu machen.

Seit diesem Tag aber schickt Kali ihre Dienerin, die
Zeit, voraus, um ihr Kommen anzukündigen. Sie
bereitet die Menschen auf Kalis Geschenk vor und
übergibt ihnen ihr eigenes, ganz besonderes Geschenk.
Denn die Zeit bringt den Menschen weißes Haar,
verpackt in der goldenen Hülle der Weisheit.

Die Geschichte ist schockierend. Was für ein Geschenk ist
der Tod? Welchen Sinn hat Weisheit, wenn wir nicht ewig
leben? Wie sollen wir je das eine verstehen und das andere
akzeptieren oder mit den Folgen von beidem leben?

Auf den ersten Blick wirkt die Geschichte düster, ja sar-
kastisch. Die Menschen haben verzweifelt um Hilfe gefleht.
Doch welche Hilfe sind das Altern und der körperliche Verfall für Leute, die ohnehin schon unter den schrecklichen
Umständen zu leiden hatten, die die Zeitlosigkeit hervorrief?
Diese Frage stellt sich jedoch nur so lange, bis wir anfangen
zu begreifen, dass es ganz offensichtlich Werte gibt, die nur
die Zeit und das Alter uns schenken können.

Jede Stufe im Leben unterscheidet sich von der vorherigen.
Jede Stufe bringt ihre eigenen Geschenke, Eigenschaften und
Qualitäten mit sich. Diese können sich jedoch nur dann voll
entfalten, wenn wir bereit sind zu altern, eine Lebensphase
hinter uns zu lassen und die nächste mit offenen Armen zu
empfangen. Ohne diese Geschenke bleiben wir für immer
Kinder. Unsere Seelen könnten nicht wachsen, sie würden
weder weiser noch reifer. Unser Platz in der Gesellschaft ver-
änderte sich nicht. Wir blieben für immer am Leben und
somit nutzlos für alle, die nach uns kommen.

Wir trauern der Jugend nach, weil wir nicht in der Lage
sind, den Glanz des Alters zu erkennen.

Es ist offensichtlich, wo das Problem liegt: Wir haben vergessen, wie man älter wird. Wir wissen nicht mehr, wie man

eine Phase des Lebens loslässt, damit eine neue beginnen kann. Dies gilt sowohl in Bezug auf uns selbst als auch auf andere. Wir leben im Zeitalter der Alterslosigkeit, der Schönheitsoperationen und Fitnessstudios. Zwar können Fitnessstudios durchaus hilfreich für unsere körperliche Gesundheit sein, doch zu oft verleiten sie uns nur zu dem Irrglauben, dass Alter und Tod uns verschonen könnten. Aber was noch viel schlimmer ist: Die Vorzüge des Alters – weißes Haar und Weisheit, die Früchte der verschiedenen Lebensstufen, die Erkenntnisse, die wir in jeder Phase gewonnen haben und an andere weitergeben sollten – scheinen heute nichts mehr wert zu sein.

Also versuchen wir verzweifelt, unser Alter zu vergessen und zu leugnen. Wir verwechseln Vitalität mit Alterslosigkeit, so als ob es völlig unmöglich wäre, älter und gleichzeitig schöner, wertvoller, begehrenswerter und lebendiger zu werden. Großmütter kleiden sich wie Jugendliche, weil sie blind sind für den Glanz, den die Schönheit des Alters mit sich bringt. Großväter melden sich zum Krafttraining an – nicht weil sie gesund bleiben möchten, sondern jung. Fälschlicherweise sind sie zu der Überzeugung gelangt, dass körperliche Kraft mit Männlichkeit gleichzusetzen ist. Das Alter wird zum Feind, der hinter jedem Gespräch über Beruf, Zukunft oder Werte lauert.

Am schlimmsten ist jedoch, dass die Altersfeindlichkeit inzwischen in alle Bereiche des Lebens vorgedrungen ist. Menschen über 30 brauchen sich heute erst gar nicht mehr um Stellen zu bewerben, wenn diese im Bereich der Jugendkultur liegen. Als ob mit zunehmendem Alter die Fantasie verkümmern würde! Älteren Arbeitnehmern bietet man Sonderkonditionen für den vorzeitigen Ruhestand an, um sie schneller vom Arbeitsmarkt, von den Gehaltslisten und hinein ins intellektuelle Nirwana befördern zu können.

Die Industrie produziert laufend neue Roboter, elektronische Geräte und automatische Anrufbeantworter, anstatt die Erfahrung des Alters für ihre Zwecke zu nutzen. Und gleichzeitig ist es kaum noch möglich, in einer Welt der Callcenter und Telefonautomaten ein menschliches Wesen ans andere Ende der Telefonleitung zu kriegen, was dazu führt, dass sich ältere Menschen immer mehr von den rasanten Entwicklungen um sie herum ausgeschlossen fühlen. Selbst Mediziner verwechseln das Alter auf dem Krankenblatt nur allzu oft mit der Person im Bett.

«Oh, wie ich sehe, hat Ihnen jemand einen Blumenstrauß geschickt», sagte der Arzt zu einer Patientin, als er seine übliche Runde durch die geriatrische Abteilung der Klinik drehte. «Aber so eine schöne Frau wie Sie hat es ja auch verdient, dass man ihr Blumen schickt», fügte er hinzu.

«Das ist nicht ganz richtig, Herr Doktor», antwortete sie. «Um ehrlich zu sein, habe ich mir die Blumen selbst geschickt», fuhr sie fort. «Wie ich festgestellt habe, bekommen Patienten, die Blumen an ihrem Bett stehen haben, mehr Aufmerksamkeit vom Personal. Vermutlich denken sie, dass Leute, die Blumen bekommen, immer noch wertvoll genug sind, um einen Anspruch auf Pflege zu haben.»

Uns wird beigebracht, dass Menschen, die auf die 60 zugehen, an Wert verlieren, und wir erweisen uns als überaus gelehrige Schüler. Erfahrung wurde gegen den Glanz der Jugend eingetauscht, und Weisheit hält man für entbehrlich. Für die Erfahrung zahlen wir einen hohen Preis.

Es gibt jedoch noch einen anderen Aspekt der Altersfeindlichkeit, der in unserer Gesellschaft lauert, unsere Einstellung beeinflusst und auch unser eigenes Selbstwertgefühl herabsetzt: Wenn eine gewinnorientierte Kultur wie die unsere das Altern als eine Belastung empfindet, wird die Jugend zur stets erneuerbaren Billigware degradiert. Junge Arbeiter erledigen für wenig Geld Routinearbeiten, während Maschinen die wichtigeren Aufgaben übernehmen. Warum sollte man vernünftige und intelligente Menschen einstellen, die über Werte und ein ausgereiftes Gewissen verfügen, wenn man junge Bürokraten frisch von der Schulbank haben kann, die kaum etwas verlangen, sich willig fügen und keine Fragen stellen?

Doch in einer Welt, in der Fantasie, Erfahrung und neue Erkenntnisse der Motor der Arbeitswelt sind, ist der Preis, den wir für die Routine zahlen, hoch.

In einer Welt, die nur auf das Unmittelbare, auf das ewige «Jetzt», auf den Moment statt auf das Alter ausgerichtet ist, gibt es keinen Raum mehr für die Reflexion des Vergangenen.

Wir lernen zu verstecken, wer wir wirklich sind und was wir wirklich zu bieten haben, weil die Welt ihren Respekt vor Ideen, Erkenntnissen, Einsichten und Erinnerungen verloren hat.

Als Folge verlangsamen wir schon früh unseren Schritt. Wir altern vor der Zeit, weil wir – so paradox es auch klingen mag – Angst vor dem Älterwerden haben. Lange bevor es tatsächlich soweit ist, fangen wir an, Stück für Stück zu sterben. Wir wagen uns kaum noch aus dem Haus und laden niemanden mehr zu uns ein. Aus Angst, zum Gespött der Leute zu werden, gehen wir nicht mehr schwimmen, angeln, spazieren oder Radfahren. Wir fürchten Sprüche wie: «Schau dir mal die Alte auf dem Fahrrad an!», oder: «Na so was, da joggt ein Opa!», oder vielleicht: «Siehst du die Rentnergruppe, die da mit ihren Nordic-Walking-Stöcken vorbeimarschiert?» Oder aber: «Was weiß sie schon über langfristige Kapitalanlagen in einer Zeit, in der es nur noch Kurzwerbespots und ständig wechselnde Eilmeldungen gibt?»

Und doch zeigt uns genau die Frage, warum wir Angst vor dem Älterwerden haben, dass wir nun bereit für einen völlig neuen Lebensabschnitt sind. Wir wissen, dass wir an der

Schwelle zu einer neuen Lebensphase stehen. Wir haben nur noch nicht begriffen, dass es ganz allein von uns abhängt, wie wir diese gestalten. Das Alter ist die Zeit, die nach den durchtanzten Nächten, der anstrengenden Berufswahl, der Kindererziehung und der beruflichen Karriere auf uns wartet. Es ist die Zeit, von der so viele Dichter geschwärmt, nach der so viele Philosophen sich gesehnt haben: eine Zeit der kontemplativen Muße und der heiligen Weisheit.

Es ist jenes Alter, in dem wir anfangen zu verstehen, wer wir über die Jahre geworden sind. Es ist die Phase, in der wir aufhören, andere für das, was wir sind, verantwortlich zu machen und selbst entscheiden, wer wir sein wollen. Es ist die Zeit, in der wir herausfinden, woran wir wirklich glauben und warum wir dies tun.

Nun können wir unser Leben endlich etwas anderem widmen als uns selbst. Wie Helen können wir Ideen verfolgen und andere Menschen dazu bringen, dasselbe zu tun. Wie Eddie können wir unsere Zeit dazu nutzen, die Samen der Vergangenheit in die Gegenwart zu verpflanzen. In der Zukunft werden unsere Wertvorstellungen nicht so gelebt werden, wie wir es getan haben, aber wir können der nächsten Generation eine Vision davon geben, was weitergetragen werden muss, damit die Welt sich nicht selbst unter den Trümmern der Oberflächlichkeit begräbt.

Die Geschichte von Kali und ihrer Dienerin Zeit macht es deutlich: Wir sind hier, um für die nächste Generation Platz zu machen. Aber wir sind auch hier, um ihr die Weisheit weiterzugeben, die jedes Alter braucht, um sich mit dem Altern zurechtzufinden. Es ist ein großes Geschenk, wenn wir der Generation nach uns nicht nur etwas über das Leben beibringen können, sondern auch darüber, wie man stirbt.

Mit unserem weißen Haar, unserer Weisheit, unseren Falten und steifen Gliedern signalisieren wir der Welt, dass wir jene Werte für sie hüten, die zählen, wenn das Gold seinen Glanz verloren hat.

Zuerst müssen wir natürlich den Mut aufbringen, uns aufzubäumen und uns zu weigern, das Feld vorzeitig zu räumen. Wir müssen Weisheit erlangen und selbst nach unseren Werten leben. Dann wird der Tod zum Freund, und der stetige, aber freundliche Übergang von einer Lebensphase zur nächsten wird zu unserem Recht, auf neue, wertvolle Weise selbst wieder neu und wertvoll zu sein. So wird das Alter zu unserem letzten Geschenk an die Welt.

Wenn die Frage lautet: Warum macht mir der Gedanke ans Älterwerden Angst?, so muss die Antwort heißen: Weil ich noch nicht erkannt oder schon vergessen habe, welche Stärken ich im Laufe meines ganzen Lebens entwickelt habe.

Kapitel 3
Was kann ich tun,
um etwas zu verändern?

Ich kann mich noch gut an die Szene erinnern. Sie hat mir die Augen für etwas geöffnet, das ich ansonsten womöglich nie erkannt hätte.

Eine Zeit lang legte ich regelmäßig die etwa 160 Kilometer lange Strecke zwischen Cleveland und Erie, meinem Heimatkloster, zurück. Auf dem Heimweg schaltete ich immer den Tempomat ein und gondelte gemütlich meiner Heimat entgegen. Die schnurgerade Straße war alles, was zwischen mir und dem Kloster lag.

Mit einer Ausnahme: Jedes Mal, wenn ich die Strecke fuhr, sah ich auf der Höhe eines brachliegenden Maisfeldes einen Mann, der alleine am Straßenrand stand. In der Hand hielt er eine Fahne, neben ihm stand ein Schild und hinter ihm ein kleiner Campingstuhl. Fahrt für Fahrt. Woche für Woche. Allein und völlig reglos stand er da, bei Regen und Schnee, bei Hitze und Sturm, und hielt dort Wache – und seine schweigende Gegenwart war ein deutliches Zeichen.

Mit der Zeit fing ich an, meine Geschwindigkeit zu drosseln, wenn ich mich der Stelle näherte. Ich verrenkte mir den Hals um zu sehen, was er verkaufte. Nichts. Ich versuchte das Schild zu lesen. Zu verwittert. Ich suchte nach anderen Menschen, nach einem Hinweis, nach irgendetwas, das erklären würde, was er dort tat. Doch ich fand nichts.

Eines Tages hielt ich einfach an und parkte an der Böschung.

Er war kein Prediger, dafür war er viel zu still. Er war auch kein Polizist, denn er trug eindeutig keine Uniform. Er machte keine Verkehrskontrolle, weit und breit war kein einziges Auto in Sicht. Nur eines war auffällig: Er trug einen Armeeanzug. Während er mit der einen Hand winkte, schwenkte er an dem Besenstiel in seiner anderen Hand eine selbst gebastelte Fahne, auf der ein Friedenszeichen zu sehen war. «Gebt dem Frieden eine Chance» stand auf dem Schild, das an seinem Stuhl lehnte. Als ich näher kam, sah ich, dass er Schienen an den Beinen trug.

Er war nur ein einzelner Mann, ein Veteran vermutlich, der an einer einsamen Straße stand und eine selbst gebastelte Friedensfahne in Richtung der vorbeifahrenden Autos schwenkte.

In meinem Kopf schwenkt er auch heute noch seine Fahne, an jedem einzelnen Tag meines Lebens. Mich beeindruckte seine Beharrlichkeit, seine hartnäckige Weigerung, die Fahne einzuholen, sein fester Wille, die Vorbeifahrenden zum Nachdenken zu bringen.

Dort stand er als krasser Gegensatz zu allem, was mir meine Kultur je beizubringen versucht hat: dass groß besser ist als klein; dass stark effektiver ist als schwach; dass die Möglichkeit, Krieg zu führen wichtiger ist als der unermüdliche Versuch, Frieden zu schließen; dass der Einzelne machtlos ist gegenüber den Wirtschaftsriesen, den Konzernen und der Welt der Supermächte.

Ergebnis dieser Lebensphilosophie: gigantische Firmenimperien mit enormen Umsätzen auf der einen Seite und große menschliche Tragödien auf der anderen Seite.

Ein Land wie die Vereinigten Staaten ist besessen von Größe: Wir bauen Wolkenkratzer, die hundert Stockwerke hoch sind. Die kleinen Gebäude wie der Laden an der Ecke, von dem so viel in unserem täglichen Leben abhängt, fallen uns nie auf.

Ein Unternehmen ist für uns dann erfolgreich, wenn es international agiert, auf die kleinen heimischen Firmen und Betriebe, die das Leben vor unserer Haustür am Laufen halten, schauen wir eher herab.

Der Aufbau eines großen Militärapparats zeigt, wie stark wir sind, wie recht wir doch haben. Gespräche sind schwach, Verhandlungen noch schlimmer. Was zählt, ist Macht, Größe und Stärke.

Was groß ist, ist wichtig. Alles andere ist erbärmlich. Zahlen zählen. Geld zählt. Einer allein gegen die Welt zählt nicht.

Kein Wunder, dass wir alle dieselbe Frage stellen: Was kann ich schon tun – gegen die Armut, gegen die Ungerechtigkeit, für den Frieden, für gerechte Arbeitsbedingungen, für die Gleichberechtigung? Ich bin machtlos. Ich habe keinen Einfluss. Niemand hört auf mich. Niemand denkt genau wie ich. Niemand interessiert sich dafür.

Die Antwort, die ich von dem Mann auf der Straße erhalten habe, ist äußerst einfach: Wenn wir wollen, dass etwas getan wird, dann müssen wir etwas tun – irgendetwas, auch wenn es noch so klein ist.

Das Problem ist, dass kaum ein Mensch daran glaubt, mit kleinen Dingen etwas erreichen zu können. In einer Nation der Giganten gibt es kaum etwas erbärmlicheres, als kleine Dinge zu tun. Einer kleinen Organisation beizutreten, die ein globales Ziel verfolgt, scheint geradezu lächerlich: «Greenpeace» mit seiner Hoffnung, die Umwelt zu retten; «Pax Christi» mit seinen Versuchen, die Christenheit zu einer neuen, christlicheren Einstellung gegenüber dem Krieg zu bringen; «Amnesty International» mit seinem Kampf gegen politische Folter; die «Woman's Ordination Conference», die sich dafür einsetzt, Frauen eine Stimme und einen Platz innerhalb der katholischen Kirche zu verschaffen. In einer Zeit, in der David eine Comicfigur und Goliath die Norm ist, ist dies der pure Wahnsinn.

Aber was bleibt uns anderes übrig? Außer natürlich, einfach nichts zu tun. Nichts zu tun ist vielleicht die folgenreichste Haltung und die eingeschränkteste zugleich, weil es uns zu einer Gegenwart verurteilt, in der sich nichts mehr bewegt. Nichts tun ist tödlich.

Die Hindus erzählen eine Geschichte über vermeintliche Machtlosigkeit. Vielleicht war es diese oder eine ähnliche Weisheitsgeschichte, von der die Spiritualität Gandhis inspiriert wurde.

Vor langer Zeit lebte hoch oben im Himalaja ein Stamm von 80 000 Affen, über die ein mächtiger Affenkönig herrschte. Sie lebten am Ufer eines Flusses, der durch ein tiefes Tal floss. In der Mitte des Tales stand ein großer Baum. Im Frühling war die Luft erfüllt vom Duft seiner weißen Blüten. Im Schatten seiner Äste wuchsen die süßesten und größten Früchte ganz Indiens. Die Affen waren glücklich, weil ihnen das Schicksal ein solch wertvolles Geschenk beschert hatte.

Doch der mächtige König warnte seine Untertanen, dass andere kommen würden, wenn sie von den Früchten und dem Baum hörten, um sie für sich in Anspruch zu nehmen und die Affen zu vertreiben. Ganz besonders fürchtete er die Menschen aus den Städten. Er mahnte die Affen zur Vorsicht: Den Menschen dürfe niemals eine der Früchte in die Hände fallen.

Eines Frühlings, als die Affen sich auf die Ernte vorbereiteten und den Baum beschnitten, übersahen sie einen kleinen Trieb. Im Herbst hing eine

schwere Frucht an dem dünnen Ästchen und bog
es nach unten. Plötzlich fiel die Frucht ins Wasser
und wurde von der Strömung mitgerissen, bis sie
schließlich die ruhigen, offenen Gewässer der Ebene
erreichte. In der Nähe des Lieblingsbadeplatzes
von König Brahmadatta verfing sie sich in einem
Fischernetz.

Die Fischer staunten über ihre Größe, deshalb
brachten sie die Frucht zum König. Brahmadatta
war entzückt über ihren Geschmack, und er befahl,
den Herkunftsort der Frucht ausfindig zu machen.
Nach ein paar Tagen hatten die Sucher den Baum
gefunden. Es hingen zwar noch viele Früchte an
seinen Ästen, doch eine Horde Affen hatte den
Baum zuerst entdeckt und tat sich, zum Entsetzen
des Königs, an seinen Früchten gütlich. Welch
eine Verschwendung, dachte Brahmadatta, dass
diese himmlischen Früchte von Affen gefressen
wurden. Er kam zu dem Schluss, dass es nur eine
Lösung gab: Am nächsten Tag sollten die Affen
getötet werden, so dass sie niemals zum Baum
zurückkehren konnten.

Die Affen erfuhren, was am nächsten Tag
stattfinden sollte. Aufgeregt eilten sie zu ihrem
König und erzählten ihm alles. «Wir können nicht
fliehen», sagten sie. «Am anderen Ufer des Flusses
steht ein Baum, aber die Entfernung zwischen
unserem Baum und ihm ist zu groß, um uns
hinüberschwingen zu können. Wir werden alle
sterben.»

Der König der Affen dachte eine Weile über die
Notlage nach. Dann fasste er einen Plan. «Ich
habe einen großen und starken Körper», sagte der

Affenkönig. «Morgen soll uns dies von Nutzen sein.»

Bei Sonnenaufgang machte der König einen gewaltigen Sprung vom Obstbaum auf ihrer Seite des Flusses zu dem Baum auf der gegenüberliegenden Seite. Am Stamm des Baumes befestigte er eine Liane, die genauso lang war wie sein gewaltiger Sprung weit. Das andere Ende band er an seinem Knöchel fest.

Zum zweiten Mal nahm er all seine Kraft zusammen und sprang mit weit ausgestreckten Armen in den leeren Raum, um einen Ast des Obstbaumes am anderen Flussufer zu greifen. Er bekam einen Ast zu fassen. Aber genau in diesem Moment wurde ihm klar, dass die Liane nicht lang genug war, um die Entfernung zwischen den beiden Bäumen zu überbrücken. Er hatte vergessen, dass die Liane ein Stück länger sein musste, damit er sie um den Stamm wickeln könnte.

Jetzt gab es nur noch eine Möglichkeit, sein Volk zu retten. Während er in der Luft hing, befahl er seinen Untertanen, über seinen Rücken zu klettern, sich an der Liane auf die andere Seite zu hangeln und sich in den Ästen des anderen Baumes in Sicherheit zu bringen.

Stundenlang hing er dort, während 80 000 Affen über ihn hinwegkletterten, bis sein kräftiger Rücken der Belastung nicht weiter standhielt. Nachdem sich sein letzter Untertan in Sicherheit gebracht hatte, gab sein Rücken nach, und der König fiel zu Boden, erschöpft, gebrochen, voller Schmerzen.

König Brahmadatta hatte die Flucht der Affen und die Heldentat des Königs beobachtet. Nun eilte er zu ihm. «Du hast dein Leben und all deine Kraft gegeben, um dein Volk zu retten», sagte Brahmadatta.

«Ich musste tun, was ich konnte, um sie zu retten», sagte der Affe. «Meine Freude ist, dass alle in Sicherheit sind. Nun kann ich ruhen. Verstehst du, Brahmadatta, es ist die Liebe und nicht die Macht, die einen großen König ausmacht.»

Diese einfache Geschichte der Hindus stellt alles infrage, was wir je über unvermeidliche Machtlosigkeit gelernt haben. Sie zeigt uns, dass wir immer etwas tun können, um die Macht unserer Gegenwart zu demonstrieren. Ganz gleich, ob es am Ende funktioniert oder nicht – es ist der Versuch, der zählt.

Der Affenkönig hatte nur seinen eigenen Körper, um sich einer Macht entgegenzustellen, die weit größer war als seine eigene. Er hatte nur seinen eigenen Körper, eine Liane und zwei Bäume, um 80 000 Affen vor der königlichen Armee zu retten. Natürlich war es unmöglich. Natürlich war es tollkühn. Natürlich konnte es nicht funktionieren.

Aber es war alles, was er tun konnte.

Die Geschichte zeigt uns, wie irreführend die Vorstellung der Ohnmacht ist, die an unserem Selbstbewusstsein nagt und gleichzeitig unsere wachsende Sorglosigkeit und unsere Weigerung rechtfertigt, Verantwortung für die universalen Herausforderungen der Menschheit zu übernehmen.

Die Frage, mit der uns die Geschichte konfrontiert, lautet nicht: Können wir mit unserem Tun etwas bewirken?, sondern: Tun wir alles, was wir können? Und haben wir die Ausdauer, es so lange zu tun, wie es nötig ist?

Wenn alles, was es zu sagen und zu tun gibt, gesagt und getan ist, dann hängt es von der Ausdauer ab. Wenn ich meine Fahne nicht weiter schwenke, sondern die Beine in die Hand nehme und das Feld räume, habe ich aufgegeben. Dann habe ich meine Seele an Kräfte verloren, deren einziges Argument lautet, etwas Falsches zu tun sei in diesem Fall besser als irgendetwas anderes zu tun. Aber im Gedächtnis der Welt bleibt nicht die Macht der chinesischen Regierung, als sie nach den Protesten auf dem Platz des Himmlischen Friedens unter Einsatz von Gewalt die Ordnung aufrechterhalten wollte. Im Gedächtnis bleibt das Bild des jungen Mannes vor den Panzern, das den Affenkönig in uns wachruft.

Sich als letzter Mensch auf Erden gegen den Abwurf einer Atombombe über unschuldigen Menschen zu wehren, würde mehr von dem bewahren, was es heißt, ein Mensch zu sein, als der Einsatz der Bombe je bewahren könnte. Es wäre das letzte, das mächtigste und einzig lebensdienliche Zeichen, um der Welt vor Augen zu führen, zu welcher Tapferkeit und Vernunft Menschen fähig sind. Unerschrockene Güte hat am Ende mehr Macht als sämtliche Streitmächte der Welt, die sich ihr in den Weg stellen.

Die Geschichte des Affenkönigs, der seinen Rücken hergibt, damit der Rest seiner Welt den Fluss überqueren kann, beantwortet die Frage nach unserer persönlichen Ohnmacht, die sich nur wenige eingestehen können. Die Aufgabe war zu groß für den König. Ihm fehlte die notwendige Ausrüstung. Er konnte nicht hoffen, die Sache heil zu überstehen. Aber er versuchte es. Und genau das ist der Unterschied.

Das Einzige, was zählt, ist, all unsere Ressourcen zu nutzen, um das zu erreichen, was getan werden muss – ganz gleich, ob unser Einsatz von Erfolg gekrönt sein wird oder nicht. Wir müssen unseren eigenen Rücken einsetzen, damit sich das Gute überall hin ausbreiten kann.

Die Wahrheit ist, dass keiner von uns tatsächlich machtlos ist. Die Macht liegt in unserem Willen, so lange allein für eine Sache einzustehen, so unablässig, unermüdlich und hartnäckig, dass die ganze Welt einsehen muss, dass sich hinter dem Problem, das zu lösen ist, mehr verbirgt als die Antwort, die man uns gegeben hat und die nie infrage gestellt wurde.

Wenn wir uns fragen, was wir tun können, um etwas zu verändern, dann lautet die Antwort ganz einfach: Ich darf nicht zulassen, dass meine Angst vor dem Scheitern größer wird als der Wunsch, mich für eine Sache einzusetzen. Ich fühle mich ohnmächtig, weil ich die mir gegebene Macht nicht nutze. Die Welt benötigt mehr Affenkönige, mehr Menschen, die alles was sie haben, auch wenn es noch so klein ist, dafür einsetzen, etwas zu verändern, um die Welt vor der Gewalt zu retten, die sie von überall her bedroht.

Kapitel 4
Was macht einen spirituellen Menschen aus?

Religion und Spiritualität sind nicht dasselbe, auch wenn sie oft miteinander verwechselt werden. «Sie geht jede Woche in die Kirche», sagen wir. «Sie ist ein sehr spiritueller Mensch.» Oder wir sagen: «Er ist ein treues Mitglied des Finanzausschusses der Gemeinde. Er ist ein sehr spiritueller Mensch.» Es ist eine interessante Verbindung, die hier zwischen zwei völlig unterschiedlichen Vorstellungen hergestellt wird. Es ist ungefähr so, als würde man sagen: «Sie ist eine hervorragende Sängerin. Sie nimmt seit Jahren Gesangsunterricht.» Sicherlich gibt es eine Verbindung zwischen Gesangsstunden und einer Karriere als Sängerin, aber keine notwendige. In Wahrheit können wir die hinreichenden Bedingungen für eine bestimmte Sache jahrelang erfüllen und doch nie zu dem werden, zu was es uns eigentlich machen sollte.

Mit Religion und Spiritualität verhält es sich genauso. Die Religion soll unser Bewusstsein für Gott schärfen und uns das Werkzeug, die Fähigkeit an die Hand geben, uns für die Begegnung mit Gott bereit zu machen. Spiritualität hingegen hat etwas damit zu tun, unser Leben als Reaktion auf das Bewusstsein für Gott zu verändern und es von der Gegenwart Gottes durchdringen zu lassen, die das Unmittelbare transzendiert und ihm einen Sinn verleiht.

Manchmal bleiben wir auf einer Stufe stehen und schaffen es nicht, die nächste zu erklimmen. Wir beschränken Spiritualität auf das Maß unserer religiösen Übungen, oder aber wir streben nach Spiritualität ohne die Ernsthaftigkeit, die nötig ist, damit daraus nicht einfach Weltflucht wird. Das eine ist so unbefriedigend wie das andere. Aber gefährlicher ist das Erste: eine Religion auszuüben, ohne die spirituelle Entwicklung durchzumachen, die daraus erwachsen sollte. Das bringt uns in die Gefahr, zu Gesetzeshütern anstatt zu Wahrheitssuchenden zu werden.

So ironisch es auch klingen mag: Wenn wir die Religion zu einem Ersatz für Gott machen, laufen wir Gefahr, dass unsere Seele verwittert und verkalkt. Die alten spirituellen Meister der Hindus kannten dieses Problem nur allzu gut. In einer ihrer Geschichten erzählen sie:

> Einmal lag ein Meister im Sterben. Seine Schüler
> flehten ihn an, um ihretwillen nicht zu gehen.
> «Aber wenn ich nicht gehe», sagte der Meister, «wie
> sollt ihr dann je sehen?»
> «Aber was sehen wir denn jetzt nicht, sondern erst
> dann, wenn du uns verlassen hast?»
> Und der spirituelle Meister sagte: «Ich habe nie
> etwas anderes getan als am Flussufer zu sitzen und
> Wasser für euch zu schöpfen. Wenn ich weg bin –
> dessen bin ich mir gewiss –, werdet ihr zum ersten
> Mal den Fluss sehen.»

Diese Geschichte unterscheidet deutlich zwischen Religion und Spiritualität.

Die Schüler wollten jemanden, dem sie folgen konnten. Sie wollten Regeln, nach denen sie leben konnten, jemanden, der ihnen Anweisungen gab. Sie wollten einen Meister, der sie führen und für ihr rechtschaffenes Leben verantwortlich sein sollte. Der Meister aber wollte, dass die Schüler seinen

Geist verinnerlichen anstatt lediglich sein Handeln nachzuahmen.

Die Botschaft des Meisters ist klar: Religion bedeutet nicht, einem Meister zu folgen oder religiöse Riten in den Status eines Gottes zu erheben. Religion bedeutet nicht, sich an bestimmte Regeln zu halten, die einem Selbstzweck dienen. In den Upanishaden steht: «Opferrituale sind unsichere Boote.» Rituale allein können uns nicht zum anderen Ufer bringen.

Religion soll als Brücke zu Gott dienen und uns zu einem besseren Verständnis verhelfen. Sie soll die Tiefen der menschlichen Seele fest mit der Quelle des Geistes verbinden. Doch manchmal bewirkt sie genau das Gegenteil und verhindert die Vereinigung mit Gott. Ein Witzbold drückte es einmal so aus: «Um richtig zu sündigen, ist es nicht nötig, die Regeln zu brechen. Es genügt, sie aufs Wort zu befolgen.»

Ohne den Geist, den sie bewahren soll, verkehrt Religion sich in ihr Gegenteil: Wir verbannen die Schwachen, Verletzten, Süchtigen und Andersgläubigen hinter die Grenzen unseres perfekten Lebens, weil wir Angst haben, dass uns die Berührung mit ihnen verunreinigen könnte. Wer von uns hat noch nie erlebt, dass Religion selbst zu dem wird, was sie Sünde nennt?

Wenn Religion als solche uns zwangsläufig heilig machen würde, warum gibt es dann so viel Krieg, Mord und Unterdrückung im Namen Gottes? Vielleicht, weil der Religion manchmal die Spiritualität – der Geist des Gottes, den sie verehrt – verloren geht. Nur wenn unsere Herzen so offen sind wie der Gott, der uns erschaffen hat, sind wir religiös und spirituell zugleich.

Der Unterschied zwischen äußerer Religion und Spiritualität ist folglich der Unterschied zwischen krankhafter Rechtgläubigkeit und Mystik. Das eine ist Religion um ihrer selbst willen. Das andere ist das Versenken des Selbst in Gott, bis wir zu dem werden, was wir zu suchen behaupten. Wahre Religion dient nicht der Befriedigung des Selbst. Sie dient dem Wohl der Welt – oder der Schaffung eines persönlichen Karmas, das die Welt zur Fülle des Lebens bringt, wie es die Hindus ausdrücken.

In allen religiösen Gemeinschaften gibt es jene, die sich an die Regeln halten und die unantastbaren Bekenntnistexte bewachen. Sie erkennen einen Irrgläubigen schon, wenn sie ihn von Weitem sehen.

Mystiker hingegen streben nach mehr als der Sicherheit, welche die Gesetzeshüter verspüren, wenn sie durch ihr Leben gehen und dabei Buch über ihre Tugenden führen. Mystiker saugen den Geist in sich auf, zu dem die Gesetze uns führen sollen. Sie lassen die Grenzen der Theologie hinter sich und tauchen ein in die Realität, auf deren Anblick uns die Gesetze vorbereiten sollen und die die Theologie zu beschreiben versucht. Mystiker lassen die Grenzen des Rituals hinter sich und gelangen zu der Realität, auf die das Ritual hindeutet. Sie werden eins mit Gott. Sie umfassen die ganze Welt. Sie werden selbst zu der Liebe, die die Welt erschuf, und zu dem Mitgefühl, das sie erhält. Spiritualität führt uns über die Grenzen der religiösen Riten hinaus zum Ziel der Religion: zum Bewusstsein des Heiligen in der Welt.

Mystiker lassen die Normen der Religion hinter sich und gelangen zu dem Gott, zu dessen Verehrung jede Religion gegründet wurde. So verschwinden die Grenzen, die die Lehren der verschiedenen Gemeinschaften ziehen, Gegensätze lösen sich auf, theologische Unterschiede werden bedeutungslos, und wir spüren, wie wir eins werden mit der Gegenwart Gottes – hier und jetzt, in allen Dingen, an allen Orten, zu allen Zeiten. Jede große Religion kennt den Unterschied zwischen Orthodoxie und Mystik.

In den Upanishaden – jenen Schriften der Hindus, die sich mit mystischer Wahrheit befassen – wird der Unterschied zwischen Gesetz und Geist deutlich. Dort finden wir die Geschichte eines Eremiten, der befürchtet, sein Sohn habe bei seinem religiösen Studium den Geist übersehen, zu dem es ihn hätte führen sollen.

In einer Einsiedelei tief im Wald lebte der Weise Uddalaka Aruni mit seinem Sohn Shvetaketu. Als Shvetaketu erwachsen war, schickte ihn sein Vater zur Ausbildung in einen Ashram, so wie es zu jener Zeit üblich war. Als Shvetaketu nach seiner zwölfjährigen Ausbildung zurückkehrte, fragte ihn Uddalaka: «Was hast du im Ashram gelernt, mein Sohn?»

«Ich habe alles gelernt, was man wissen kann, Vater», antwortete Shvetaketu.

Als er dies hörte, verstummte Uddalaka und dachte bei sich: «Wie hochmütig! Solche Überheblichkeit kann nur aus Unwissenheit stammen.»

«Mein Kind, du musst die Essenz aller Dinge erkennen, den Einen, der in allen Geschöpfen des Universums wohnt, die großartige Kraft des Brahman.»

«Aber Vater, wenn wir die Essenz nicht sehen können, wie sollen wir dann wissen, dass sie existiert?», fragte Shvetaketu verwirrt.

«Ich werde es dir erklären, mein Sohn», versicherte ihm Uddalaka. «Zuerst fülle Wasser in diesen Krug. Dann hol ein wenig Salz und streu es ins Wasser», wies ihn der Vater an. Shvetaketu tat, wie ihm sein Vater geheißen.

«Nun stell den Krug zur Seite», sagte Uddalaka, «und bring ihn morgen früh wieder zu mir.»

Früh am nächsten Morgen kam Shvetaketu mit dem Wasserkrug zu seinem Vater.

«Siehst du das Salz?», fragte Uddalaka.

Shvetaketu sah genau hin, aber das Salz war nicht mehr zu sehen.

Shvetaketu sagte: «Nein, Vater, es muss sich im Wasser aufgelöst haben.»

«Nun koste das Wasser an der Oberfläche», wies ihn Uddalaka an.

Shvetaketu tauchte seinen Finger ins Wasser und kostete das Wasser an der Oberfläche.

«Es schmeckt salzig», sagte Shvetaketu.

«Jetzt koste ein paar Tropfen vom Boden des Krugs», sagte Uddalaka.

«Es schmeckt auch hier salzig, Vater», sagte Shvetaketu.

«So wie du das Salz nicht sehen kannst, Shvetaketu, kannst du auch die Essenz nicht sehen. Und doch ist sie immer und überall da.»

Dann schloss Uddalaka mit den Worten: «Mein Sohn, das, was du nicht greifen und doch in jedem Tropfen schmecken kannst, ist die Wahrheit. Dieses allgegenwärtige Wesen heißt Atman. Alles ist von ihm durchdrungen. Auch du, oh Shvetaketu, bist Atman.»

Die Lehre, die wir aus dieser Geschichte ziehen sollen, ist einfach, aber tiefgreifend. Im Universum gibt es etwas, das in uns lebt und uns erhält: das Wesen aller Dinge. Es ist der Gegenstand der Religion, doch wenn sein Geist nicht in uns wohnt, wird die Religion bestenfalls hölzern, vielleicht sogar nutzlos.

«Auch du bist Atman», sagt Uddalaka, und plötzlich wird klar: In jedem von uns wohnt der Geist, der das Wesen des

Lebens ist. Er ist mehr als religiöse Konzepte, mehr als Gesetze und Rituale, obwohl all diese Dinge dazu dienen sollen, uns dem Geist näherzubringen. Wie erfolgreich sie sind, kann jedoch einzig daran gemessen werden, wie weit der Geist unser Leben durchdrungen hat.

Religion existiert nicht um ihrer selbst willen, nicht um einer Organisation oder Hierarchie, einer sozialen Ordnung und einem gesellschaftlichen Status zu dienen. Religion ist dazu da, uns über ihre Grenzen hinaus zur Vereinigung mit Gott zu führen. Sie soll unser Bewusstsein mit dem Geist des Lebens und der Wahrheit durchdringen, die in allen von uns wohnt und auf die unser Leben ausgerichtet ist.

Spirituell ist jemand, der in und unter, über und hinter die Regelwerke und Konzepte der Religion blickt und dort die Heiligkeit allen Lebens erkennt. Ein spiritueller Mensch ist mehr als der Anhänger einer Glaubensgemeinschaft. Spirituelle Menschen sind eins mit dem Universum in all seinen Formen und Erkenntnissen. Für sie ist Gott jeder Atemzug, den sie schöpfen, jeder Gedanke, den sie denken, jeder Beweggrund, der ihrem Tun zugrunde liegt. Sie streben nicht nach Vollkommenheit, sondern nach Gott, der das vollkommene Leben, die vollkommene Fülle, der vollkommene Frieden ist.

Spiritualität führt uns über die Grenzen der religiösen Rituale hinaus zum Ziel der Religion: dem Bewusstsein des Heiligen im Alltäglichen, der Erkenntnis, dass Gott überall, in jedem von uns wohnt. Spiritualität ist nicht die Ablehnung der Materie zugunsten des Geistes. Eine solche Haltung würde dazu führen, dass die Schönheit und das Sinnliche, das Körperliche und die Wirklichkeit ihren Wert für uns verlieren. Sie kann sogar dazu führen, dass wir selbst uns nicht mehr wertschätzen. Sie besagt, dass das, was Gott uns gegeben hat, um zum Göttlichen zu gelangen, schlecht ist.

Im Gegensatz dazu, sagt Uddalaka, ist sich ein spiritueller Mensch des wesentlichen Seins bewusst, das in allen Dinge wohnt, einschließlich uns selbst.

Wir fragen uns, wie es möglich ist, dass Religion zu so viel Gewalt, Extremismus und Selbstzerstörung führt. Die Antwort ist offensichtlich: In diesen Fällen handelt es sich nicht um die Art von Religion, die nach dem Geist Gottes strebt. Wenn eine Religion verlangt, dass unsere Menschlichkeit mit all ihren Freuden und ihrem Sinn für das Gute ausgemerzt wird, stimmt etwas nicht mit ihr. «Wir sind keine menschlichen Wesen, die versuchen, spirituell zu sein», schreibt die amerikanische Autorin und Therapeutin Jaquelyn Small. «Wir sind spirituelle Wesen, die versuchen, menschlich zu sein.»

Ein spiritueller Mensch weiß, dass es keinen Unterschied zwischen dem Heiligen und dem Profanen, zwischen der Materie und dem Spirituellen gibt. Sie alle sind lediglich Teil des Seins, nur Sprungbretter auf dem Weg zu Gott, der alles ist, was ist oder sein muss.

Religion an sich ist nicht heilig. Und wenn sie versucht es zu sein, kann sie eine Seele mitten auf ihrer Reise zu Gott zum Stillstand bringen. Dann machen wir die Mittel zum Zweck. Dann verehren wir den spirituellen Prozess, der uns die Suche nach Gott erleichtern soll, selbst als Gott. Aber dieser Tausch ist ein schwacher und armseliger Ersatz für den wahren Sinn des Lebens, für das Wesen aller Dinge, für das Kraftfeld, das unsere Seelen anzieht.

Wenn die Frage lautet: Was macht einen spirituellen Menschen aus?, dann heißt die Antwort: Ein spiritueller Mensch ist jemand, der den Geist Gottes ein- und ausatmet, zu dem wir unterwegs sind.

Kapitel 5
Wie kann ich lernen, die Vergangenheit hinter mir zu lassen?

Emily war eine attraktive Frau. Sie trug einen schwarzen Blazer, einen silbergrauen Rollkragenpullover, schwarze Pumps und einen Rock, der ihr knapp bis zu den Knien reichte. Sie saß zusammengesunken auf dem Sofa, ließ ihre Schultern hängen und schaute mich aus traurigen Augen an. Ihr Erscheinungsbild gefiel mir gut, ich sagte zu mir selbst: «Vor dir sitzt eine Frau mittleren Alters, die Stil hat und doppelt so viel Klasse wie eine 25-Jährige. Am Ende», dachte ich zufrieden, «hat die Kombination von Stil und Erfahrung doch immer die größere Wirkung als Jugendlichkeit.»

Doch zu meiner großen Überraschung musste ich feststellen, dass in der Frau, die da vor mir saß, trotz ihrer Klasse und trotz der Haltung, die sie wahrte, eine verletzte Seele wohnte, deren Schmerz mir aus ihren Augen entgegenschrie.

Ihre Geschichte war nichts Besonderes: Eines Abends kam der zuverlässige, stets berechenbare Vater ihrer drei kleinen Kinder nach Hause und verkündete, dass er sie verlassen würde, um eine andere Frau zu heiraten. Natürlich ist man nach solch einem Schock wie betäubt, unfähig zu atmen oder zu denken. Kein Wunder, dass sie Unterstützung benötigte, dass sie jemanden suchte, der sie in dieser Zeit begleitete. Sie brauchte jemanden, der ihr half, die Gedanken, die sie aussprechen musste, die Pläne, die nun gemacht werden mussten, aus ihrem leblosen Herzen auszugraben. Das Problem war nur, dass ihr Mann sie nicht gestern, vergangene Woche, an ihrem letzten Geburtstag oder vor sechs Monaten verlassen hatte. Wie ich während unseres Gesprächs erfuhr, hatte er sie zehn Jahre vor unserem Treffen sitzengelassen. Die Kinder waren damals acht, zehn und zwölf Jahre alt. Nun waren sie junge Erwachsene, hatten das Studium abgeschlossen und waren berufstätig. Zehn Jahre lang hatten diese tüchtige Frau und ihre drei Kinder in Depression und Wut, in Trostlosigkeit und einem Gefühl der Verlassenheit gelebt. Die Verzweiflung war ihr einziger Begleiter. Jeder Anruf, der nicht kam, jeder Besuch, der die Kluft nicht überbrücken konnte, jedes unpersönliche Geburtstagsgeschenk, jeder Feiertag, der unbeachtet verstrich, jede weitere Erfahrung der Unfähigkeit, sich von der Vergangenheit zu lösen, machte die Wunden tiefer, bitterer und schmerzhafter. All die Jahre verfolgte sie der Geist der Vergangenheit wie ein Gespenst des Todes.

Es gab keine neuen Pläne, keine positiven Neuanfänge. Das Leben ging weiter, aber der Tod hatte die Macht übernommen. Und nun waren auch noch die Kinder aus dem Haus.

Ich kann mich erinnern, dass ich mich selbst wie gelähmt fühlte, nachdem ich einige Wochen mit ihr gearbeitet hatte. Hier saß jemand, der alles hatte, was man sich nur wünschen konnte: Sie war hübsch, hatte einen guten Job, nette Freunde, sie war gesund und hatte tolle Kinder. Doch ihre Seele war in der Vergangenheit steckengeblieben. Wie war es dazu gekommen? Und wie konnte man ihr helfen? Handelte es sich hier um grenzenlose Liebe oder um ein Leben ohne Hoffnung? Was können wir tun, wenn wir im Leben einfach nicht weitergehen können und es uns gleichzeitig nicht möglich ist, dem damit verbundenen Schmerz zu entkommen?

Annie war ein vollkommen anderer Fall. Sie lebte schon lange alleine. Auch sie war von ihrem Mann vor vielen Jahren verlassen worden. Die Kinder waren ausgezogen und sie musste das Haus aufgeben, da ihre Einkünfte die laufenden Kosten nicht decken konnten. Doch Annie hörte nicht auf zu lächeln. Sie pflegte viele Freundschaften zu anderen Frauen, nahm jeden Mittwoch den Bus, um auszugehen, traf sich donnerstags zum Kartenspielen und half am Wochenende bei Veranstaltungen in der Kirche.

Für viele Leute schien ihr Single-Leben doch recht einsam zu sein. Doch nach vielen Jahren kam endlich Annies große Chance: Der Witwer aus dem Nachbarhaus hatte ein Auge auf sie geworfen. Plötzlich hatte sie weniger Zeit, um mit den «Mädels» Karten zu spielen, weil sie ständig ins Theater ging oder zum Abendessen ausgeführt wurde – von einem Mann, der genauso gerne lächelte wie sie. Alles sah sehr, sehr gut für sie aus. Bald wusste es jeder: Es würde eine kleine Hochzeitsfeier geben. Eingeladen waren nur ihre und seine Familie, die sehr erleichtert waren, dass die beiden nun nicht länger alleine sein würden. Annie würde zu ihm in das große Haus ziehen.

Als ich sie eines Tages auf dem Weg zur Kirche traf, fragte ich: «Wann ist der große Tag, Annie?» «Ach», antwortete sie, «ich habe es mir anders überlegt. Ich werde nicht noch einmal heiraten. Ich finde es schön, eine Beziehung zu haben, aber auf das Sockenwaschen kann ich gerne verzichten.»

Zwei Geschichten, beide wahr. Wie kommt es, dass sie so unterschiedlich sind? Wenn die Reihe an uns ist, wenn unerwartete Veränderungen wie eine Bombe in unser Leben einschlagen, wie schützen wir uns dann vor dem Schmerz, den Emily empfand, um so gut wie Annie mit den Verlusten umgehen zu können? Wie schaffen wir es, uns nach den Tiefschlägen des Lebens wieder aufzurappeln?

Die hinduistische Spiritualität kennt einen sehr direkten Weg, mit dem Schicksal umzugehen. Eine der schönsten Geschichten aus der Hindu-Überlieferung beschreibt den Prozess der Veränderung. Die Geschichte handelt von Ganesha, dem elefantenköpfigen indischen Gott, der angerufen wird, um Hindernisse aus dem Weg zu räumen. Die Geschichte erzählt vom Annehmen-Können, einer Haltung, die die ruhige Gelassenheit zu erklären vermag, die offensichtlich ein Hauptbestandteil der indischen Kultur ist. Gleichzeitig kann die Geschichte uns vielleicht einen Teil unserer eigenen Angst nehmen. Sie erzählt davon, wie man zulässt, dass neue Dinge den Platz der alten einnehmen.

Shiva, der mächtige Gott der Zerstörung und der Freude, lebte mit seiner schönen Frau Parvati hoch oben in den Bergen des Himalaja. Parvatis Leben war nicht immer einfach. Shiva war oft jahrelang unterwegs, um seine übliche Arbeit zu verrichten: Er erschuf oder zerstörte Menschen oder tanzte auf dem Gipfel der Erde, um ihren Fortbestand zu sichern.

Einmal geschah es, dass Shiva auf Reisen war und Parvati nicht wusste, wann er zurückkehren würde. Sie langweilte sich. Es gab nicht viel, was man alleine auf dem Gipfel eines Berges tun konnte. An jenem Tag fühlte sie sich ganz besonders einsam. Doch plötzlich hatte sie die Lösung ihres Problems gefunden. «Ich mache mir ein Kind», rief sie voller Freude. «Ich mache mir einen kleinen Jungen.» Parvati nahm etwas Lehm und Wasser. Sie knetete den Lehm so lange, bis er weich und formbar wurde. Dann fing sie an, ein Kind daraus zu machen. Aber der erste Versuch sah ihr zu gewöhnlich aus, noch nicht wie ein Kind zum Schmusen. Also strich sie Lehm auf den Bauch, bis dieser dick und rund war. Parvati lachte laut auf. Schon jetzt liebte sie dieses Kind.

Sie ließ das Kind in der Sonne trocknen. Bald schon öffnete es die Augen und lächelte. Parvati war außer sich vor Freude. Endlich hatte sie einen Spielgefährten. Sie gurrte leise in sein Ohr, sprach mit ihm und lachte stundenlang über seine Grimassen. So vergingen einige Jahre.

Eines Tages machte Parvati einen langen Spaziergang mit ihrem Sohn. Als sie an einen See kamen, wollte Parvati ein Bad nehmen und sich im kühlen Wasser erfrischen. Ihr kleiner Sohn sollte derweil Wache halten.

«Lass niemanden in die Nähe des Sees, während ich bade», sagte sie zu ihm. Also setzte sich das kleine Pummelchen auf einen großen, flachen Stein, während seine Mutter in das erfrischende Wasser stieg.

Ausgerechnet da geschah es, dass Shiva endlich nach Hause zurückkehrte. Er hörte das Plätschern des Wassers und wollte gerade zum See gehen, als ihm ein kleiner dicker Junge den Weg versperrte. «Keinen Schritt weiter», befahl der Junge.

Shiva war es nicht gewohnt, Befehle zu empfangen. Er versuchte den Jungen zur Seite zu stoßen, aber dieser wehrte sich und kämpfte gegen ihn an. Shivas Ärger wurde immer größer. Plötzlich zog er ohne Vorwarnung sein Schwert und schlug dem Jungen den Kopf ab.

Parvati hörte den Tumult, stieg aus dem Wasser, schlüpfte in ihre Kleider und eilte zu ihrem Kind.

Als sie sah, was geschehen war, schrie sie laut auf und brach weinend zusammen.

Shiva begriff, dass er etwas Furchtbares angerichtet hatte, er verstand aber nicht, was. Was konnte er getan haben, das sie so aus der Fassung brachte?

«Du hast unser Kind ermordet», rief Parvati und wurde immer hysterischer.

«Unser Kind?», brüllte Shiva. «Du sagst, ich habe unser Kind ermordet. Wir haben aber gar kein Kind.»

«Natürlich haben wir eins», rief Parvati. «Wir haben ein Kind, weil ich eines gemacht habe. Ich habe eins gemacht, weil ich einsam war. Ich war einsam, weil du nicht hier warst.»

Parvati war untröstlich und Shiva zutiefst bestürzt. Was konnte er jetzt nur tun? Da sagte Parvati zu Shiva: «Nimm dein mächtiges Schwert und geh hinaus in den Wald. Ich möchte, dass du mir den Kopf des ersten Lebewesens bringst, das dir über den Weg läuft. Setz den Kopf auf den Leib unseres Sohnes und erweck ihn zum Leben. Dies ist mein Wille. Wenn du mir meinen Wunsch nicht erfüllst, spreche ich nie wieder mit dir.»

Shiva stürmte mit seinem mächtigen Schwert in den Wald und suchte nach einem lebendigen Wesen. Aber wie es das Schicksal wollte, war das erste Lebewesen, das er sah, ein Elefant. Doch er musste tun, was zu tun war. Er hieb dem Elefanten den Kopf ab und brachte ihn wie versprochen nach Hause. Dort setzte er den Kopf auf den Leib des Kindes, hauchte ihm Leben ein und wartete auf das Urteil seiner Frau.

Zu seiner großen Überraschung streichelte sie den Bauch des Kindes, und es fing an zu lachen.

Dieser Junge, entschied Parvati, war in mancherlei Hinsicht sogar besser als ihre erste Schöpfung. Shiva atmete erleichtert auf. Seit dieser Zeit hat er selbst dieses Kind ins Herz geschlossen.

Für unsere westlichen Ohren klingt die Geschichte zunächst sehr fremd. In Wahrheit ist sie aber oft unsere eigene Geschichte. Auch wir schaffen uns Dinge, von denen wir denken, dass sie unser Leben vollkommen machen. Wir formen und biegen sie zurecht. Wir umgeben uns mit Dingen, von denen wir glauben, dass nur sie allein uns wirklich glücklich machen können. Und dann klammern wir uns an ihnen fest.

Dabei vergessen wir, dass nichts von Dauer ist. Alles hat seine Zeit. Das Leben besteht aus vielen Stufen. Wenn eine Stufe und mit ihr die Dinge, die wir uns geschaffen haben, im Nebel der Zeit verschwinden, die unaufhaltsam weitergeht und von Menschen und Umständen geformt wird, auf die wir keinen Einfluss haben, so ist damit das Leben selbst doch nicht am Ende.

Jeder Mensch mit einem gesunden Gefühlsleben erreicht eines Tages den Punkt, an dem er entweder ein Elefantenkind akzeptieren oder ohne Kind weiterleben muss. Wir alle verlieren Dinge auf unserem Weg – große Dinge: Eltern sterben, Häuser brennen nieder, Firmen schließen und Beziehungen gehen in die Brüche. Plötzlich finden wir uns in einem völlig neuen Leben wieder, das aus unbekanntem Material zusammengeflickt zu sein scheint. Doch was wir verloren haben, kommt zu uns zurück, nur eben in einer anderen Form. Vielleicht treffen wir eine alte Dame, die sich um uns kümmert wie um ihr eigenes Kind. Wir ziehen in eine andere Stadt, in der es sich womöglich viel besser leben lässt als in der vorherigen. Wir bilden uns fort und finden eine Anstellung, die weit interessanter ist als die alte. Wir treffen einen neuen Menschen.

Dieser Prozess nennt sich «Leben».

Einer meiner Freunde definiert göttliche Vorsehung als das, was geschieht, nachdem wir es mit aller Macht zu verhindern versucht haben. Diese Definition ist sehr aufschlussreich. Es gibt Dinge im Leben, die einfach unausweichlich sind. Menschen sterben. Menschen werden krank. Dinge gehen verloren. Dinge ändern sich. Wenn so etwas geschieht, kommt es nicht darauf an, unser Leben unter Kontrolle zu behalten. Viel wichtiger ist es, aus dem, was übrig ist, etwas Neues zu formen und es zu akzeptieren.

Parvati hatte sich eine vollkommene Welt geschaffen. Sie hat sich das erschaffen, was sie wollte, ohne über die Auswirkungen für andere nachzudenken. Als ein Teil ihrer Welt, den sie liebte, vom anderen Teil ihrer Welt, den sie genauso liebte – ihrem Ehemann Shiva –, zerstört wurde, konnte sie den Schmerz kaum ertragen. Allein weil Parvati willens war, eine Freude durch eine andere zu ersetzen, konnte aus der Tragödie eine neue Zukunft erwachsen. Natürlich war es nicht dieselbe Zukunft wie vorher. Sie war anders als alles, was Parvati und Shiva je geplant hatten. Aber auf ihre eigene Weise war sie genauso gut, wenn nicht sogar besser.

Wenn wir uns weigern, die Vergangenheit loszulassen und unser altes Leben durch ein neues zu ersetzen, verdammen wir uns selbst zu einer Art emotionalem Tod, aus dem es kein Entrinnen gibt. Wir tragen uns selbst zu Grabe. Wir verhindern, dass wir zu neuem Leben, neuem Geist und neuen spirituellen Einsichten gelangen können. Wir begreifen nicht, dass der Gott der Gegenwart das neue Geschenk der Vergangenheit ist.

Emily weigerte sich, eine Ehe, die längst tot war, hinter sich zu lassen. Für sie gab es kein Elefantenkind. Annie dagegen fing ein neues Leben an und stellte letztendlich fest, dass es besser war als der Versuch, an etwas festzuhalten, das nicht zurückkommen würde.

Warum fällt es mir so schwer, die Vergangenheit loszulassen? Weil ich mich immer noch an ihr festklammere, obwohl sie schon längst vorüber ist. Weil ich nicht begreife, dass so etwas wie Vergangenheit gar nicht existiert, sondern nur die Gegenwart, aus der ich das Leben zu gestalten habe. Obwohl jeder Schritt, den ich in der Vergangenheit getan habe, gut für mich war, weigere ich mich darauf zu vertrauen, dass auch der nächste gut sein wird. Deshalb fällt es mir schwer, die Vergangenheit loszulassen. Anscheinend bin ich davon überzeugt, dass ich mein Leben früher immer im Griff hatte, obwohl doch jeder bedeutsame Schritt – meine Geburt, meine Erziehung, meine Beziehungen und sogar meine gegenwärtige Situation – zufällige Ereignisse waren und ich trotzdem alle überlebt habe und an ihnen gewachsen bin.

Wie kann ich lernen, loszulassen? Ganz einfach, sagt die Spiritualität der Hindus. Alles, was ich tun muss, ist die Zukunft mit dem Vertrauen zu begrüßen, das mir das Wissen um die Richtigkeit der Vergangenheit schenkt. Warum? Weil Gott, wie er es immer getan hat, im Hier und Jetzt auf mich wartet, an diesem Ort, in jedem neuen Moment, um mir neue Einsichten und neue Freude zu schenken.

Wenn die Frage lautet: Wie kann ich lernen, die Vergangenheit loszulassen?, so heißt die Antwort ganz einfach: Ich muss mein Leben in die Hände des Gottes legen, der meine geliebte Vergangenheit geschaffen hat und mich in die gefürchtete Zukunft begleiten wird.

Antworten
auf Lebensfragen
aus der
buddhistischen
Weisheit

Kapitel 6
Würde ich alles noch einmal genauso machen?

Wenn ich alles noch einmal machen müsste, würde ich nicht mehr Arzt werden.» Der Mann, der das in der Eingangshalle des größten städtischen Krankenhauses zu mir sagte, war einer der angesehensten Ärzte in der Stadt, ein renommierter Neurologe und Gehirnchirurg. Jeder in der Gegend hatte schon einmal mit ihm zu tun gehabt, entweder persönlich oder wenn es bei einem Verwandten oder Bekannten um Leben und Tod ging. Er besaß ein Haus, das auf einer Anhöhe stand und eine breite Auffahrt hatte. Hinter dem Haus befand sich eine Pferdekoppel. Von einem Mann wie ihm erwartete man nicht gerade, dass er sich fragte, ob er in seinem Leben etwas hätte anders machen sollen. Er war solide und erfolgreich und hatte sein angenehmes Leben absolut im Griff.

Dann war da Andy. Er war dem Arzt sehr ähnlich – und doch völlig anders.

«Andy?», sagte seine Mutter. «Ach, ich weiß nie so recht, was Andy als nächstes vorhat. Erst wollte er Buchhalter werden, aber das hat ihm keinen Spaß gemacht. Dann hat er es als Verkäufer versucht.» Sie machte eine Pause. «Und jetzt will er auf einmal Künstler werden.» Andy war über 30 und wohnte wieder bei seinen Eltern, nachdem ihn seine Frau verlassen hatte. Die beiden gemeinsamen Kinder sah er zwar regelmäßig, aber nicht häufig genug, um sich als ihr Vater zu fühlen. Jetzt hatte er eine neue Freundin, die sich aber eher lustlos und ohne großen Eifer auf die Beziehung einließ. Die beiden glichen zwei ruderlosen Booten auf stürmischer See. «Ich weiß, dass er darunter leidet», endete seine Mutter. Am Klang ihrer Stimme konnte ich aber erkennen, dass es vor allem sie war, die darunter litt. Wie konnte es sein, dass ein Mann seiner Herkunft, ein Mann, der von ihr großgezogen worden war, so schrecklich scheiterte?

Auch Ellen kannte dieses Auf und Ab. Auch sie hatte versucht und versagt, angefangen und abgebrochen, gesucht und gezweifelt. Es war daher nicht verwunderlich, dass sie lange zögerte, bevor sie sich entschloss, zum Jubiläumsfest unseres Klosters zu kommen. Sie hatte den Konvent schon vor Jahren verlassen, und die Einladung zum Jubiläum berührte gleich zwei wunde Punkte in ihr: Was würden die anderen jetzt über sie denken? Hatte sie damals nicht nur sich selbst, sondern auch die anderen durch ihre Untreue im Stich gelassen? Das Mädchen, das zusammen mit ihr in den Konvent eingetreten war, war geblieben. Sie lebte immer noch dort und würde auch zum Fest kommen. Wie würde sie sich fühlen, wenn sie sich nach all den Jahren wiedersahen? Sie hatte die Schwestern geliebt, aber das Leben im Kloster, so schön es auch war, hatte nie richtig zu ihr gepasst. Oder war sie es, die sich nie richtig angepasst hatte? Hatte sie damals einen furchtbaren Fehler begangen, als sie dem Klosterleben den Rücken gekehrt hatte?

Auch ich kenne solche Gefühle. In der Ehe feiert man nach 25 Jahren die Silberne und nach 50 Jahren die Goldene Hochzeit. Ganz ähnlich begeht man in den meisten Klöstern die Jahrestage der Gelübde. Ich weiß noch, wie ich einer Klostergemeinschaft bei solch einer Feier einmal erklärte, dass es zwischen dem Silbernen und dem Goldenen Jubiläum nur einen Unterschied gäbe:

Nach 25 Jahren sagt sich eine Schwester: «Bisher war es hier eigentlich ganz in Ordnung. Also kann ich auch noch ein Weilchen bleiben.»

Und nach 50 Jahren sagt sie: «Ich habe mir noch einmal alles durch den Kopf gehen lassen, und ich habe beschlossen zu bleiben.»

Alle lachten. Wenn sie es sich genau überlegten, hatte alle Anwesenden irgendwann in ihrem Leben genau dasselbe durchgemacht. Tatsache ist, dass wir alle irgendwann unser Leben rückwärts leben. Wir blicken zurück und fangen an, uns alles noch einmal durch den Kopf gehen zu lassen.

Solange wir jung sind, dreht sich alles um die Zukunft. Wichtig ist nur, wohin uns der nächste Schritt führt. Wenn wir erwachsen geworden sind, fragen wir uns, ob wir dort angelangt sind, wohin wir wollten. Später lauten die Fragen dann: Was habe ich verpasst, was hätte ich anders machen können? Und nachdem wir lange verheiratet gewesen sind, einen Beruf ausgeübt oder an einem Ort gelebt haben, fragen wir uns beinahe unausweichlich: Warum habe ich die ganzen anderen Möglichkeiten, die sich mir geboten haben, nicht wahrgenommen?

Wir fangen an zu überlegen, was hätte sein können, was möglich gewesen wäre. Wir fragen uns, ob das, was wir getan haben, richtig oder falsch für uns gewesen ist. Wir fragen, ob es nicht auch andere Möglichkeiten gegeben hätte und ob unsere Entscheidungen gut für uns gewesen sind. Wir spielen andere Szenarien durch: Wo wäre ich jetzt, wenn ich einen anderen geheiratet oder eine andere Schule besucht hätte? Wo wäre ich, wenn ich mir eine andere Anstellung gesucht hätte oder an einen anderen Ort gezogen wäre?

Solche Gedankenspiele führen immer zum selben Ziel. Zum Hier. Zum Jetzt. Natürlich, wohin auch sonst? Aber sind wir uns da wirklich sicher, oder haben wir einfach nur resigniert? Und ist es überhaupt noch von Bedeutung, ob es das eine oder das andere ist?

Dieses Hineinschlüpfen in andere Welten, in denen ich gelebt haben könnte, aber nicht habe, ist ein interessantes Spiel. Aber mehr noch: Ich glaube, dass dieses Ausprobieren anderer Leben, zumindest in meiner Fantasie, sehr wichtig sein kann. Wenn wir wirklich ehrlich zu uns selbst sind, ist es vielleicht der einzige Weg, um zu verhindern, dass wir uns ein anderes Leben wünschen, anstatt das Leben, das wir haben, bis zum Letzten auszukosten.

Die Buddhisten kennen eine Geschichte, die den Sinn dieses Prozesses recht gut verdeutlicht:

> Mokurai, der Meister des Kennin-Tempels, hatte einen Schüler namens Toyo. Toyo war noch sehr jung, als er in den Tempel kam. Als er sah, wie die älteren Schüler jeden Morgen und jeden Abend zum Meister gingen, um sich im Zen unterweisen zu lassen oder um ihn um seinen persönlichen Rat zu fragen, wollte er es ihnen gleichtun. Jeder Schüler bekam ein Koan, das verhindern sollte, dass er sich in seinen Gedanken mit unnützen Dingen befasste. Toyo war voller Eifer und wollte sich auch im Zazen üben.
> «Warte, bis du älter bist», sagte der Meister. «Du bist noch zu jung dafür.»
> Aber der Knabe ließ nicht locker, bis der Meister schließlich nachgab.
> Jeden Abend ging Toyo also zum Zimmer des Meisters. Vor der Tür schlug er dreimal den Gong, um seine Ankunft anzukündigen. Dann verneigte er sich dreimal voller Respekt und ging hinein, um sich in ehrerbietiger Stille vor dem Meister niederzusetzen.

«Du kennst den Klang zweier klatschender Hände», sagte Mokurai. «Nun sag mir, wie klingt es, wenn nur eine Hand klatscht?»

Toyo verbeugte sich und ging in sein Zimmer, um über die Frage nachzudenken. Von draußen hörte er die Musik der Geishas. «Ah, ich glaube, ich hab's!», sagte er zu sich.

Am nächsten Abend, als der Meister ihn aufforderte, ihm den Klang einer klatschenden Hand zu zeigen, spielte Toyo die Melodien der Geishas.

«Nein, nein», sagte Mokurai. «Das ist es ganz bestimmt nicht. So klingt keine klatschende Hand. Du hast überhaupt nichts verstanden.»

Toyo dachte, die Musik könnte ihn beim Nachdenken stören, deshalb zog er sich an einen ruhigeren Ort zurück. Wieder meditierte er.

«Wie kann eine klatschende Hand nur klingen?», überlegte er. Da hörte er tropfendes Wasser. «Ich hab's», dachte Toyo. «Das muss es sein.»

Als er das nächste Mal zum Meister kam, imitierte er den Klang von tropfendem Wasser.

«Was ist das?», fragte Mokurai. «Das ist nichts anderes als der Klang von tropfendem Wasser. Das ist nicht der Klang einer klatschenden Hand. Versuch es noch einmal.»

Vergebens meditierte Toyo, um den Klang einer klatschenden Hand zu hören. Er hörte das Seufzen des Windes. Aber die Antwort war falsch.

Er hörte den Schrei einer Eule. Aber auch diese Antwort wurde zurückgewiesen.

Der Klang einer klatschenden Hand war auch nicht das Zirpen einer Heuschrecke.

Woche um Woche kam Toyo mit den

unterschiedlichsten Klängen zu Mokurai. Alle
waren falsch. Jahrelang grübelte er darüber nach,
wie eine klatschende Hand wohl klingen könnte.

Schließlich ging Toyo zu Mokurai und erklärte ihm:
«Ich kann keine weiteren Klänge mehr finden. In
mir ist nichts als ein klangloser Klang.»
«Aha», sagte der Meister. «Endlich weißt du, was
wahre Meditation ist.»
Da erkannte Toyo, dass er endlich den Klang einer
klatschenden Hand gefunden hatte.

Dies ist eine subtile kleine Geschichte, doch ihre Aussage ist
sehr bedeutsam. Toyo macht sich an eine Aufgabe, für die er
noch viel zu jung ist. Er kann das Ausmaß seines Unterfangens noch nicht begreifen, er weiß nicht, warum oder wie er
seine Aufgabe lösen soll und was das Ziel dabei ist.

Erst, als es nichts mehr zu lernen gibt und er alles in seiner
Macht Stehende getan hat, ist Toyo zu dem geworden, was er
immer sein wollte: zu einem Meditierenden.

Die Aufgabe seines Lebens war ganz einfach – ob Toyo
dies nun bewusst war oder nicht –, das Gegenwärtige in
seiner ganzen Fülle auszukosten. Die Aufgabe war nicht, so
lange an ihm zu zerren, bis es zu etwas wurde, was es nicht
war.

Der Zen-Meister wusste von Anfang an, was wir noch lernen müssen, wenn wir auf unser Leben zurückblicken und
uns fragen, ob wir wirklich alles noch einmal genauso machen würden. Die einzig richtige Antwort lautet: Es macht
keinen Unterschied, ob oder ob nicht. Auch wenn wir etwas
anderes getan hätten, so wären wir doch dieselben Menschen
geblieben. Auch wenn unser Weg anders verlaufen wäre, so
hätten wir doch dieselben Dinge lernen müssen, wie wir hier
und jetzt unter den gegebenen Umständen gelernt haben.

Und auch wenn unsere Lebensumstände heute anders wären, so hätten wir dennoch genauso lange gebraucht, um unsere Lektionen über das Leben zu lernen. Denn die Lektionen bleiben dieselben, und wir bleiben dieselben, wohin auch immer wir gehen.

Auch wir waren einmal jung und wie Toyo voller Eifer und Selbstbewusstsein. Wir dachten, das Leben sei nicht mehr als eine Reihe von Aufgaben, die es zu erfüllen gilt, eine Liste, die abgearbeitet werden muss: einen Schulabschluss machen, einen Beruf erlernen, ein Haus kaufen, Kinder kriegen, arbeiten gehen. Es dauert Jahre, bis uns – wenn überhaupt – bewusst wird, dass das Leben überhaupt keine zu erledigende Aufgabe ist. Leben ist viel schwieriger. Leben bedeutet, nach und nach zu erkennen, was unsichtbar ist; zu hören, was unausgesprochen bleibt; zu dem zu werden, was wir sind, ohne es je gewusst zu haben.

Doch stattdessen gehen wir durch unser Leben und jagen den Klängen der Dinge hinterher, die wir für notwendig halten. Die einen suchen nach dem Klang des Erfolgs, die anderen nach dem Klang von klimpernden Münzen in der Tasche. Für manche ist es der Klang von Schmeicheleien, für andere wiederum der Klang der Macht. Doch keiner dieser Klänge vermag uns viel über das Leben zu sagen, über das, was es bedeutet, durchs Leben zu gehen, ohne uns selbst oder andere dabei zu verletzen.

Wenn wir zurückblicken, sehen wir oft nur unsere Misserfolge. Wie Toyo sind wir versucht zu glauben, dass es der Misserfolg ist, um den sich alles dreht: In unserer Ehe gab es schwierige Zeiten. Für eine Weile drohte sie ganz zu zerbrechen. Die Kinder haben rebelliert, uns blamiert und uns wie schlechte Eltern dastehen lassen. Wir wurden von der eigenen Familie gemieden. Wir haben nie wirklich gesellschaftliches Ansehen erlangt – oder es hatte zumindest nie lange genug Bestand, um uns unangreifbar zu machen. Dinge, die wir früher nie infrage gestellt haben – die Liebe, die Arbeit, die Ehe –, sind irgendwann auf unserem Weg zu einer Verpflichtung geworden, der wir eher aus Bequemlichkeit als aus Überzeugung folgen. Wir sind geblieben, wo wir waren, weil wir sonst nirgendwo hingehen konnten. Denn entweder war es zu früh oder zu spät, zu riskant oder zu langweilig, zu teuer oder zu gewöhnlich.

Also sind wir geblieben – wie Toyo. Wir wurden älter, ruhiger, milder. Irgendwann haben wir unseren Frieden gemacht mit all den Verlusten und den Fragen, den stumpfsinnigen Ambitionen und den zweitklassigen Errungenschaften, dem fehlenden Ansehen und den kleinen Geheimnissen unseres Lebens.

Eines Tages haben wir aufgehört, nach dem Unerreichbaren zu streben und nach Seifenblasen zu haschen. Wir haben aufgehört, uns an das zu klammern, was uns nicht gehören sollte. Wir haben aufgehört, um das zu weinen, was wir nicht getan, nicht gewusst und nie bekommen haben. Und dann haben wir angefangen zu begreifen, dass das Leben mehr ist als die Summe seiner Misserfolge und Trophäen.

Wir haben erkannt, dass es im Leben darum geht, seine Unbeständigkeit zu akzeptieren, geistig und körperlich weiterzugehen, sich selbst anzunehmen und sich zu verzeihen, dass man kein anderer geworden ist. Und dann konnten wir endlich glücklich sein.

Die Unbeständigkeit, so lehrt uns Buddha, ist die große Lektion, die es im Leben zu lernen gilt. Nichts kommt und bleibt für immer. Es hat keine Bedeutung, wie viel Macht wir erlangen, denn so, wie sie kommt, wird sie auch wieder gehen – still und unverdient. Wir werden nicht mehr wissen, wie viel Geld wir besitzen. Die Menge, die wir ausgeben können, ist begrenzt, und genauso ist auch der Betrag begrenzt, mit dem wir uns das kaufen können, was wir brauchen, aber noch lange nicht das, was wir wollen. Wenn uns die nächste Generation ablöst, wird alles vor unseren Augen zu Staub zerfallen. Auch unsere «Beziehungen» werden ihren Einfluss verlieren. Das Leben – das Jetzt, dieser Moment – rinnt durch unsere Finger wie Sand durch ein Stundenglas.

Die Qualität unseres Lebens wird nicht einfach nur davon bestimmt, dass wir das Leben besitzen. Es ist die Fähigkeit, es nach und nach wieder loszulassen, die über den Grad unserer Zufriedenheit, den Wert unserer Erkenntnisse und die Größe unseres Glaubens entscheidet. Erst wenn wir lernen, mehr zu sein als das, was wir haben oder tun, fangen wir wirklich an zu leben.

Der Buddhismus definiert das Leben als einen Prozess des Erwachens, der uns die Augen öffnet für das, was wahrhaft wahr und gut ist, und uns erkennen lässt, wie närrisch es ist, irgendetwas als endgültig, dauerhaft oder zwingend notwendig zu betrachten. «Es ist, was es ist», sagt der Buddha.

Alles ist für den Moment, nichts ist für die Ewigkeit. Um zu einem Leben in Fülle zu gelangen, müssen wir lernen, im Jetzt zu leben. Wir müssen es nutzen, seinen Wert erkennen und seine Gegenwart in unserem Leben akzeptieren.

In der westlichen Kultur dient der gegenwärtige Moment lediglich dazu, Pläne für die Zukunft zu schmieden. Ständig blicken wir angstvoll nach vorne, weil wir zu scheitern fürchten, oder werfen traurige Blicke zurück, weil wir vergangene Misserfolge bedauern. Aber was bedeutet Scheitern anderes als das Urteil, dass das, was geschehen ist, schlecht für uns war, obwohl es vielleicht das einzig Richtige gewesen ist?

Die Dinge, die mich zu dem gemacht haben, was ich bin, die mich dazu gebracht haben, meine ehrgeizigen Fantasien zum Schweigen zu bringen, meine Rastlosigkeit abzulegen und meine verzweifelten Versuche zu stoppen, immer und immer mehr zu bekommen, wären überall geschehen. Wenn nicht hier, dann wäre es eben an einem anderen Ort gewesen, dasselbe wäre von mir verlangt worden und hätte mich – wenn ich es zugelassen hätte – genauso von mir selbst befreit.

Aber diese Dinge sind nun einmal nicht anderswo geschehen, sondern genau hier. Letztendlich kommt es nicht darauf an, wo ich mich befinde. Vielmehr geht es darum, ob ich endlich erkannt habe, worum es im Leben wirklich geht – ganz gleich, an welchem Ort ich gerade bin.

Wenn die Frage lautet: Würde ich alles noch einmal genauso machen?, dann muss die Antwort ganz sicher heißen: Ja, warum nicht?

Kapitel 7
Wie finde ich heraus,
was das Richtige ist?

Der Großteil meiner Post stammt von Menschen, die sich über den Zustand unseres Landes sorgen oder nicht wissen, was sie von der Position der Kirche gegenüber wichtigen sozialen Fragen halten sollen. Jeder von ihnen würde die Welt gerne wieder in Ordnung bringen. Die einen meinen, man müsse die Institutionen reformieren, während andere einfach aus ihnen austreten möchten. Manche wünschen sich die gute alte Zeit zurück, und wieder andere wollen, dass eine vollkommen neue Zeit anbricht.

Doch ungeachtet ihrer politischen oder theologischen Haltung fühlen sich die meisten Menschen ohnmächtig. Oder schlimmer noch: Obwohl sie das Gefühl haben, sie könnten etwas verändern, wissen sie nicht, wie sie an die Sache herangehen sollen. Jeder versucht herauszufinden, was er selbst zur Lösung des Problems beitragen kann, um ein Leben in Frieden zu ermöglichen. Die Menschen schreiben mir nicht, weil sie wütend sind. Sie schreiben, weil sie nicht wissen, wie sie auf die Vorgänge in der Welt reagieren sollen, und ihnen die Dinge, die vor ihren Augen geschehen, Sorgen bereiten.

Eine Frau schrieb zum Beispiel: «Ich bin an einem Punkt angelangt, an dem ich mich entscheiden muss, ob ich weiterhin als Katholikin leben möchte oder nicht. Im Augenblick gibt es in meinem Leben keine Beziehung oder Gemeinschaft mit einer spirituellen Dimension. Ich gehe nicht mehr in die

Kirche, obwohl ich es bis vor zwei Jahren noch regelmäßig getan habe.»

Die Geschichte dieser Frau ist keine Ausnahme. Sie geschieht ständig und überall, in jeder Glaubensgemeinschaft und jedem Land, in jeder politischen und sozialen Bewegung der Erde. Überall versuchen die Menschen, das Weltbild, mit dem sie aufgewachsen sind, mit einem neuen, sich ständig wandelnden Weltbild in Einklang zu bringen.

Das gesamte Christentum – nicht nur seine problematischen Gruppierungen – wird heute einer kritischen Prüfung unterzogen, sofern sich überhaupt noch jemand für die Kirche interessiert. Es sind christliche Staaten, die die Atombombe entwickelt haben – wobei wissenschaftliche Zwecke sicherlich genauso wichtig waren wie die politischen – und die immer noch damit drohen, sie zum Einsatz zu bringen. Es sind christliche Staaten, die sich ihre Taschen mit den Rohstoffen der Entwicklungsländer vollstopfen, nur um daraus Produkte herzustellen, die dann zu unverschämten Preisen an eben diese Länder verkauft werden.

Es ist die christliche Welt, die genmanipuliertes Saatgut herstellt. Der Rest der Welt – Hindus, Buddhisten, Juden und Moslems – weiß, dass genmanipuliertes Saatgut die Nahrungsknappheit auf der Welt beheben könnte, aber sie wissen auch, dass eben dieses Saatgut genauso gut zu einer weltweiten Hungersnot führen kann, wenn es irgendwann keine natürlichen Samen mehr gibt und die westlichen Konzerne über die Patente für genmanipuliertes Saatgut verfügen. Da diese Samen künstlich hergestellt werden und sich nicht selbst reproduzieren können, wird der Westen irgendwann ein Monopol auf sämtliche Nahrungsmittel der Welt besitzen. Alles Geld, alle Macht, sämtliche Technologien und Produkte werden dann in den Händen der westlichen Welt liegen.

Es sind oft christliche Kirchen, die – ebenso wie ande-re auch – nationales Interesse und Glaubenszugehörigkeit gleichsetzen, die die Unterordnung von Frauen in Kirche und Familie vertreten, die versuchen, einer pluralistischen Welt eine Art christliche Theokratie aufzuzwingen.

Die Frage nach richtig oder falsch ist zum Problem des 21. Jahrhunderts geworden. Eine Antwort darauf zu finden ist hingegen das Problem des einzelnen Suchenden.

Im Brief der Frau hieß es weiter: «An Weihnachten war ich mit meiner Mutter, einer überzeugten Kirchgängerin, mei-ner Schwester und unser beider Familien im Gottesdienst. Es war nett, wieder im Kreis meiner alten Gemeinde zu sein, doch nur so lange, bis der Pastor anfing zu predigen. Seine Predigt war eine absolute Schande. Man sollte ihn dafür ver-klagen, aber das wird wohl kaum jemand wagen. Am liebs-ten wäre ich während der Predigt aufgestanden und gegan-gen, doch ich wollte meine Mutter und meine Tochter nicht enttäuschen. Nach dem Gottesdienst erfuhr ich, dass auch meine Mutter gerne gegangen wäre, weil sie so aufgebracht war, genau wie der Rest der Familie und einige Nachbarn … Ich hätte das einzig Richtige tun und die Kirche verlassen sollen.»

Die Aussage des Briefes ist deutlich: Wir sollen das Rich-tige tun.

Aber wie kann man in einer schwierigen Situation ent-scheiden, was das Richtige ist? Was sollen wir tun, wenn der Weg vor uns im Nebel verschwimmt und es zu jedem Prob-lem zwei gleich überzeugende, gleich vertretbare und gleich richtige Antworten gibt?

Manche von uns können sich gewiss noch an eine Zeit erinnern, in der es nur einen einzigen richtigen Weg gab, den alle kannten: der Gehorsam. Heute dagegen gibt es kaum noch etwas, auf das nur eine einzige Antwort zutrifft. Werte liegen miteinander im Widerstreit: Wollen wir Ordnung, also Gehorsam, oder Gerechtigkeit? Gleichheit oder einander ergänzende Unterschiede? Das Priestertum aller Gläubigen oder Klerikalismus? Evolutionstheorie oder Kreationismus? Höhere Gehälter oder größere Gewinnmitnahmen? Forschung oder Entwicklung? Unseren Weg oder den der anderen?

Wenn wir uns entscheiden müssen zwischen einer Antwort, die die gegebene Realität akzeptiert, und einer, die sich der Vision eines Ideals verpflichtet, was dann? Akzeptieren wir die bestehende Ordnung, weil sie nun mal die bestehende Ordnung ist, oder setzen wir uns für Veränderung ein? Was ist richtig? Und wie kann ich das entscheiden?

Die buddhistischen Meister erzählen eine Geschichte, die gleichzeitig die Tiefe und die ewige Bedeutung dieser Frage widerspiegelt.

Shoun war ein Meister des Soto-Zen. Sein Vater war gestorben, als Shoun noch ein Zen-Schüler war, und hatte ihm die Sorge für seine alte Mutter hinterlassen. Wann immer Shoun in die Meditationshalle ging, nahm er seine Mutter mit. Weil er sie nicht alleine lassen konnte, begleitete sie ihn auf seinen Reisen. Aus diesem Grund konnte er nicht bei den anderen Mönchen wohnen, wenn er Klöster besuchte.

Also baute er eine kleine Hütte und sorgte dort für sie. Um sich ihr Überleben zu sichern, kopierte er Sutras – buddhistische Verse.

Wenn Shoun für seine Mutter Fisch kaufte, verhöhnten ihn die Leute, denn Mönchen ist nicht erlaubt, Fisch zu essen. Doch Shoun machte sich nichts daraus. Seine Mutter aber schmerzte es, wenn sie die anderen über ihren Sohn lachen sah. Schließlich sagte sie zu Shoun: «Ich habe beschlossen, Nonne zu werden. Ich kann auch ohne Fleisch leben.» So geschah es, dass sie gemeinsam studierten.

Shoun liebte die Musik. Er war ein Meister der Harfe, die auch seine Mutter spielte. In Vollmondnächten pflegten sie gemeinsam zu musizieren.

Eines Nachts kam eine junge Dame am Haus vorbei und hörte die Musik. Zutiefst berührt lud sie Shoun ein, am nächsten Abend ihr Gast zu sein und für sie zu spielen. Er nahm die Einladung gerne an. Einige Tage später traf er die junge Dame auf der Straße und dankte ihr für ihre Gastfreundschaft. Die anderen lachten über ihn, denn er hatte das Haus eines Freudenmädchens besucht.

Eines Tages reiste Shoun zu einem entfernten Tempel, um dort zu lehren. Einige Monate später kehrte er nach Hause zurück und fand seine Mutter nicht mehr am Leben. Da seine Freunde keinen Weg gefunden hatten, ihm die Nachricht zu überbringen, war die Bestattungszeremonie schon in vollem Gange.

Shoun ging ins Haus und klopfte mit seinem Stab gegen den Sarg. «Mutter, dein Sohn ist zurück», sagte er.

«Ich freue mich, dass du wieder hier bist, mein Sohn», antwortete er für seine Mutter.

«Ja, ich freue mich auch», erwiderte Shoun. Dann verkündete er den Anwesenden:

«Die Bestattungszeremonie ist vorbei. Ihr könnt den Körper begraben.»

Als Shoun alt war, spürte er, dass sein Ende nahte. Er bat seine Schüler, sich am Morgen um ihn zu versammeln. Er erklärte ihnen, dass er am Mittag von ihnen gehen würde. Während er Weihrauch vor dem Bildnis seiner Mutter verbrannte, schrieb er ein Gedicht:

Sechsundfünfzig Jahre lang lebte ich so gut ich konnte,
und ging meinen Weg durch diese Welt.
Nun hat der Regen aufgehört, die Wolken lichten sich.
Der blaue Himmel hat einen vollen Mond.

Die Schüler versammelten sich um ihn und rezitierten ein Sutra, und Shoun verschied.

Shoun kann uns auch heute noch zeigen, was es bedeutet, ein heiliges Leben in einer sich wandelnden Welt zu führen. Hier wird ein Mensch, der sein ganzes Leben lang nichts «richtig» gemacht hatte, als heilig gewürdigt.

Jedes Gesetz, dem er sich verpflichtet hatte, brach er zugunsten eines viel höheren Gesetzes: der Liebe zu seiner Mutter, der Verantwortung für andere, der Güte und des Mitgefühls für die Verletzten und Ausgegrenzten.

Er war Vegetarier und aß Fisch, weil Fisch seiner alten Mutter guttat, die nach dem Tod des Vaters auf seine Fürsorge angewiesen war.

Er war Mönch und lebte nicht im Kloster, weil er seine Mutter nicht alleine lassen konnte.

Er lebte zölibatär und besuchte entgegen aller klösterlichen Regeln das Haus einer Prostituierten, um sie mit seiner Musik zu erfreuen. Für ihn zählte die Seele mehr als der Körper.

Nachdem er wegen seiner Verpflichtungen als Lehrer seiner Mutter in der Stunde ihres Todes nicht beistehen konnte, brach er das traditionelle Begräbnisritual ab, um den Glauben, der ihres und sein Leben geprägt hatte, auf eine viel schlichtere Weise auszuüben.

Shoun tat sein ganzes Leben lang einfach das, was getan werden musste, so gut er es eben konnte. Er spielte sich nicht auf und er heuchelte nicht. Er lebte nach buddhistischen Werten, wenn auch nicht immer nach buddhistischen Bräuchen. Was er als Buddhist war, zeichnete ihn aus, nicht dass die Dinge, die er tat, buddhistisch waren. Er übte sich nicht im Mitgefühl; er lebte es. Er redete nicht über Achtsamkeit; er wurde zur Achtsamkeit.

War er vollkommen? Nein. Tatsächlich glaubte Buddha eigentlich nicht daran, dass Vollkommenheit überhaupt existiert, zumindest nicht, wenn man darunter die Erfüllung fremder Erwartungen versteht. Die wahre Erleuchtung, so glauben die Buddhisten, ist die Erkenntnis, dass wir nichts anderes sein können als das, was wir sind. Wir sind alles, was wir haben, aber was wir sind, ist der Stoff, aus dem die Fülle des Lebens gemacht ist.

Was wir sind, so lehrt diese Art von Spiritualität, ist mehr als genug, solange wir erkennen, dass die wahre Leistung im Leben weder in Bräuchen, Entsagung oder Ritualen liegt noch im Versuch, sich anderer Leute Muster, Gedanken oder Zielen anzupassen. Die wahre Leistung liegt in der Erkenntnis, dass nichts im Leben beständig ist. Sie liegt in der Weigerung, sich an irgendetwas festzuklammern, ganz gleich, wie gut es zu einer anderen Zeit auch gewesen sein mag. Sie liegt darin, die Herausforderungen eines jeden neuen Augenblicks bereitwillig anzunehmen, anstatt zu versuchen, am Leben eines vergangenen Moments festzuhalten. Die wahre Leistung liegt in der Fähigkeit, das Heilige im Alltäglichen zu entdecken: Fisch zu essen, Prostituierte zu respektieren und kleine Regeln zu brechen, damit die größeren Herausforderungen des Lebens erfüllt werden können. Shoun hat es am besten ausgedrückt: «Sechsundfünfzig Jahre lang lebte ich so gut ich konnte.»

Richtig ist nur das, was in einem bestimmten Augenblick getan werden muss, auch wenn wir nicht immer ganz sicher sind, was es genau ist. Es geht darum, so gut wie möglich zu leben, auch unter Umständen, die mehr von uns erfordern als das, was wir bereithalten.

Ganz gewiss hatte meine Briefpartnerin bereits ein Gespür für das Richtige entwickelt, und vermutlich war dieses Gespür viel besser, als ihr bewusst war. Im letzten Absatz des Briefes schrieb sie:

«Ich habe beschlossen, die Initiative zu ergreifen und missbrauchten Menschen zu helfen. Ich möchte nicht länger warten – ich möchte einen Ort finden, eine Gemeinschaft, in der meine Familie und ich uns jede Woche mit anderen Menschen treffen können, um über religiöse Themen zu diskutieren und Beziehungen aufzubauen, die eine spirituelle Dimension haben … In meiner Kirchengemeinde ist das leider nicht möglich.»

Wie könnte etwas, das unser Selbst weit macht, ohne andere zu zerstören, nicht «richtig» sein – zumindest zum jetzigen Zeitpunkt? Wenn sich die Umstände ändern – und das werden sie unausweichlich tun –, ist es gut möglich, dass wir eine neue Antwort suchen müssen, um weiterhin ein gutes Leben zu führen. Wenn die Frage lautet: Wie finde ich heraus, was das Richtige ist?, dann muss die Antwort heißen: Solange bis sich die Umstände ändern, müssen wir wie Shoun einfach das Beste tun, was jetzt möglich ist.

Kapitel 8

Wie finde ich heraus, wem ich folgen soll?

Ich bin es gewohnt, dass mich Menschen um Rat fragen oder um Literaturempfehlungen bitten. Doch dieser Brief war vollkommen anders. Er war kurz und sachlich. Die Verfasserin wollte, dass ich ihr eine Kirche empfehle, einen Pastor, eine bestimmte Form der Liturgie, eine theologische Richtung oder einen Ort, an dem ihr Geist wachsen könne.

In ihrem Brief hieß es: «Ich habe Sie schon einige Male im Radio gehört ... Ich bin getaufte Christin, habe aber Zweifel an meiner Gemeinde. Ich fühle mich dort einfach fehl am Platz. Können Sie mir andere Kirchen in meiner Gegend empfehlen? Ich habe mich schon umgesehen, aber die Suche gestaltet sich schwierig. Die Leute reagieren zurückhaltend, wenn man offen mit ihnen spricht.»

Der Brief ist hier zwar zu Ende, er führt aber zu einer weitaus größeren Frage: Kann man einem anderen Menschen eine bestimmte Form von spirituellem Leben empfehlen? Sollte man es überhaupt wagen?

Vielleicht ist gerade die Suche das spirituelle Heilmittel, das wir brauchen. Vielleicht ist es gut, dass wir – um zu denkenden Christen zu werden – eine Form der Spiritualität ausprobieren und für nicht gut befinden. Vielleicht ist das Alleinsein mit Gott in manchen Phasen unseres Lebens wichtiger, als regelmäßig in die Kirche zu gehen. Vielleicht brauchen wir anstelle der Adresse einer Gemeinde oder eines

Pfarrers viel dringender jemanden, der uns die Augen für die Dinge öffnet, die wir an einem bestimmten Ort mögen oder verabscheuen, die uns näher zu Gott bringen oder uns weiter von ihm entfernen.

Wenn das spirituelle Leben mehr zu einer ideologischen als zu einer persönlichen Frage wird, ist es dann überhaupt noch ein spirituelles Leben? Wenn wir alle damit beschäftigt sind, unsere Art von Religion zu verkaufen – mit oder ohne Rosenkranz, mit oder ohne Statuen, mit eckigen oder runden Kirchen –, was bleibt übrig, was ein Suchender selbst finden kann? Und wenn es uns nicht selbst gelingt, unseren persönlichen Weg zu finden, mit Gott in Verbindung zu treten, haben wir dann überhaupt ein eigenes spirituelles Leben?

Was kann Gott in meinem Geist noch ausrichten, wenn jemand, der zwischen Gott und mir steht, schon entschieden hat, wie und wo Gott mir in meinem Leben begegnen kann?

Die Versuchung, einen anderen über die Art meines spirituellen Lebens entscheiden zu lassen, ist natürlich immer groß. Schließlich ist es viel einfacher, einem anderen mein Gewissen zu überlassen als es selbst formen zu müssen. Vor vielen Jahren wollte ich einmal von meiner Novizenmeisterin wissen: «Was ist, wenn wir etwas tun sollen, das wir für falsch halten?» «Dann liegt die Verantwortung bei dem, der euch die Anweisung gegeben hat», sagte sie. «Eure Pflicht ist es, zu gehorchen.» Doch diese Antwort ist viel zu einfach. Wenn ich nichts weiter tun muss, als auf andere zu hören, welchen Sinn haben dann Entscheidungskämpfe? Was ist mit meinem Verstand? Aus welchem Grund wurde ich geboren? Was liegt dann überhaupt in meiner Verantwortung? Ist der freie Wille vielleicht nur eine Illusion?

Andererseits: Wer von uns kann es sich tatsächlich leisten, nur nach seinen eigenen Gesetzen zu leben? Wir können unser Gewissen nicht aus dem Nichts formen. Doch wir haben die Weisheit unserer Vorfahren, die wir in unsere Überlegungen mit einbeziehen können. Die Dinge, die rechtschaffene Menschen im Laufe der Geschichte für wichtig befunden haben, sind von großer Bedeutung für unser Leben und unsere persönliche Freiheit im Hier und Jetzt. Doch nur, weil unsere Vorfahren etwas Bestimmtes getan haben, muss das nicht zwangsläufig heißen, dass es auch für uns richtig ist. Vermutlich gibt es viele Dinge, die für die alttestamentarischen Patriarchen Abraham, Isaak und Jakob mit ihren vielen Frauen genau das Richtige waren, aber eben nur zu ihrer Zeit und in ihrer Welt.

Es sind die Gründe, aus denen Menschen, die vor uns lebten, etwas Bestimmtes getan haben, und ihre Einsicht in ihr Handeln, die dessen Wert für die heutige Zeit bestimmen. Sämtliche Völker der vorwissenschaftlichen Zeit betrachteten Frauen als minderwertig, Schwarze als unvollständige Menschen und Kinder als kleine Erwachsene. Wenn man so denkt, ist der Besitz von Schwarzen, die Unterdrückung der Frauen oder Kinderarbeit moralisch durchaus vertretbar – und wenn nicht vertretbar, dann zumindest verständlich. In manchen Teilen der Erde hat sich diese Denkweise bis heute gehalten, auch wenn sie nicht mehr unumstritten ist. Unser Wissensstand untergräbt und entzieht uns heute die moralische Grundlage einer solchen Einstellung.

Zwar fragen wir längst nicht mehr, ob Menschen anderer Hautfarbe gleichwertig sind, doch beschäftigen uns ganz ähnliche Themen. Die Fragen unserer Generation lauten etwa: Ist ein Fötus eine menschliche Person oder nicht? Ist Stammzellenforschung ethisch vertretbar oder unverantwortlich? Welches sexuelles Verhalten ist vertretbar und welches nicht? Ist das Benutzen von Kondomen moralisch? Wirkt die Todesstrafe tatsächlich abschreckend auf potentielle Verbrecher? Und selbst wenn es so wäre, ist sie moralisch überhaupt zulässig? Haben Tiere Rechte?

Tatsache ist, dass jede Generation mit ihren eigenen Fragen zu kämpfen hat.

Für manche Frage wird die Wissenschaft früher oder später das für die Antwort notwendige Wissen zur Verfügung stellen. Wir können nur nicht wissen, wann. Also bleibt uns nichts anderes übrig, als die bestmöglichen Informationen heranzuziehen, um unsere Entscheidungen zu treffen: die Weisheit vergangener Generationen, den Wissenstand unserer Zeit, Erkenntnisse, die höchsten Ideale unseres Herzens und die besten Vorbilder, die wir finden können. Und doch wird am Ende jeder alleine vor dem Gericht der Menschlichkeit stehen und sich für seine Entscheidungen verantworten müssen.

Daher ist das Gewissen – die ethische Frage nach dem Guten – in gewisser Weise die einfachste spirituelle Frage überhaupt. Das Problem ist jedoch, dass es zwei Arten von Gewissensfragen gibt. Bei der einen geht es darum, zwischen gut und böse zu unterscheiden, sich an Regeln zu halten und ein moralisch vertretbares Leben zu führen. Viel schwieriger ist hingegen die Frage, wie man zu einem spirituellen Menschen wird. Wie werden wir zu Menschen, die in Harmonie mit Gott sind, im Einklang mit dem Universum, im Bewusstsein, dass Gott in jedem unserer Atemzüge ist, bis wir selbst Güte atmen? Denn nur dann machen wir die Welt besser als sie war, bevor wir kamen.

Es ist eine Sache, sich zwischen gut und böse zu entscheiden. Eine andere ist es aber, den Unterschied zwischen den Impulsen eines heiligen Herzens und dem eigenen Begehren vollständig erkennen zu lernen. Ein moralisch guter Mensch zu sein ist noch nicht dasselbe, wie ein Mensch mit einem heiligen Herzen zu sein, eine spirituell vollständig entwickelte Persönlichkeit. Um zu einem spirituellen Menschen zu werden, der darauf bedacht ist, in der Gegenwart Gottes zu leben, brauchen wir ein Licht, das uns unseren Weg weist.

Der spirituelle Weg ist immer lang und liegt oftmals im Dunkeln. Genau genommen handelt es sich auch nicht um einen Weg, sondern um eine Richtung. Wie ein Magnet zieht diese uns an und lenkt uns von unserem selbstbezogenen Ich zu unserem tiefsten, zu unserem höchsten, zu unserem suchenden Ich.

Es gibt keine zwei Wege, die genau gleich sind. Jeder von uns geht seinen eigenen Weg. Nur die Richtung, die tiefe Sehnsucht danach, in Berührung mit den Sternen über uns und dem Ozean in uns zu kommen, ist allen gemein. Es gilt, jemanden zu finden, der uns bei der Suche nach dem Weg in uns hilft, anstatt uns daran zu hindern, unseren eigenen Weg zu gehen.

Die buddhistischen Meister wissen um den feinen Unterschied, ob man einen Menschen lenkt oder ob man ihn zu den Wassern des Lebens, das heißt zu seiner Seele, führt. Die Geschichte, die sie über diesen Prozess erzählen, ist ziemlich ernüchternd:

Als es noch üblich war, dass ein Schüler bei einem Zen-Meister lebte, um von ihm zu lernen, kam einmal ein Schüler zu einem Meister. Er wollte bei ihm studieren, um selbst später ein Zen-Meister zu werden. Der Schüler wusste, dass er womöglich für viele Jahre an den Meister gebunden sein würde, wenn dieser einwilligte, sein Lehrmeister zu sein. Er würde nicht nur von ihm lernen, wie er betete, sondern auch, wie er seinen Tee zubereitete, den Boden fegte und seine Bettelschale wusch. Er wollte nicht einfach nur die Schriften studieren, sondern suchte nach einer Lebensweise.

Doch der Meister würdigte ihn keines Blickes.
Er ging zu seinem Haus aus und ein, ohne die
geringste Notiz von dem jungen Mann zu nehmen.
Kein Laut. Kein Nicken. Kein Gespräch über seine
Aufnahme. Kein ermunterndes Wort.

Der junge Suchende beschloss, sich vor die Tür
des Meisters zu setzen und dort zu meditieren.
Auf diese Weise wollte er den Meister von seiner
Entschlossenheit überzeugen. Und dort saß er
nun. Und saß. Und saß. Tagelang. Wochenlang.
Monatelang. Aber der Meister schenkte ihm immer
noch keine Beachtung.

Der Winter kam und es begann zu schneien. Sicher
würde der Meister jetzt sehen, wie fest entschlossen
er war, ihm Einlass gewähren und ihn als Schüler
annehmen.

Doch der Meister kam und ging, und entweder
bemerkte er den meditierenden jungen Mann
überhaupt nicht oder dessen Gegenwart war ihm
völlig gleichgültig.

Was könnte den Meister bewegen und ihn von der
Entschlossenheit des Schülers überzeugen, vom
Durst seiner Seele überzeugen?

Eines Tages erkannte der Schüler das eine Mittel,
mit dem er seine Bereitschaft unter Beweis stellen
konnte, sein ganzes Dasein dem spirituellen Leben
zu übergeben. Eines Tages hieb er sich einen Arm
ab. Er verneigte sich und überreichte dem Meister
seinen Arm.

Da erkannte der Meister die Lauterkeit des jungen
Mannes und lud ihn ein, als Schüler in seinem Haus
zu leben.

Auf den ersten Blick wirkt diese Geschichte bestenfalls absurd oder makaber, aber ganz gewiss nicht spirituell. Viel eher scheint es hier einfach um einen arroganten Meister und einem extrem unterwürfigen Schüler zu gehen, die es beide dringend nötig hätten, sich spirituell zu entwickeln. Was soll die Gewalt? Welche Art von Spiritualität erlangt man durch Selbstverstümmelung? Um welche Art von spiritueller Praxis soll es sich hier handeln?

Doch wenn man lange und gründlich genug über die Geschichte nachdenkt, löst sich ihr wahrer Sinn aus dem Nebel unseres Geistes. Plötzlich erkennen wir, dass die Frage, mit der der Meister den Schüler konfrontiert, schmerzhaft einfach und aktuell ist: Was würden wir freiwillig von unserem Leben «abhacken», um zu wahrhaft spirituellen Menschen zu werden? Was würden wir opfern, um mehr davon zu verwirklichen, was wir wirklich sein wollen? Oder anders gefragt: Was fehlt unserem Leben und was wären wir bereit hinzuzufügen, um unsere Bestimmung vollkommen zu erfüllen? Was ist es, das uns mehr als nur bereit und fest entschlossen dazu macht, im Einklang mit Gottes Atem zu atmen?

Nein, das spirituelle Leben ist kein Theologieseminar. Es ist viel mehr als ein Studium. Manche Menschen studieren jahrelang Theologie, ohne am Ende auch nur das Geringste über Gott zu wissen. Gott kennenzulernen ist mehr als eine Theorie – es ist eine Erfahrung. Wenn wir Gott kennenlernen möchten, müssen wir genau prüfen, was in uns ist, um über die Grenzen unseres armseligen Selbst hinauszuwachsen. Wir müssen uns fragen, was wir tun müssen, um uns selbst mit der Lebendigkeit des Universums zu füllen und uns im Takt der Musik unserer Seele zu bewegen.

Die Geschichte weist uns gleichzeitig darauf hin, dass ein Lehrer, der uns nur allzu bereitwillig sagt, was wir tun sollen, vielleicht nicht in der Lage ist, uns Gott näherzubringen und uns die Augen für dessen Willen zu öffnen, sondern womöglich viel eher darauf aus ist, uns seinen eigenen Willen aufzuzwingen.

Am Ende verlangt das spirituelle Leben von uns, dass wir darauf vertrauen, was Gott in uns bewirkt, und zwar nicht weniger als auf das, was die Leute, Mitmenschen, die Gesellschaft, die Autoritäten von uns erwarten. Eines Tages werden wir gerufen werden, für uns selbst einzustehen, und dann wird nur die Gegenwart Gottes in uns zählen. Dann wird sich zeigen, ob wir tatsächlich zu spirituellen Menschen geworden sind, deren Herzen sich Gottes Wort zum Kompass gewählt haben, oder ob wir nichts weiter sind als Moralisten, die sich hinter den Normen anderer verstecken.

Es braucht Zeit, ein spiritueller Mensch zu werden. Auf dem Weg dorthin begegnen uns Bräuche, Rituale, Askese, Selbstverleugnung, Stille und die Schaffung von heiligem Raum und heiliger Zeit. Diese Dinge sind natürlich wichtig. Doch noch nicht einmal alle zusammen reichen aus, um einen wahrhaft spirituellen Menschen aus uns zu machen.

Wenn wir ein spirituelles Leben führen wollen, müssen wir lernen, Gottes Geist einzuatmen und die gleiche Energie auszuatmen – und andere daran teilhaben lassen, wo immer wir sind, was immer wir gerade tun, wer immer bei uns sein mag.

Spirituell zu leben bedeutet also, eins zu werden mit Gottes Geist und sich durch nichts davon abhalten zu lassen – ganz gleich, welche Institution uns etwas anderes erzählt, weniger von uns verlangt oder fordert, dass wir uns ihren Regeln beugen anstatt nach Gottes Willen zu streben.

Spirituell zu leben braucht Jahre, in denen wir dem Kompass unseres Herzens mehr als den Regeln folgen. Es bedeutet ein ganzes Leben, das voll ist von Fehlern, Erfahrungen des spirituellen Scheiterns und vorübergehenden Ablenkungen,

von denen einige sogar besonders heilig erscheinen: besondere Fasten- und Gebetsübungen oder moralische Urteile über
die Menschen, die uns begegnen. Dies sind die wirklichen
Versuchungen, die uns von einem spirituellen Leben abhalten. Sie sind weitaus gefährlicher als die Sünde und armseliger als jede Art von Unaufmerksamkeit, denn sie bergen die
Gefahr, dass wir uns selbst für heilig halten.

Um es noch deutlicher auszudrücken: Es kann der Seele
zwar helfen, sich zu sammeln, wenn man eine Kutte trägt,
Gebete spricht, sich zu verbeugen lernt und nach einem Zeitplan lebt. Doch sind diese Dinge nicht der Maßstab, an dem
die Tiefe unseres spirituellen Lebens gemessen werden kann.

Der Mönch Daruma saß neun Jahre lang mit dem
Gesicht zur Wand und übte sich in Zazen.
Er meditierte so lange und ausdauernd, dass ihm die
Beine abfielen.
Als der Meister ihn sah, fragte er Daruma:
«Was tust du da?»
Und der Mönch antwortete: «Ich übe mich in
Zazen, damit ich erleuchtet werde.»
Der Meister runzelte kurz die Stirn. Dann nahm er
ein irdenes Gefäß und fing an, mit seinem Ärmel
daran zu reiben. Der Mönch wartete und wartete,
aber der Meister polierte einfach weiter.
Schließlich konnte sich der Mönch nicht länger
zurückhalten und fragte: «Meister, was tust du da?»
«Ich mache einen Spiegel», antwortete der Meister.
«Aber so macht man doch keinen Spiegel!», rief der
Mönch ungläubig.
«Und du kannst keine Erleuchtung erlangen, wenn
du einfach so dasitzt», entgegnete ihm der Meister.

Spirituell zu leben ist mehr als das ständige Wiederholen spiritueller Übungen. Spirituell zu leben bedeutet, mit absoluter Hingabe dem Wesen des Lebens nachzuspüren. Es bedarf der Ausdauer, immer und immer wieder nach dem Weg zu suchen, der uns am meisten Leben schenkt. Vielleicht müssen wir verschiedene Gemeinschaften, verschiedene geistliche Begleiter ausprobieren, bis wir uns spirituell wirklich lebendig, wirklich zu Hause fühlen. Spirituell zu leben bedeutet, jeden Moment so anzunehmen, wie er ist, ganz gleich wie unvollkommen er auch sein mag. Denn jeder Moment lehrt uns etwas darüber, was es heißt, ein gutes Leben zu führen. Spirituell zu leben bedeutet, zu erkennen, dass manchmal die Vollkommenheit eines Augenblicks darin liegt, seine Unvollkommenheiten anzunehmen.

Auch heute noch werden in Japan kleine Statuen des Mönches Daruma verkauft. Sie sollen die Suchenden daran erinnern, was es bedeutet, in Bewusstheit zu leben. Es gibt zwei Arten von Statuen. Die eine ist ein zylindrischer Briefbeschwerer, der schwerfällig und unbeweglich dasitzt. Die andere hat einen abgerundeten Boden, der mit einem Gewicht beschwert ist. Ganz gleich, wie oft man die Statue umkippt, sie steht immer wieder auf. «Sieben mal nach unten, achtmal nach oben», heißt das Sprichwort. Wie wahr.

Die Bedeutung, die dieses «Stehaufmännchen» in Bezug auf das geistliche Leben hat, ist offensichtlich: Spirituelle Übungen können nicht über den Wert unseres spirituellen Lebens bestimmen. Erst wenn wir beharrlich und ausdauernd sind, erst wenn wir so lange weitergehen, bis wir zu dem werden, was wir sein wollen, sind wir zu wahrhaft spirituellen Menschen geworden.

An wen sollen wir uns also wenden, um zu spirituellen Menschen zu werden? Antwort: An niemanden, der versucht, im Namen der Religion spirituelle Roboter aus uns zu machen.

Kapitel 9
Was ist Erfolg?

Obwohl die vier Brüder aus chaotischen Verhältnissen stammten, waren sie alle gute Jungs. In ihrer Kindheit gab es in ihrer Familie einfach zu viele Geschwister, die viel zu rasch hintereinander zur Welt gekommen waren. Schon früh machten sie Bekanntschaft mit Krankheit und Tod. Das Geld war immer zu knapp. Sie hatten keine Kindermädchen, gute Beziehungen oder Nachhilfelehrer, auf die sie sich wie die meisten ihrer Schulkameraden verlassen konnten. Stattdessen machten sie sich ihr Abendbrot selbst und spielten Basketball auf der Straße. Sie sahen nie einen der kostspieligen Ski- oder Tennisclubs von innen, die damals für die amerikanischen Vorstädter zum guten Ton gehörten.

Am Ende gelang es jedoch allen vier, sich aus eigener Kraft durch die Highschool zu kämpfen und einen Abschluss zu machen. Zwei von ihnen hatten schon während der Schulzeit gearbeitet und genug Geld gespart, um das College besuchen zu können. Die beiden anderen gingen nicht aufs College. Doch auch sie waren gute und zuverlässige Kinder, die arbeiteten, ihre Rechnungen bezahlten und in den Basketball-Teams ihrer Firmen spielten. Niemand erwartete mehr von ihnen, als dass sie ein anständiges Durchschnittsleben führten.

Und dennoch gelang es einem der beiden Älteren, sich mit kaum 40 zur Ruhe zu setzen und fortan von seinen Kapitalanlagen zu leben. Der älteste Sohn war mit 45 Abteilungsleiter in einem der größten Finanzinstitute des Landes. Der dritte Sohn war Elektroingenieur. Gleich nach dem College hatte er eine Stelle in einem kleinen örtlichen Betrieb bekommen, der damals noch weitgehend unbekannt war. Als die Firma dann ihren ersten großen Auftrag an Land zog, war der Chef wie ein Vater für ihn geworden, was ihm sämtliche Privilegien und Zukunftsmöglichkeiten bot, die eine solche Beziehung mit sich bringt.

Nur der jüngste Sohn schien Schwierigkeiten zu haben, etwas in Gang zu bringen. Schon in der Schule waren seine Noten eher grenzwertig. Seine Interessen waren nie so stark ausgeprägt wie die seiner Brüder. Er wisse nicht so recht, was er mit seinem Leben anfangen solle, sagte er. Das schien ihn aber nicht sonderlich zu stören. Nach der Schulzeit ging er erst einmal zur Armee, um «mehr Zeit für eine Entscheidung zu gewinnen».

Eine Weile sah es tatsächlich so aus, als habe er in der Armee seine Berufung gefunden – wenn auch eher durch Zufall und nicht, weil er sich selbst dazu entschieden hatte. Er bekam gute Beurteilungen und wurde ein- oder zweimal befördert. Er schrieb begeisterte Briefe an seinen kranken Vater, in denen er von seinen Erfahrungen und seiner Arbeit berichtete, so unspektakulär diese auch zu sein schienen. Er überlegte, ob er sich für länger verpflichten sollte.

Dann kam aus scheinbar heiterem Himmel der Absturz. Er entfernte sich unerlaubt von der Kaserne und meldete sich nicht pünktlich zum Dienst. Die ganze Zeit über versuchte er den anderen klarzumachen, dass er sich nicht ganz «normal» fühlte. Doch die Armeeärzte befanden ihn für kerngesund, und seine Vorgesetzten setzten ihn immer mehr unter Druck. Als er schließlich bei seinem Bruder zu Hause auftauchte, hatte er bereits angefangen, sich mit Stimmen in seinem Kopf zu unterhalten.

In den darauffolgenden Jahren verbrachte er viel Zeit in Militärkrankenhäusern. Trotzdem schaffte er es nie, die Stimmen in seinem Kopf zu ignorieren oder sie ganz zum Schweigen zu bringen.

Seine Brüder heirateten reizende junge Frauen, kauften schöne Häuser, bekamen wunderbare Kinder und fügten sich selbstsicher in das Leben ihrer gepflegten Wohngegenden ein, das sie selbst als Kinder nie kennengelernt hatten. Die Therapeuten des jüngsten Bruders hingegen rieten ihm immer von einer Heirat ab. Dabei war er der zarteste, empfindsamste und verletzlichste von allen. Wenn jemand eine Gefährtin im Leben gebraucht hätte, dann war er es.

Doch sie redeten ihm ein, dass es keine Frau gäbe, die zu ihm passte. Sie sagten, es sei besser für ihn, wenn er erst gar nicht ans Heiraten dachte. «Aus vielen Gründen», erklärten sie ihm. Diese Gründe waren zwar vage, aber die Botschaft war klar. Also tat er, was nur wenige Menschen je tun: Er wurde für alle und jeden zum treuen Gefährten. Er wurde zum stillen Mitglied einer jeden Familie – der allgegenwärtige Onkel, der Pfleger der Kranken, der Chauffeur der Tante, der allzeit bereite Dienstbote für alle, die ihn brauchten. Er ließ es zu, dass seine Anwesenheit als selbstverständlich hingenommen wurde.

Er war einfach immer da. Er war fürsorglich und hatte stets Zeit. Er war der universal einsetzbare Bruder, Onkel, Sohn und Freund. Er war der stille und doch unentbehrliche Bestandteil in jedermanns Leben.

Manche würden vielleicht sagen, dass er das einzige Mitglied der Familie war, das keinen Erfolg hatte. Doch das ist ein Irrtum. Wer so denkt, verwechselt Erfolg mit Reichtum oder Ansehen. Reichtum hat etwas mit dem Anhäufen von Besitztümern zu tun, Ansehen mit der Aufmerksamkeit, die man bei anderen erregt. Aber Erfolg hat etwas damit zu tun, dass wir werden, wozu wir bestimmt sind – voll entwickelte menschliche Wesen, für die das Leben darin besteht, Erfahrungen zu sammeln und nicht einfach einer Kette von Ereignissen beizuwohnen.

Erfolgreich sind wir dann, wenn wir jede Dimension des Lebens bereitwillig annehmen, ohne eine von ihnen den anderen vorzuziehen, als unwichtig abzutun oder gänzlich abzulehnen, weil sie uns unangenehm erscheint.

Eine Geschichte aus der buddhistischen Tradition zeigt uns ein Beispiel von Erfolg, das die meisten von uns als Versagen bezeichnen würden:

Vor langer Zeit beschloss ein Anhänger der Lehre des Buddha in Japan namens Tetsugen die Sutras, die Lehrreden des Buddha, ins Japanische zu übersetzen. Zu dieser Zeit gab es die Sutras nur auf Chinesisch. Die Übersetzung und Veröffentlichung dieser Werke auf Japanisch war also ein sehr bedeutsames Projekt, das man überall schätzen und bejubeln würde.

Die Bücher sollten mit Holzblöcken in einer Auflage von 7000 Exemplaren gedruckt werden. Ein ungeheuerliches Unterfangen.

Tetsugen reiste durchs Land und sammelte Spenden für sein Vorhaben. Manche meinten es gut mit ihm und gaben ihm hundert Goldstücke. Die meiste Zeit aber erhielt er nur kleine Münzen. Jedem Spender war er gleich dankbar. Nach zehn langen Jahren hatte Tetsugen endlich genug Geld, um mit seiner Arbeit zu beginnen.

Genau zu dieser Zeit gab es an den Ufern des Uji eine große Überschwemmung, der eine große Hungersnot folgte. Tetsugen nahm das Geld, das er für den Druck der Bücher gesammelt hatte, und gab es den Menschen, die an den Ufern des Flusses lebten, um sie vor dem Hungertod zu bewahren.

Dann begann er von Neuem, Geld für die Veröffentlichung der Sutras zu sammeln.

Dieses Mal dauerte es sieben Jahre, bis Tetsugen wieder genug Geld hatte, um sein Vorhaben in die Tat umzusetzen. Aber kaum hatte er das Geld beisammen, brach eine Seuche im Land aus. Dieses Mal gab Tetsugen sein Geld den Kranken, um ihre Not zu lindern.

Nachdem er weitere zwanzig Jahre damit verbracht hatte, Spenden zu sammeln, konnte er die Sutras endlich auf Japanisch veröffentlichen.

Die Druckblöcke der ersten Auflage können noch immer im Obaku-Kloster in Kyoto besichtigt werden. Heute erzählen die Japaner ihren Kindern, dass Tetsugen drei Auflagen der Sutras gedruckt habe. Die beiden ersten seien unsichtbar, aber würden die dritte bei Weitem übertreffen.

Das Erfolgsmodell, das hier beschrieben wird, ist wohl den Erfolgsmaßstäben unserer Zeit mehr oder weniger fremd.

Die Geschichte weist auf etwas hin, das unsere Gesellschaft schon lange vergessen zu haben scheint: Es gibt Erfolgsmaßstäbe, die mit keiner Leistungsbilanz je gleichgesetzt werden können. In einer Welt, in der Leistung anhand von Geld, Immobilien oder Titeln gemessen wird, ist es die schwerste Aufgabe überhaupt, Werte und nicht Dinge als Maßstab für Erfolg zu betrachten.

Wenn Erfolg mit Dingen gleichgesetzt wird, verschwindet er, wenn die Dinge verschwinden. Wenn wir dem Kirchgang mehr Wert beimessen als einem gelebten Glauben, stirbt unser Glaube, wenn die Kirche ihre Türen schließt. Dann haben wir spirituell versagt.

Wenn wir gesellschaftlichen Beziehungen mehr Wert beimessen als der Beziehung zu unseren Kindern, werden wir nach dem Rückzug aus dem öffentlichen Leben sowohl die alten Freunde verlieren als auch als Eltern versagt haben.

Wenn wir Geld mehr Wert beimessen als unserer Arbeit, und der Verdienst, den wir für unsere Arbeit erhalten, geringer ausfällt, als wir zu verdienen meinen, gelangen wir zwangsläufig zu der Überzeugung, dass unsere Arbeit und unsere Begabungen nichts wert sind. Wenn dann wie in der Geschichte von Tetsugen eine Flut über uns hereinbricht – die Kündigung unserer Arbeitsstelle, eine verpatzte Prüfung, finanzielle Engpässe, körperliche Behinderung, öffentliche Blamage oder ein psychischer Zusammenbruch –, dann spült sie unser Gefühl, etwas geleistet zu haben, gleich mit über Bord. Wir verbergen unser Gesicht und können uns selbst nicht mehr in die Augen schauen. Wir fallen in uns zusammen und verlieren unseren Glauben. Wir sind gebrochene Menschen.

Dann ist es an der Zeit uns zu fragen, was ein erfolgreiches Leben ausmacht. Wenn es darum geht, etwas erreicht zu haben, gibt es dann etwas in unserem Leben, das nicht zerbrechen, rosten oder gestohlen werden kann? Was haben wir erreicht, das nur wir selbst uns bewahren können, wie die Liebe zur Musik, zwei auswendig gelernte Gedichte oder eine Lieblingsgeschichte? Gibt es einen Menschen, der weiter mit uns lacht, wenn wir alles andere verloren haben? Und noch viel wichtiger: Gibt es jemanden außer uns selbst, den wir aufrichtig lieben?

Eine Welt, die auf Prestige und sozialem Status aufgebaut ist, hat unsere Vorstellung von Erfolg verzerrt. Wichtig ist jedoch nicht, was wir getan haben, sondern ob unser Tun die

Mühe wert war. Oder besser gesagt: War unser Tun für andere wertvoll – für die Menschen, die heute hungern, obdachlos oder krank sind?

Die alten Meister stellen uns eine der wichtigsten Fragen des Lebens: Welchen unsichtbaren Sutras haben wir unser Leben verschrieben? Welche großen Ideen leben in uns weiter, strahlen aus uns heraus und haben durch uns eine Stimme?

Wenn wir zurückblicken und uns fragen, was wir in unserem Leben erreicht haben und wofür wir unser Herzblut gegeben haben, sehen wir dann eine Auflistung unserer Besitztümer und unserer Titel? Oder gibt es dort vielleicht einen Hungernden, einen Obdachlosen, einen Kranken, einen spirituell Verlorenen oder einen Einsamen, der sagen kann, dass sein Leben um vieles ärmer gewesen wäre, wenn wir nicht gelebt hätten?

Dass wir erfolgreich sein können, steht außer Zweifel. Die Frage ist jedoch: erfolgreich worin? Am Ende wird nicht zählen, *was* wir tun. Was zählt, ist *wie* wir die Dinge tun, die zu tun sind.

Wir können unser ganzes Leben mit den Sutras, den heiligen Schriften unserer Wahl, verbringen, ohne je nach ihnen zu leben. In diesem Fall wird es dazu führen, dass sie durch uns an Wert verlieren.

Waren alle Söhne der kleinen, vom Schicksal gebeutelten Familie erfolgreich? Ja, das waren sie. Vielleicht hatte sogar gerade der jüngste Sohn am meisten Erfolg, auch wenn sein Leben am weitesten von dem entfernt war, was wir normalerweise als Erfolg betrachten. Er hatte Erfolg, weil er seine Situation besser meisterte, als es die meisten von uns wohl je gekonnt hätten. In seinem Leben sehen wir die unsichtbaren Spuren eines sichtbaren Kampfes, der von einer Art von Erfolg gekrönt war, die wir auf der Jagd nach viel geringeren Reichtümern nur allzu leicht aufgeben.

Kapitel 10
Ist es möglich, vergangene Fehler wiedergutzumachen?

Sie saß mir in meinem kleinen, vollgestopften Büro gegenüber und drückte sich in die äußerste Ecke der Couch.
Ihre Beine hatte sie fest übereinandergeschlagen, ihre Ellbo-
gen waren gegen die Rippen gepresst und eine Hand ver-
deckte halb ihr Gesicht. Sie hatte sich von mir abgewandt
und ihre Augen niedergeschlagen. Ich zweifelte nicht einen
Moment daran, dass sie über das, worüber sie auch immer
mit mir reden wollte, noch niemals gesprochen hatte.

Sie war jung und erst seit ein paar Jahren verheiratet. Sie
war wie eine Geschäftsfrau gekleidet und sehr schick – ein
bisschen zu schick für einen privaten Besuch in meinem Büro
mitten in der Woche, wie ich fand. Als sie endlich zu sprechen begann, hörten sich ihre Worte weder aufrichtig noch
dringlich an. Ihr Mann habe keine Ambitionen, sagte sie. Im
Gegensatz zu ihr habe er keine höheren Ziele als das, was er
ohnehin schon erreicht hatte. Er interessiere sich nicht für die
intellektuelle Dimension seiner Arbeit.

Sie dagegen wolle forschen und vielleicht eine Stelle an
der Uni annehmen. Er wolle einfach dort bleiben, wo er
war und Tag für Tag stinklangweilige Kunden in seinem
stinknormalen Büro empfangen. Sie wisse nicht, wie sie so
weiterleben solle. Aber da waren die beiden Kinder. Deshalb
wisse sie auch nicht, wie sie ihn verlassen solle. Und? sagte
ich. Und?

Und, flüsterte sie schließlich mit heiserer Stimme, sie fühle sich sehr zu einem anderen Mann hingezogen. Da sei jemand, den sie nach der Arbeit und am Wochenende und unter jedem erdenklichen Vorwand traf. Jemand, der ausgerechnet Angeln, Wandern und Waldspaziergänge liebte. Jemand, der offensichtlich überhaupt keine Karriere hatte. Jemand, mit dem sie lachen konnte, bei dem sie ihr professionelles Ich samt ihrer Sorge um Erfolg vergaß. Jemand, der Humor, Abenteuerlust und Freiheit in ihr Leben brachte. Wie im antiken Mythos vom Künstler Pygmalion, der sich selbst die ideale Frau modelliert, konnte sie die Beziehung zu diesem Mann formen, wie sie wollte, anstatt sich in der Kunst üben zu müssen, durch all die Untiefen des Alltags zu lavieren.

Das Problem? Sie konnte ihre Ehe nicht aufgeben, aber auf den anderen Mann konnte sie genauso wenig verzichten. Es war nicht zu übersehen, wie sehr sie sich quälte. Ihr Mann liebte sie, dessen war sie sich sicher. Doch mehr noch, sie liebte ihn auch. Er war gut. Er war zuverlässig. Er war sanft. Vielleicht zu gut, zu zuverlässig und zu berechenbar in einer Zeit, in der sie sich nach Aufregung sehnte und etwas Abwechslung von den Kindern und der täglichen Routine brauchte.

In einer Situation wie dieser ist man versucht, jemanden zu einer Entscheidung zu drängen. Räum auf. Bring es hinter dich. Tu, was richtig ist. Trödel nicht. Spiel nicht mit dem Feuer. Tu es jetzt sofort und für dein eigenes Wohl.

Aber Entscheidungen, die unter Druck getroffen werden, sind selten richtige Entscheidungen. Stattdessen kommen sie zu uns zurück und verfolgen uns auf die unterschiedlichste Art und Weise: als Reue, als Wut, als Depression. «Denken Sie darüber nach», sagte ich. «Für immer ist eine lange Zeit.»

Nach einer Weile wurden ihre Besuche seltener und hörten nach einigen sporadischen Telefonanrufen schließlich ganz auf.

Als sie Monate später wieder zu mir kam, hatte eine neue Qual die alte abgelöst. Die geheime Affäre hatte sich letztendlich in eine platonische, aber herzliche Freundschaft verwandelt. Die Ehe hatte nie unter dem emotionalen Aufruhr der Frau gelitten und war, wie sie erzählte, sogar besser denn je. Doch jetzt wurde sie von Schuldgefühlen gequält, die sie langsam vergifteten und ihr das Leben wie bittere Kräuter vergällten. Sie hatte das Gefühl, dass sie das Vertrauen zwischen ihnen für immer zerstören würde, wenn sie es ihrem Mann jetzt beichtete und auf Knien angekrochen kam. Das Schweigen ließ sie hingegen allein mit einer Last, die sie niemals würde absetzen können. Jetzt, sagte sie, könne sie nicht mehr mit sich selbst leben. Sie konnte sich nicht vergeben und sich von der Schuld ihres Betrugs befreien, für den sie sich im Stillen selbst bestrafte.

Gab es denn keinen Weg, diese Unterbrechung der Normalität wiedergutzumachen, die, wenn sie jetzt ans Licht käme, Schlimmeres anrichten würde als es die heimliche Liebschaft je vermocht hätte? Es war eine Sache, die Affäre zu beenden. Doch wie sich jetzt zeigte, war es eine ganz andere Sache, mit der Schuld umzugehen, die sich seither wie eine Klette an sie geheftet hatte. Die Affäre war vorbei, aber wie hoch der Preis war, den sie dafür bezahlen musste, wurde ihr erst jetzt bewusst.

Schuld zu empfinden – ein normales, gesundes und ungeheucheltes Schuldgefühl, frei von neurotischer Übertreibung – ist das Kennzeichen eines grundsätzlich guten und anständigen Menschen, der seinen eigenen Idealen nicht gerecht geworden ist. Diese Art von Schuld strebt nach Wiedergutmachung. Aber wie?

Wie machen wir etwas wieder heil, das vielleicht noch nicht einmal kaputt zu sein schien, ohne noch mehr Schaden anzurichten? Wie machen wir das wieder gut, was wir anderen, und wenn nicht anderen, so doch zumindest uns selbst, angetan haben? Es ist immer da – wie ein Sprung in einer Kristallvase, der gerade groß genug ist, um ihre Schönheit zu mindern, aber nicht groß genug, um sie komplett zu zerstören. Es sagt uns nur zu deutlich: «Ich bin nicht so, wie die Menschen mich sehen sollen. Ich bin nicht das, wofür mich die Leute halten.» Wie mache ich einen Schaden wieder gut, der vielleicht für keinen anderen sichtbar ist, mich aber Tag und Nacht begleitet und mir aus jedem Spiegel entgegensieht und an meinem Selbstbild nagt?

Die Lösung dafür lautet: Eine «Reparatur» ist eine Reparatur und kein Ersetzen des defekten Teils. Etwas, das repariert worden ist, sieht immer anders aus als vorher. Der Kratzer ist zwar weg, aber vielleicht ist der Lack ein bisschen dunkler, heller oder dünner als früher. Und dennoch ist das reparierte Teil in gewisser Weise auch wieder neu: Es hat einen neuen Anfang, ein neues Aussehen und einen neuen Ausgangspunkt, der die Möglichkeit bietet, die Dinge in Zukunft anders und vielleicht sogar besser zu gestalten.

Wenn wir in eine solche Situation geraten, ist es unsere Aufgabe, ihre Neuheit zu akzeptieren, anstatt mit den Fehlern der Vergangenheit zu hadern. Es geht darum, wieder ganz zu werden. Ich mag für immer bereuen, dass etwas passiert ist, aber ich darf mich nicht für immer davon lähmen lassen. Das Leben geht weiter, und genauso muss eine Beziehung, ich selbst weitergehen, auch wenn die Wege völlig neu sind.

In der buddhistischen Philosophie ist Karma – die Vorstellung, dass unser Verhalten Konsequenzen hat, dass es das Ziel des Lebens ist, «Verdienste» zu erwerben und Gutes zu vollbringen, so dass wiederum Gutes daraus entstehen kann – grundlegend und immer möglich. Der Buddhismus kennt keine ewige Verdammnis.

Versagen bedeutet für einen Buddhisten nicht sein Ende oder das Ende aller guten Taten, die er je vollbracht hat. Versagen ist nicht zerstörerisch, solange wir uns nicht dazu entschließen, den Kampf aufzugeben und nicht mehr von vorne anzufangen. Im Gegenteil. Wenn wir hinfallen, ist es unsere einzige Pflicht, wieder aufzustehen und noch einmal von vorne zu beginnen. Wenn der Schaden, den wir angerichtet haben, in diesem Leben nicht mehr gutzumachen ist, dann eben im nächsten. Was wir in diesem Leben nicht vollbringen, können wir aus buddhistischer Sicht *jetzt* ausgleichen, wenn wir wollen, oder wir werden es mit ins nächste Leben nehmen, um es dort zu tun.

Davon erzählen die buddhistischen Weisen eine Geschichte mit einer klaren Pointe:

Zenkai, der Sohn eines Samurai, zog nach Edo und wurde zum Gefolgsmann eines hohen Beamten.
Er verliebte sich in die Ehefrau des Beamten. Die Affäre kam ans Licht, und um sich selbst zu retten, erschlug Zenkai den Beamten und flüchtete mit seiner Ehefrau.
Beide wurden später zu Dieben. Die Frau war jedoch so raffgierig, dass Zenkai immer größere Abscheu für sie empfand. Schließlich verließ er sie und ging in die Provinz Buzen, wo er fortan als Bettelmönch lebte.
Um für seine Vergangenheit Buße zu tun, beschloss er, in seinem Leben noch etwas Gutes zu vollbringen. Er kannte einen gefährlichen Gebirgspass, bei dessen Überquerung sich schon viele Menschen verletzt hatten oder zu Tode gekommen waren. Er beschloss, einen Tunnel durch den Berg zu graben.

Tagsüber bettelte Zenkai um Essen, nachts grub er an seinem Tunnel. Nach 30 Jahren war der Tunnel fast 700 Meter lang, sechs Meter hoch und neun Meter breit.

Zwei Jahre bevor er sein Werk vollendet hatte, spürte ihn der Sohn des ermordeten Beamten auf. Dieser war ein geübter Schwertkämpfer und kam, um an Zenkai Rache zu üben.

«Ich gebe dir gerne mein Leben», sagte Zenkai. «Lass mich nur vorher meine Arbeit vollenden. Wenn der Tunnel fertig ist, kannst du mich töten.» Also wartete der Sohn. Mehrere Monate vergingen, und Zenkai grub immer weiter. Der Sohn wurde des langen Wartens überdrüssig, deshalb nahm er eine Schaufel und fing selbst an zu graben. Nachdem er mehr als ein Jahr beim Graben geholfen hatte, erkannte er, wie schwierig und anstrengend die Arbeit war. Er fing an, Zenkai für seine Willenskraft und seinen Charakter zu bewundern.

Schließlich war der Tunnel fertig, und die Menschen konnten endlich sicheren Fußes auf die andere Seite des Berges gelangen.

«Nun kannst du mir den Kopf abschlagen», sagte Zenkai. «Mein Werk ist vollendet.»

«Wie kann ich meinem eigenen Lehrer den Kopf abschlagen?», antwortete der junge Mann, und die Tränen strömten über sein Gesicht.

Die Geschichte handelt zweifelsohne von Buße. Gleichzeitig ist sie aber auch eine Geschichte der Vergebung. Der Sohn erkannte, dass es gleichermaßen ein Verbrechen wäre, jemanden zu töten, der sich so sehr gewandelt und der Welt gezeigt hatte, was es hieß, der Gesellschaft das zurückzugeben, was er ihr genommen hatte.

Die Lektion, die der Sohn des Beamten von Zenkai lernt und eines Tages ganz sicher auch selbst brauchen wird, ist die hohe Kunst des Neuanfangs. Er sieht, dass es möglich ist, sich zu verändern. Ganz gleich, wer wir gewesen sind – wir können uns ändern. Was immer wir getan haben – wir können bereuen. Was immer wir zerstört haben – wir können es wiedergutmachen. Und wenn nicht mit Geld, dann eben mit Taten. Was immer wir sein wollen – wir können es werden.

Das Leben ist ein Prozess, der aus vielen Versuchen, vielen Fehlern, vielen lehrreichen Erfahrungen und vielen Möglichkeiten besteht. Manchmal können wir nur durch Fehler allein den Wert des Guten erkennen oder den Weg zu unserem eigenen Wachstum finden.

Unsere eigenen Sünden helfen uns, zwei Dinge im Leben zu verstehen: Wie leicht es ist, im moralischen Nichts zu versinken, und wie leicht es ist, ein guter Mensch zu sein.

Was wir am Ende sind, ist die Summe dessen, was wir aus all unseren Taten gelernt haben.

Hüte dich vor Menschen, die in Sachen Moral allzu unnachgiebig sind. Sie fürchten sich vor dem Leben und vertrauen nichts und niemandem, weil sie vor langer Zeit verlernt haben, sich selbst zu vertrauen. Sie urteilen über andere und nehmen dabei ihre eigenen Fehler, die sie in der Vergangenheit gemacht haben, als Maßstab. In ihrer Selbstbezogenheit haben sie beschlossen, dass niemand besser sein kann als sie, wenn doch selbst sie, der Mittelpunkt des Universums, Fehler gemacht haben. Diese moralische Unnachgiebigkeit ist nur eine andere Art von Hochmut und führt zu Argwohn und Vorurteilen und verhärtet das Herz. Moralischer Hochmut besteht darauf, dass alle Zenkais der Welt für ihre Verbrechen hingerichtet werden müssen, auch wenn sie längst schon Buße tun.

Hüte dich aber auch vor Menschen, denen Moral nichts bedeutet. Sie machen keinen Unterschied zwischen Gut und Böse, zwischen besser und schlechter. Sie mögen uns als gute Menschen erscheinen, weil wir noch nie gesehen haben, wie sie sündigen, doch haben sie kaum eine Überzeugung, nach der sie ihr Leben steuern. Sie schwimmen mit dem Strom. Sie urteilen zwar nicht über andere, aber am wenigsten über sich selbst. Auf die Frage, nach welchem moralischen Kompass sie ihr Leben lenken, wissen sie nur wenig zu antworten. Ihr äußerliches Gutsein hat folglich wenig Wert für die menschliche Gemeinschaft.

Die Wahrheit ist, dass wir zu guten Menschen werden, indem wir gut zu anderen sind, indem wir jedes Mal, wenn wir weniger tun als die Welt es verdient und der Anstand es fordert, bereit sind, von vorne zu beginnen. Ein Buddhist würde sagen, dass schlechte Taten schlechte Konsequenzen haben und gute Taten gute. Entscheidend ist, wie wir in dieser Welt leben wollen: Als Mensch, dessen Taten Gutes nach sich ziehen, oder als Mensch, der sich für die Konsequenzen seines Handelns nicht interessiert.

Das Leben formt uns, während es stattfindet. Niemand wird als vollkommener Mensch geboren und niemand stirbt als solcher. Auf unserem Lebensweg geraten hohe Ideale oft in Konflikt mit großen persönlichen Sehnsüchten und starken menschlichen Impulsen. Dann ringen wir zwischen menschlichen Möglichkeiten und menschlicher Scham. Dann kann es geschehen, dass Reue und Schuld uns auffressen, uns auf unserem Weg zu Fall bringen, uns den Mut nehmen und uns zu Boden werfen. Schuld und Reue können uns aber auch dazu bringen, mehr zu sein, als wir zuvor gewesen sind, indem sie uns weiser und beständiger hinsichtlich der guten Taten machen, die Schritt für Schritt die schlechten Konsequenzen der Vergangenheit auslöschen.

Wenn die Frage lautet: Ist es möglich, vergangene Fehler wiedergutzumachen?, dann muss die Antwort heißen: Ja, es ist immer möglich. Wie sonst könnten wir uns erklären, dass so viele Heilige, die sich alle durch die Abgründe des Lebens gekämpft haben, anfangs große Sünder waren?

Schuld und Reue zu empfinden sind zwei der schönsten Geschenke des Lebens. Worauf es ankommt ist, jeden Morgen mit dem Entschluss aufzustehen, während meines Lebens mehr Spuren des Guten zu hinterlassen als Leiden.

Antworten
auf Lebensfragen
aus der
jüdischen Weisheit

Kapitel 11
Warum habe ich meinen Idealismus verloren?

Ich hatte Dan schon seit Jahren nicht mehr gesehen. Genauer gesagt hatte ich ihn schon so lange nicht mehr gesehen, dass ich zweimal hinschauen musste, bevor ich ihn erkannte. Das lag nicht etwa daran, dass er alt geworden war. Im Gegenteil – er war attraktiver denn je. Seine dichten, dunklen Locken waren modisch geschnitten und sein weißer Kragen war gestärkt. Seine Krawatte war aus Seide – kein Zweifel, es war tatsächlich Seide. Und genau das war der Unterschied.

Als ich Dan das letzte Mal gesehen hatte, reichten seine Haare bis über den Kragen seines Poloshirts und die Taschen seiner Jeans waren ausgefranst. Er trug damals keine weißen Hemden und schon gar keine Krawatten.

Ich konnte mich gerade noch zusammenreißen, bevor sich der Ausdruck auf meinem Gesicht von Wiedersehensfreude in Ungläubigkeit verwandelte. «Dan, wie schön dich zu sehen», sagte ich. «Was machst du denn *hier*?» Das «hier» klang ein wenig überrascht, wie mir, gleich nachdem ich es gesagt hatte, auffiel. Mit «hier» meinte ich die Geschäftswelt Amerikas. Ich hätte mir Dan ohne Probleme in einer Jugendherberge vorstellen können oder vielleicht in einer Suppenküche oder auch in einem Klassenzimmer. Aber hier, in der Finanzabteilung einer kleinen Hochschule in einer Kleinstadt mitten im konservativen Hinterland? Wohl kaum.

Er hatte eine gute Stelle mit einem anständigen Auskommen, aber es passte überhaupt nicht zu dem, wovon Dan früher geträumt hatte. Irgendwann musste er wohl einen Sinneswandel durchgemacht haben.

Als ich Dan kennenlernte, war er gerade unterwegs zu einer großen Friedensdemonstration in New York. Danach fuhr er gleich weiter, um gegen den Militarismus an der «School of the Americas», einem Trainingscamp der US-amerikanischen Armee in Georgia, zu protestieren. Dan war damals hauptberuflich Pazifist und sagte, dass an der Militärakademie ausländische Soldaten im Guerillakampf und bestimmten «Verhörmethoden» ausgebildet würden, die man in anderen Ländern Folter nennt. Über die Jahre hinweg riskierte er regelmäßig, bei den Protesten dort verhaftet zu werden.

Später lebte Dan eine Weile in einer Kommune, bevor er in den Mittleren Westen zog und einfach von der Bildfläche verschwand. Keine Weihnachtskarten. Keine Anrufe. Keine spontanen Besuche, wenn er auf dem Weg zu seinem nächsten heldenhaften Versuch, die Welt vor ihrer drohenden Selbstzerstörung zu retten, durch die Stadt kam.

«Warst du in letzter Zeit bei einer Versammlung von Pax Christi?», fragte ich in dem Versuch, alte Erinnerungen wieder aufleben zu lassen. Ich meinte, eine leichte Röte in seinem Gesicht zu sehen, als er mir antwortete: «Nein, ich habe damit aufgehört. Weißt du, hier spielen solche Dinge keine Rolle.»

Und anscheinend spielten solche Dinge auch für Dan selbst keine Rolle mehr. Irgendwann hatte er sein altes Leben hinter sich gelassen und den Idealen, die einst sein Leben bestimmten, den Rücken gekehrt. Er hatte ein neues, ruhigeres Leben begonnen, das besser zu den Vorstellungen der Gesellschaft passte. Er war, wie manche es nennen würden, «erwachsen» geworden. Zumindest war er seinen früheren Überzeugungen und Zielen, den Momenten voll Achtsamkeit und Hingabe, entwachsen und hatte sich vielleicht einer Art «volljährigen» Resignation oder Ernüchterung ergeben.

Doch wie man es auch immer nennen will, die Situation ist keineswegs selten. Irgendwann schrauben die meisten von uns ihre Hoffnungen herunter und mäßigen ihre Überzeugungen. Ganz gleich, woran wir einst geglaubt haben, früher oder später werden wir «vernünftig». Und wenn nicht vernünftig, dann eben gleichgültig. «So ist nun mal das Leben», denken wir und geben einfach auf. Irgendwann erkennen wir, dass das, wofür wir früher so hart gekämpft haben, einfach nicht eintreten wird. Manchmal fangen wir sogar an zu zweifeln, ob es überhaupt gut wäre, wenn es einträte.

Der Idealismus ist unter allen Kräften unseres Geistes vermutlich die verletzlichste. Keine andere innere Kraft kann so leicht aus der Bahn geworfen werden, wenn wir scheitern, «Vernunft» walten lassen oder zweifeln – weder Liebe, noch Zorn, noch Ehrgeiz. Die Liebe bleibt, auch wenn wir zurückgewiesen werden und uns zum Narren machen. Der Zorn flammt immer wieder auf, auch wenn die Glut, die ihn einst nährte, schon längst verloschen schien. Der Ehrgeiz zerreißt unsere Seele noch lange, nachdem eine Gelegenheit verstrichen und jegliche Hoffnung auf Erfolg begraben ist. Der zarteste Hauch einer Erinnerung reicht aus, um sie alle wieder aufflammen zu lassen. Mit dem Idealismus verhält es sich anders.

Da Idealismus mehr von Visionen als von der Aussicht auf Erfolg genährt wird, weicht er anscheinend einem der folgenden beiden Dinge: Entweder kehren wir uns radikal von unseren früheren Idealen ab und kommen beispielsweise zu der Überzeugung, dass die Kriegsbefürworter Recht haben und kein Frieden möglich ist. Oder wir tauschen unseren Idealismus gegen eine Art dumpfer Verzweiflung, eine Resignation ohne Erfüllung der Hoffnung – oder ohne Hoffnung auf Erfüllung. «Weißt du, hier spielen solche Dinge keine Rolle.»

Idealismus – die Überzeugung, dass die Welt sich bessern kann, dass Dinge sich ändern können, dass eine neue Zeit anbrechen muss – ist wie ein verletzlicher Spross. Er wächst nicht von selbst und ohne unser Zutun, sondern muss gepflegt werden. Die Welt wird nicht einfach besser, weil ich es so möchte, sondern weil ich auch unter den widrigsten Umständen nicht aufhöre, an das Beste im Menschen zu glauben. Die Welt wird sich verändern, weil sie es muss. Das Gute kann einfach nicht nicht sein. Idealismus wird durch Idealismus hervorgerufen.

Die jüdische Spiritualität lehrt uns, dass wir nur lange genug rechtschaffen leben müssen, um schließlich so rechtschaffen zu werden, wie wir nach außen hin wirken. Sie zweifelt nicht daran, dass man weitermachen muss, auch wenn alles darauf hindeutet, dass uns genau das keinesfalls zum Erfolg führen wird. Während viele die routinemäßige Ausübung von Religion kritisieren, glaubt die jüdische Gemeinschaft daran, dass man irgendwann zu dem wird, was man tut, wenn man nur beharrlich genug ist. «Das Herz richtet sich nach den Taten aus», sagen die Rabbinen. Die Aussage ist klar: Wenn wir etwas lange genug tun, werden wir schließlich zum Ziel gelangen. Wenn wir etwas lange genug praktizieren, werden wir schließlich dessen Notwendigkeit erkennen. Wenn wir etwas lange genug tun, wird es schließlich selbstverständlich für uns, weiterzumachen. Wir verinnerlichen die Bedeutung der Tat, bis Tat und Idee in uns eins werden und wir in ihnen. Dann werden wir lernen, uns gegen lähmende Ernüchterung zu wehren, uns nicht entmutigen zu lassen und weiterzumachen, auch wenn es hier vielleicht «keine Rolle spielt». Die Rabbinen wissen aber auch, dass das Einswerden von Idee und Tat nicht das Einzige ist, das passieren kann, und oft passiert es auch nicht. Denn eine Tat kann das Herz zwar verändern, doch nur, wenn das Herz offen ist für mehr als nur die Tat.

Angesichts eines solch unpraktikablen Idealismus – der Vorstellung nämlich, dass ich zu dem werden kann, was ich glaube, nur indem ich mich oft genug entsprechend verhalte – müssen sich selbst die eifrigsten Traditionalisten und strengsten Pragmatiker noch einmal Gedanken über ihr Verhalten machen. Die jüdische Tradition kennt eine Geschichte, die uns genau darauf aufmerksam machen will:

> Einmal kam der junge Rabbi Schalom auf einer
> Reise durch eine kleine Stadt in der Nähe von Kiew
> und bat im Haus des einheimischen Rabbis um ein
> Bett für die Nacht. Der alte Zaddik, Rabbi Zew,
> war schon nach Hause gekommen, um dort den
> Sabbat zu verbringen. Am Donnerstagabend, am
> Abend vor dem Sabbatbeginn also, packte Rabbi
> Schalom sein Bündel und ging zu Rabbi Zev, um
> sich von ihm zu verabschieden. Der Zaddik fragte,
> wann Rabbi Schalom sein Ziel erreichen werde.
> «Morgen Nachmittag, ungefähr um drei Uhr»,
> antwortete der Rabbi.
> «Warum hast du vor, am Tag des Sabbatbeginns
> nach der Mittagsstunde noch unterwegs zu sein?»,
> fragte Rabbi Zev ganz überrascht. «Am Freitag
> lege ich um zwölf Uhr mein Sabbatgewand an und
> singe das Hohe Lied Salomos. Um diese Zeit hat der
> Friede des Sabbats für mich schon begonnen.»
> «Und was soll ich tun», antwortete Rabbi Schalom,
> «wenn ein Bauer gegen Abend mit seinen Sorgen
> zu mir kommt und mir erzählt, dass sein Kälbchen
> krank ist, und ich aus seinen Worten heraushöre:

‹Du bist eine erhabene Seele, ich bin eine niedere Seele; erhebe mich zu dir!› Was soll ich dann tun?»

Da nahm der alte Rabbi zwei Leuchter mit brennenden Kerzen vom Tisch, und mit den Kerzen in den Händen begleitete er seinen jungen Gast durch den langen Flur bis zur Tür. «Geh in Frieden», sagte er. «Geh in Frieden.»

Die Geschichte versetzt dem Herzen des Vollkommenen einen Stich, denn sie weist ihn auf eine noch viel vollkommenere Welt hin. Es gibt eine Art von Vollkommenheit, die aus der Befolgung von Regeln stammt, aber Heiligkeit ist etwas anderes. Heiligkeit bedeutet, sich an die Idee hinter den Regeln zu halten, sich nur mit dem zufriedenzugeben, wie es sein sollte, selbst wenn die Regeln nicht vollkommen erfüllt werden können. Mich selbst in den Sabbat einzubringen ist eine Sache, sagt uns die Geschichte. Doch jede Minute meines Lebens bis kurz vor Beginn des Sabbats für die Bedürfnisse der anderen einzusetzen, ist etwas ganz anderes. Das eine bedeutet, den Sabbat einzuhalten. Das andere ist genau das Ideal des messianischen Friedensreiches, an das uns der Sabbat erinnert.

Es ist so leicht, sich einfach zurückzulehnen und die Regeln des Lebens zu befolgen, wie es der alte Rabbi über die Jahre hinweg getan hat. Dies kann sogar ganz tröstlich sein. Sobald wir uns aber mit weniger als dem Ideal zufriedengeben, fangen wir an, aus der Routine des Rituals, aus dem Gewohnten, eine Tugend zu machen. Ganz gleich, wie weit das, was wir tun, vom Ideal entfernt sein mag: Es kann passieren, dass wir anfangen, es für das Ideal zu halten, und wenn vielleicht nur, weil alle anderen es tun.

Rabbi Schalom hingegen ist eindeutig ein Idealist. Während Rabbi Zev das Risiko nicht eingehen will, den Sabbatbeginn zu verletzen, indem er noch auf der Straße ist, wenn die Sonne untergeht, ist Rabbi Schalom fest entschlossen, bis zum Sonnenuntergang dort zu sein, wo er gebraucht werden könnte. Er geht die Gefahr ein, den Sabbat um der Menschen willen zu verletzen, für die er verantwortlich ist.

Rabbi Zev dagegen hat vor langer Zeit damit begonnen, mehr Energie für den Sabbat als für die Menschen aufzuwenden, selbst wenn der Sabbatbeginn noch Stunden entfernt ist. Er legt festliche Gewänder an und stimmt Sabbatlieder an. Er ersetzt seine Verfügbarkeit für andere Menschen durch Liturgie. Er ist zu der Überzeugung gekommen, dass das Begehen der Sabbatfeier in Übereinstimmung mit den Regeln das höchste Maß seiner Hingabe, seiner Heiligkeit und seines Leben ist.

Trotz seiner Jugend kennt Rabbi Schalom den Unterschied zwischen dem Begehen des Sabbats und einem Leben nach der Tora.

Simon der Gerechte sagte einst: «Auf drei Säulen ruht die Welt: der Tora, dem Gottesdienst und den Werken der Liebe.» An einem dreibeinigen Hocker, der perfekt ausbalanciert ist, ist kein Bein stärker als die anderen. Rabbi Zev hat sein ganzes Gewicht auf das Ritual verlagert. Doch Rabbi Schalom, der die Fülle der Tora kennt, hat sich gleichermaßen dazu verschrieben, Werke der Liebe zu tun sowie den Vorschriften des Gottesdienstes gerecht zu werden.

Rabbi Schalom verehrt Gott, indem er gleichzeitig für die Kinder Gottes da ist und sich auf den Sabbat konzentriert, und die Tradition unterstützt ihn darin. Das Studium, so steht es im Talmud, soll mit weltlichen Angelegenheiten verbunden werden. «Wer das nicht tut», sagen die Rabbinen, «lebt, als ob er keinen Gott hätte.»

Rabbi Schalom möchte etwas, das über die äußerlichen Symbole des inneren Lebens hinausreicht. Er ist fest entschlossen, alle drei Elemente der jüdischen Tradition miteinander zu verbinden. Ihm ist es gleich, ob er dabei die Reinheit seines eigenen Lebens, seine spirituelle Sicherheit oder das Einhalten des Gottesdienstes aufs Spiel setzt. Eine Einstellung wie diese ist selten und äußerst gewagt. Die Leute schauen zu uns auf, will er Rabbi Zev vermitteln, und erhoffen sich von uns Hilfe beim Tragen ihrer Last. Für sie ist es keine Hilfe, wenn wir unsere eigenen Kerzen in Frieden anzünden.

Dann begleitet der alte Mann Rabbi Schalom zur Tür und hält zwei brennende Kerzen, das Zeichen für den Sabbat, für den Übergang von weltlichen zu heiligen Angelegenheiten, in den Händen. Der alte Mann hat erkannt, dass der Geist des Sabbats wahrhaftig in Schalom angekommen ist, weil er das Zeremoniell mit der Wirklichkeit verbindet.

Es kann uns allen leicht passieren, dass wir das Ideal durch das Akzeptable ersetzen. Schließlich ist es viel sicherer und bequemer zu wissen, dass wir die Regeln befolgt, unsere Religion richtig ausgeübt haben und die von der Gesellschaft akzeptierten Wege gegangen sind, als zu riskieren, in die Fallgruben der Propheten zu geraten.

Jedes Mal, wenn wir uns dazu entscheiden, statt den Idealen einer Gesellschaft bloß ihren Regeln zu folgen, verlieren wir ein Stück unseres Idealismus. Jedes Mal, wenn wir mehr danach streben, anerkannt zu werden als zu verstehen oder das Bestmögliche zu verwirklichen, geben wir ein Stück unserer Seele auf. Wir beginnen, eher das Sichere zu tun als das Heilige. Wir fangen an, das Akzeptable zu verteidigen anstatt auf dem Notwendigen zu bestehen – auf dem, was für die Armen, für die Welt notwendig ist, damit die gesellschaftlichen Ordnungen das werden könnten, was sie zu sein behaupten.

Dan geht es gut, wie er sagt. Und ich bin mir sicher, dass er auch Gutes tut. Doch ob er tut, was getan werden muss, sagt, was gesagt werden muss und fragt, was gefragt werden muss, ist eine andere Sache. Denn das verlangt Courage, enorme spirituelle Anstrengung und eine gute Ausdauer. Es ist anstrengend, wieder und wieder zu fragen: «Warum?» und «Warum denn nicht?», wenn die Welt immer nur «Weil eben» antwortet – weil es schon immer so war, weil es eben so ist, weil alles andere zu viel Geld kostet oder weil ich es so gesagt habe. Es kann einen ganz verrückt machen und sicherlich auch deprimierend sein. Sinnlos ist es aber nie.

In jedem von uns wohnt die Stimme des jungen Rabbi Schalom, die sich Gehör verschaffen möchte. In jedem von uns wohnt gleichzeitig aber auch die Seele des alten Rabbi Zev, die sich daran zu erinnern versucht, wie es ist, wenn man mehr mit dem Ideal verbunden ist als mit der Institution, die vorgibt, es zu beinhalten.

Warum haben wir unseren Idealismus verloren? Weil wir auf Anerkennung aus waren. Wie können wir ihn wiederbeleben? Indem wir uns weigern, um des Systems willen wegzuhören, wenn Menschen aus Not schreien, und indem wir uns beharrlich weigern, stumm zu bleiben.

Kapitel 12
Warum komme ich einfach nicht weiter?

Es war nicht so, dass er dumm war. Im Gegenteil. Ich habe selten einen intelligenteren Menschen getroffen als ihn. Er arbeitete seit Jahren erfolgreich an der Uni und genoss einen guten Ruf als Dozent. Und ganz gewiss hatte er die besten Voraussetzungen: Er stammte aus einer Akademikerfamilie, hatte an einer Eliteuniversität studiert, hatte am richtigen Lehrstuhl promoviert und konnte eine ganze Reihe von erfolgreichen Publikationen aufweisen.

Doch er war nie richtig glücklich, ganz gleich, wie die äußeren Umstände auch waren. Immer fühlte er sich unzufrieden und festgefahren. Immer wollte er mehr. Es schien, als ob das, was er war, nie an die Vorstellung heranreichte, die er von sich hatte. Was er war, war nie das, was er sein wollte. Nicht etwa, dass er den Ansprüchen anderer nicht genügte. Es waren seine eigenen Ansprüche, denen er nie gerecht werden konnte.

Wenn man in seiner Nähe war, konnte man den quälenden Zorn, der in seiner Seele brannte, beinahe am eigenen Leib spüren.

Er strahlte eine ständige Verachtung, eine Art grundlose Wut aus auf die, die nicht das in ihm erkannten, was er selbst in sich sah. Er hungerte danach, dass die Welt ihm etwas bestätigte, was er ganz eindeutig nicht war.

Er kam nicht weiter. Er konnte nicht so sein, wie er sein wollte. Er wollte nicht so sein, wie er war, auch wenn andere ihn für brillant hielten. Stattdessen war er abwechselnd unglücklich, weil er nicht tun konnte, was er wollte, oder weil er nicht zufrieden war mit dem, was er tun konnte. Doch sein Begehren zehrte an ihm, fraß ihn auf und hielt ihn klein, obwohl er zu Großem fähig gewesen wäre.

Dies führte dazu, dass seine berufliche Karriere nie die Höhen erreichte, die die meisten vorhergesagt hatten. Er wollte nicht lehren, er wollte lieber den Posten des Geschäftsführers. Er wollte kein Theoretiker sein, er wollte lieber eine Führungsposition.

In Wahrheit hatte er ein großes Bedürfnis nach Macht. Gleichzeitig wollte er aber beliebt sein – der Mittelpunkt des Universums, um den sich alles drehte. Er wollte geliebt werden. Zugleich wollte er aber auch der Chef, der Oberste, der Beste sein. Doch diese Kombination ist selten. «Charismatisch» nennt man so etwas, «eine außerordentliche Fähigkeit, andere anzuziehen». Leider besaß er diese Fähigkeit nicht.

Dennoch war er ein unverzichtbares Mitglied in jedem Komitee, in jedem Team und jeder Arbeitsgruppe. Was er aber definitiv nicht sein wollte, war es Mitglied irgendeines Teams zu sein. Er wollte der Beste der Besten sein, so dass er das Beste in allen anderen in den Schatten stellen konnte. Er wollte alleine im Rampenlicht stehen. Er beanspruchte die ganze Aufmerksamkeit im Raum für sich.

Doch stattdessen wurde er zu einem Beispiel dafür, was passiert, wenn wir Teile unserer eigenen Persönlichkeit zurückweisen und sie deshalb als Ganzes unberührt und unterentwickelt bleibt. Wir übersehen eines der wichtigsten Naturgesetze: Nur weil ein Truthahn keine weiten Strecken fliegen kann, heißt das nicht, dass er ein misslungener Vogel ist.

Wenn wir es nicht schaffen, das zu werden, was wir sein wollen, weigern wir uns, das Beste dessen zu sein, was wir sein können.

Doch warum tun wir das? Was hält uns davor zurück, den Gegebenheiten unseres Lebens ins Auge zu blicken – wer wir sind, was wir können, wo wir am meisten wert sind –, um dann daraus etwas zu formen, was uns selbst glücklich macht?

Natürlich spielt die Sehnsucht nach Errettung aus der Märchenphase unserer Kinderzeit eine Rolle. Wir legen die Hände in den Schoß und warten auf jemanden, der uns glücklich macht. Wir verlangen, dass uns die Welt vor uns selbst rettet. Wir erwarten, dass ein Ritter in einer glänzenden Rüstung kommt, um uns mit seinem magischen Schwert aus unserer Lage zu befreien und uns das Leben zu schenken, das wir verdienen. Wir erwarten, dass andere die Verantwortung für unser Glück übernehmen. Sie sollen uns schützen, uns auserwählen oder uns eine Krone aufsetzen – und wenn sie es nicht tun, verwelken wir.

In einer Welt, in der Menschen in rascher Abfolge in unser Leben treten und wieder aus ihm verschwinden, ist die Chance auf Errettung aber eher gering. Es sind nur wenige, die für immer bleiben. Folglich gibt es auch nur wenige, die uns gut genug kennen oder lange genug bleiben, um uns zu retten, selbst wenn sie es könnten. Menschen gehen heute schon früh ihre eigenen Wege und ziehen ständig weiter, um diese zu verfolgen. Schulkameraden verschwinden in ihr eigenes Leben. Kollegenkreise verändern sich in unserer globalen Gesellschaft im fliegenden Wechsel. Und auch wir folgen unbeirrt der Straße, die wir für den Weg zum Erfolg halten, und wechseln solange den Job, bis wir keine neuen beruflichen Optionen mehr haben. Selbst die Therapeuten, die wir dafür bezahlen, dass sie uns helfen sollen, unsere innere Stimme zu hören und uns in den Trümmern unserer Enttäuschungen wiederzufinden, ziehen genauso von Ort zu Ort wie wir. Heutzutage ist es mehr als unwahrscheinlich, dass uns jemand rettet.

Was hält uns also davon ab zu akzeptieren, wer wir sind?

Manchmal ist es das «Hochstapler-Syndrom». Manchmal schaffen wir es, sogar uns selbst davon zu überzeugen, dass wir so sind, wie wir vorgeben zu sein. Das Problem dabei ist, dass dieses So-tun-als-ob uns von vornherein zum Scheitern verurteilt. Wenn wir vorgeben, etwas tun zu können, zu dem wir ganz offensichtlich nicht in der Lage sind, gehen wir nackt durchs Leben und leben in ständiger Angst, entdeckt zu werden. Wenn wir mehr auf uns nehmen, als wir tragen können, begeben wir uns auf ein Hochseil, unter dem es kein Auffangnetz gibt. Ein Fehltritt, und alle Hoffnung auf Erfolg ist dahin.

Manchmal ist es die Angst, entlarvt zu werden. Manchmal haben wir die Rolle, die wir spielen, so gut einstudiert, dass wir irgendwann selbst glauben, so zu sein, wie wir sein wollen. Wenn wir jemandem beichteten, dass wir nicht so sind, was würde er dann sagen?

Was ist besser: Wenn wir ehrlich zu uns selbst sind und uns unsere besten Möglichkeiten vor Augen führen? Oder wenn wir auf die geringe Chance hoffen, dass die Leute weiterhin glauben, wir könnten mehr sein, als wir sind, wenn wir nur die Chance dazu hätten? Wird nicht irgendwann alles wahr werden, wenn wir es uns und allen anderen nur lange genug vorgaukeln? Und selbst wenn es nicht wahr wird, ist es dann nicht besser, wenn die anderen glauben, dass wir zu mehr fähig und nur durch Unterdrückung zum Opfer geworden sind, als allen zu erzählen, dass wir einfach nicht mehr sein können?

Das Problem mit diesen Strategien ist, dass keine davon zum Erfolg führt. Wir können nicht zu etwas werden, was wir nicht sind. Wir können lediglich vollständig zu dem werden, was wir sind. Wir können lernen, es zu akzeptieren und uns daran zu erfreuen.

Was wir tun können ist, das Leben aus einem anderen Blickwinkel zu betrachten. Das Leben hat nicht nur eine einzige Seite. Kein Leben ist vollkommen eindimensional. Wir sind alle viel mehr, als die Welt von uns kennt. Wenn also eine Dimension unseres Lebens nicht funktioniert, können wir alles, was wir sind, nehmen und auf eine andere Art zu dem werden, was wir sein müssen.

Wir können lernen, uns selbst mit dem Respekt zu behandeln, den wir von anderen unbedingt haben möchten. Wir selbst müssen uns so akzeptieren, wie wir sind, wenn wir wollen, dass andere uns wertschätzen. Anstatt zu versuchen, etwas zu sein, das wir nicht sind, müssen wir das Beste und Glücklichste aus dem machen, was wir haben. Die Menschen werden von Glück angezogen, nicht von Wut, Verachtung, Verbitterung, Unmut oder Neid.

Es ist die Fähigkeit, Glück zu verbreiten, die die Welt am Laufen hält, die einem Menschen Tiefe verleiht, die eine Person anziehend macht, die mich aus der Besessenheit löst, in der ich feststecke.

Genau von dieser Erkenntnis handelt diese humorvolle und erhellende jüdische Weisheitsgeschichte:

> Einmal durchlebten die Juden eine harte Zeit. Um Gott gnädig zu stimmen, ordnete der Rabbi von Apt, der Älteste seiner Generation, eine allgemeine Fastenzeit an.
>
> Rabbi Israel, der auch in der Gegend lebte, wählte einen anderen Weg. Er rief alle Musikanten der umliegenden Städte zusammen und suchte die besten unter ihnen aus. Dann ließ er sie jeden Abend ihre schönsten Melodien auf dem Balkon seines Hauses spielen.

Sobald der Klang der Klarinette oder das zarte Klingen der kleinen Glöckchen zu hören waren, machten sich sämtliche Juden auf zu seinem Garten, bis sich eine große Menschenmenge dort versammelt hatte. Es dauerte nie lange, bis die Musik über ihre Mutlosigkeit siegte und alle anfingen zu tanzen, mit den Füßen zu stampfen und in die Hände zu klatschen.

Es gab jedoch einige Leute, die daran Anstoß nahmen. Sie berichteten dem Rabbi von Apt, dass der Fastentag, den er ausgerufen hatte, zu einem Freudentag gemacht worden war. Er aber antwortete ihnen: «Es steht mir nicht zu, ihn, der die Erinnerung an das Gebot der Heiligen Schrift wachgehalten hat, zurechtzuweisen. In der Schrift steht: ‹Wenn ihr in eurem Land gegen den Feind, der euch bedrängt, in den Krieg zieht, so blast mit den Trompeten und stoßt Zurufe aus, damit ihr euch dem Herrn, eurem Gott, in Erinnerung bringt und vor euren Feinden Rettung findet.›»

Die Geschichte ist einfach. Wenn wir in jeder Situation das tun, was wir können, und dies gut und mit Freude tun, ist es nicht nur gut für uns, sondern auch für die Menschen um uns herum. Die beiden Rabbinen in der Geschichte sind zwei völlig verschiedene Menschen. Sie gehen an dieselbe Sache völlig unterschiedlich heran. Doch sie haben beide Erfolg, beide werden geschätzt. Jeder der beiden besitzt die Gabe, anderen zu helfen. Wenn einer der beiden versuchen würde, wie der andere zu sein, würde er nicht nur scheitern, sondern gleichzeitig der Welt die Fülle der menschlichen Gaben rauben.

Gott will nicht, dass wir erstarren, wenn wir mit Schwierigkeiten konfrontiert werden. Gott hört den Sorgenvollen nicht aufmerksamer zu als den Freudvollen. Gott will, dass wir – ganz gleich, was wir können, ganz gleich, wer wir sind – daran glauben, alles im Leben mit einem vertrauensvollen Herzen bewältigen zu können, weil wir wissen, dass er bei uns ist.

Es muss nicht sein, dass wir in den Abgründen des Lebens stecken bleiben. Wir müssen nicht dahinwelken, weil wir etwas sein wollen, das wir nicht sind. Wir müssen nicht daran zweifeln, ob unsere Gaben passend sind oder gut ankommen. Wir müssen uns nicht fragen, ob das, was wir der Welt zu bieten haben, gut genug für sie ist.

Doch wir müssen unsere Gaben positiv nutzen. Ansonsten laufen wir Gefahr, sie ganz zu verlieren.

Rabbi Israel weigerte sich, stecken zu bleiben. Er kannte seine eigenen Möglichkeiten und akzeptierte genauso, was die anderen zur Verbesserung der Situation beitragen konnten. Er betrachtete sich nicht selbst als die Lösung, aber er erkannte, dass er ein Teil davon war. Er wusste, dass es immer noch einen anderen Weg gibt, den wir in schwierigen Zeiten gehen können, auch wenn es scheint, als ob es überhaupt keine Alternative gäbe, was wir tun könnten.

Was können wir tun? Wir können natürlich einfach unsere Einstellung ändern und erkennen, dass das, was wir in uns tragen, bereits das Beste ist, was wir der Welt geben können. Dann sollten wir es voll Freude geben.

Oder wir können zwar tun, was wir tun, weil es unsere momentanen Lebensumstände erfordern – wie beschränkt wir uns darin auch vorkommen –, aber gleichzeitig tun wir auch etwas ganz anderes. Wenn mir meine Arbeit nicht gefällt, ich im Moment aber nichts daran ändern kann, habe ich die Möglichkeit, meine Zeit zu Hause sinnvoll zu gestalten, anstatt jeden Abend wütend ins Bett zu gehen. Ich kann die Zeit zum Beispiel dazu nutzen, einen Zeichenkurs zu machen. Ich kann mir selbst beibringen, alte Möbel zu restaurieren und mir ein kleines Nebengeschäft aufbauen. Ich kann eine Gruppe gründen, die sich wöchentlich bei Pizza und Bier zum Diskutieren trifft. Ich kann anfangen, Karten zu spielen und mir Freunde suchen, die genau wie ich eine neue Melodie in ihrem Leben singen möchten.

Das ist die eine Möglichkeit. Die andere ist, mein Leben damit zu verbringen, Klagelieder über das, was ich nicht sein kann, zu singen, anstatt mich an dem, was ich bin – und zu dem ich berufen wurde –, zu erfreuen.

Wir sind nicht dazu bestimmt, in unserem Leben stecken zu bleiben. Wir sind berufen, durch die Schichten unserer Seele hindurchzuschreiten, bis wir zum Kern des spirituellen Lebens gelangen und darin Vertrauen finden.

Wir sollen voller Freude von einer Sache im Leben zur anderen gehen, so dass wir den Segen des Lebens, den Segen Gottes in jeder Dimension kennenlernen können.

Warum komme ich in meinem Leben nicht weiter? Ganz einfach: Wenn ich nicht weiterkomme, liegt es daran, dass ich mich weigere, meinen Neid und meine unrealistischen Sehnsüchte hinter mir zu lassen. Ich komme nicht weiter, weil ich das Leben nicht so annehme, wie es ist, und versäume, mich zu entwickeln und so lange nach meiner eigenen Melodie zu suchen, bis ich gar nicht mehr anders kann, als selbst zu meiner eignen Melodie zu werden.

Kapitel 13
Was kann ich tun, wenn mir alles zu viel wird?

Ich bin schon oft im Fernen Osten gewesen, doch dieses Mal war alles anders. Bisher hatte ich auf meinen Reisen meist Konferenzen in katholischen Klöstern oder Veranstaltungen in buddhistischen Klöstern besucht. In China wurden wir bei solchen Veranstaltungen stets auf sorgfältigst bewachten Touristenrouten durch die Städte gelotst. In Japan wurden die Treffen immer in einem dieser erstaunlich leeren Räume abgehalten, für die Japaner so bekannt sind: hier eine Vase mit einer einzelnen Blume, dort ein Wandteppich in satten dunklen Farben. Nichts als leerer Raum und sanfte Farben, damit die Seele Ruhe findet. In den Tempeln, die wir in den Bergen besuchten, gab es nichts als Leere und wunderschöne, zehn Meter hohe Buddha-Statuen.

Mein Aufenthalt in Taiwan nahm jedoch eine andere Wendung. Der alte Zen-Tempel, in dem wir untergebracht waren, war zu einem Konferenzzentrum mit breiten Treppen und dunklen Gängen umgebaut worden. Jeder Raum hatte eine Terrasse, von der aus man den Garten überblicken konnte. Die Räume waren hoch und reichten bis unters Dach. Tagsüber gab einem der Tempel also ein Gefühl der Offenheit und der Ruhe. Alles an diesem Ort wirkte förmlich und klösterlich.

Doch eines Abends änderte sich alles. Wir verließen das Konferenzzentrum in dem alten Kloster, um einen sogenann-

ten «Nachtmarkt» zu besuchen. Zu beiden Seiten der engen
Straße reihten sich die wackligen Holzbuden aneinander, in
denen die Händler ihre Waren feilboten. Die zuckenden Ne-
onlichter auf den Dächern der Buden erleuchteten die Haus-
wände und zerschnitten die Dunkelheit der Nacht in einer Art
wahnsinnigen Ekstase. Aus jedem noch so kleinen Hausein-
gang dröhnte Musik. Die unermüdliche Kakophonie klang
wie aus einer fremden Welt und brachte meinen ganzen Körper zum Vibrieren. Um über unsere Einkäufe zu beraten oder
mit Händlern zu feilschen, mussten meine Kollegen und ich
den Höllenlärm um uns herum überbrüllen. Mit Händen und
Füßen gaben wir die Richtungen an, in welche der schmalen
Hintergassen wir als nächstes einbiegen wollten. Von Häuserblock zu Häuserblock verlor ich immer mehr das Interesse.

Als wir schließlich am dunklen Ende des Marktes angelangt waren, lagen meine Nerven blank und mir war, als habe
man mir die Brust zugeschnürt. Ich kämpfte mich durch die
Menschenmenge auf die Straße und trat vor ein Taxi, das
seine Geschwindigkeit kaum drosselte. Zu diesem Zeitpunkt
hätte ich alles auf mich genommen, um der Hitze und dem
Lärm, dem Gestank und dem Gedränge des endlosen Men-
schenstroms zu entfliehen. Mir war, als habe sich die gesamte
Weltbevölkerung an diesem Ort, in dieser engen Seitenstraße
versammelt. Es war einfach zu viel. Vergiss die Geschenke,
die du mitbringen wolltest. Vergiss das Touristenprogramm.
Vergiss das Feilschen. Ich muss hier einfach nur weg.

Das Problem war nicht, dass ich «genug» hatte. Ich hatte
einfach viel zu viel. Die laute, pulsierende Menschenmenge
und die feilschenden, aufdringlichen Händler setzten mir
seelisch wie körperlich zu. Ich konnte es nicht genießen.
Nach den anstrengenden Reisen und Sitzungen der letzten
Tage war ich schlicht und einfach überfordert. Man sagt
dazu auch Stress.

Natürlich ist diese Situation nicht nur typisch für Taiwan. Wir leben heute alle mit mehr, als wir verkraften können. Warum ist das so, und ist es absolut schlecht? Wann sind die Grenzen erreicht? Und ist irgendetwas davon heilig?

Wenn man mit dem Daumen der einen Hand einmal über den Rücken der anderen streicht, bedeutet das noch keine Belastung. Wenn man aber eine Stunde lang mit dem Daumen der einen Hand über den Rücken der anderen streicht, wird es zur Belastung. Die Haut rötet sich. Der Handrücken schwillt an und tut weh. Das heißt nicht, dass es an sich schlecht ist, mit dem Daumen der einen Hand über den Rücken der anderen Hand zu streichen. Wenn Masseure dies tun, kann es sogar eine überaus positive Wirkung haben. Schlecht ist es dann, wenn der Moment, in dem man besser damit aufgehört hätte, schon längst verstrichen ist.

Alles ist schlecht, wenn es zu häufig und in zu hoher Konzentration auftritt. Zu viel Verkehr an zu vielen Stunden am Tag über zu viele Jahre hinweg ist eine Belastung. Zu viel Druck, zu viel Erschöpfung, zu viele Schulden, zu viele Sorgen sind Stress. Alles ist Stress, wenn es zu viel ist.

Aber Stress muss nicht immer schlecht sein. Es braucht ein gewisses Maß an Stress, um die kreative, anstrengende Arbeit einer Sitzungsvorbereitung zu erledigen, Artikel zu schreiben, ein Haus zu bauen oder das Wohnzimmer zu streichen. Aber in den meisten Fällen ist diese Art von Stress zeitlich begrenzt. Wenn etwas zu einer bestimmten Uhrzeit an einem bestimmten Tag erledigt sein muss, wird es das auch sein, wenn vielleicht auch nicht perfekt. Fristen dieser Art halten uns davon ab, allzu viel Zeit in unserem Leben mit Dingen zu verbringen, die in einer bestimmten Zeit erledigt werden können und es nicht wert sind, das Leben damit zu vergeuden. Arbeit, die begrenzt und regelmäßig ist oder sich auf einen bestimmten Ort oder eine bestimmte Zeit beschränkt, bringt uns im Leben von einer Sache zur nächsten. Sie hilft uns dabei, uns selbst bei jedem Schritt einzuschätzen.

Viele von uns fangen erst gar nicht an, ihr Bestes zu geben, solange keine Frist gesetzt wird, die eingehalten werden muss. Je näher ein Termin rückt, desto härter arbeiten wir, umso klarer sind unsere Gedanken, umso schneller schlägt unser Herz, umso konzentrierter sind unsere Kräfte.

Stress kann offensichtlich sowohl eine nutzlose Last als auch ein wertvolles Geschenk sein. Wenn er uns körperlich auslaugt, haben wir für das, was wir tun sollen, nicht mehr genug Kraft. Wenn er uns emotional zermürbt, hat er negativen Einfluss auf unseren Umgang mit anderen Menschen und vergällt auch deren Leben. Wenn er uns psychisch auszehrt, verändert er unsere Reaktionen und benebelt unsere Sinne.

Tatsache ist, dass Stress sowohl positiv als auch negativ sein kann. Am Ende kommt es darauf an, ob wir unser Leben leuchten lassen wie eine Flamme, oder erlauben, dass es schnellstmöglich zu Asche herunterbrennt.

Je nachdem, wie wir mit Stress umgehen, kann er gut sein oder schlecht, heilig oder eben nicht. Es kommt darauf an, wie wir mit ihm umgehen, was wir als Stress definieren und welchen Raum wir ihm in unserem Leben einräumen. Interessant ist, dass Stress kein Markenzeichen unserer Zeit ist, auch wenn das viele Psychologen behaupten. Wir haben den Stress nicht erfunden und wir sind auch nicht in der Lage, ihn für immer auszurotten. Wir können uns lediglich daran erinnern, dass es ein wichtiges Ziel des spirituellen Lebens ist, einen Weg zu finden, mit dem Druck, der auf uns lastet, zurechtzukommen. Sollen wir den Dingen, die uns unter Druck setzen, entfliehen, oder ist es besser zu versuchen, sie unter Kontrolle zu bringen? Ist es heiliger, sie zu ignorieren, oder sie in einer Art aufopfernden Arbeitsüberlastung oder belastenden Frömmigkeit zu suchen? Müssen wir uns, um heilig zu werden, den Spannungen unseres Lebens ergeben, sie als eine Art Selbstopfer betrachten und ihnen die Kontrolle überlassen, oder sollen wir lernen, mit den Belastungen zu leben, die das Leben zwangsläufig für uns bereithält?

Wenn das Baby die ganze Nacht schreit und die Kinder von morgens bis abends lärmend durchs Haus toben, wenn sich die Akten auf dem Schreibtisch stapeln und Fristen immer näher rücken, wenn der Briefkasten vor Rechnungen überquillt und das Auto kaputt ist, wenn ein Streit ausbricht und das Essen im Ofen verbrennt, wie lautet dann die spirituelle Antwort? Die jüdische Spiritualität sagt es deutlich. «Wenn ihr schwere Zeiten durchmacht», so lehrte der Rabbi von Kobryn, «dann sagt nicht, ‹O wie schrecklich, o wie schrecklich.› Nichts von dem, was Gott uns auferlegt, ist schrecklich. Es ist jedoch in Ordnung, wenn ihr sagt: ‹O wie bitter›, denn viele wirksame Medikamente sind aus bitteren Kräutern gemacht.»

Der Rabbi weist auf etwas Wichtiges hin: Wir können von Stress auch profitieren. Doch wir müssen lernen zu erkennen, wenn der Druck zu hoch für uns wird.

Eine Geschichte der Chassidim erzählt, wie sich Rabbi Israel einmal mit der Pfeife in der Hand zu seinen Schülern setzte. Dies war immer eine gute Zeit, um ihm Fragen zu stellen.

«Sag uns, ehrwürdiger Rabbi», fragten sie, «wie wir Gott dienen sollen.»

Die Frage überraschte den Rabbi, doch er begann sofort, ihnen eine Geschichte zu erzählen:

«Es waren einmal zwei Freunde, die beide vor dem König eines Verbrechens bezichtigt wurden. Der König liebte beide, deshalb wollte er Gnade walten

lassen. Er konnte sie nicht freisprechen, denn
selbst das Wort des Königs kann sich nicht über
die Gesetze hinwegsetzen. Also erließ er folgendes
Urteil:

Ein Seil sollte über einen tiefen Abgrund
gespannt werden. Die beiden Angeklagten sollten
nacheinander über das Seil balancieren. Wenn sie
die andere Seite erreichten, sollte ihnen das Leben
geschenkt werden.

Es geschah, wie es der König befohlen hatte.
Der erste der beiden Freunde erreichte sicher die
andere Seite.

Der andere, der immer noch an der gleichen Stelle
stand, rief ihm zu: ‹Sag mir, mein Freund, wie hast
du es geschafft, diesen schrecklichen Abgrund auf
einem dünnen, schwankenden Seil zu überqueren?›
Der erste der beiden Gefangenen rief zurück: ‹Ich
kann dir nichts anderes sagen als dies: Immer, wenn
ich das Gefühl hatte, dass ich zur einen Seite falle,
lehnte ich mich zur anderen.›»

Rabbi Israel weist auf zwei Dinge hin: Erstens kann sich keiner von den Belastungen des Lebens befreien, indem er einfach stillsteht. Wenn das Leben aus dem Gleichgewicht gerät,
gibt es nur eine Möglichkeit, sich auf den Beinen zu halten:
Man muss sich in die andere Richtung bewegen. Wenn wir
stehen bleiben – wenn wir wie gewohnt weitermachen –, wird
unsere Schieflage immer größer. Zweitens wird jedes Extrem
– wenn wir uns zu sehr auf die eine oder andere Seite lehnen
– uns in irgendeiner Weise schaden. Extreme sind niemals
eine Antwort. Der Stillstand raubt uns den Sinn unseres Daseins, den Herzschlag unseres Lebens. Es gibt keinen Grund
mehr, morgens aufzustehen. Andererseits wird der Punkt, an

dem wir uns ausgebrannt und leer fühlen und zusammenbrechen, nur umso eher erreicht, wenn wir den Druck, der auf uns lastet, lösen wollen, in dem wir versuchen, noch mehr zu tun und noch schneller zu sein.

Die Antwort auf Druck und Stress ist nicht, unser Selbst an Über- oder Unterforderung eingehen zu lassen. Die Antwort ist ein Leben, das zwischen den beiden Polen «zu viel» und «zu wenig» gelebt wird. Es ist ein Leben, das mit vielen Dingen gewürzt ist, anstatt von einer Sache übersättigt zu sein, die all unsere Energie verbraucht und uns den Appetit für den Rest des Lebens nimmt.

Die Spiritualität des Gleichgewichts hat fünf Merkmale: Ausgeglichenheit, Abwechslung, Selbstwahrnehmung, Erholung und Wertschätzung des Unvollkommenen.

Ausgeglichenheit ist die Fähigkeit zu erkennen, wann man aufhören muss. Wenn wir auf Kosten aller anderen Facetten des Lebens in einem einzigen Aspekt versinken, werden wir von diesem bestimmt, anstatt dass wir unser Leben bestimmen. Etwas, das wir brauchen, etwas, das Luft und Blut für unsere Existenz bedeutet, wird uns vorenthalten. Etwas in uns vertrocknet und wird uns ganz sicher Jahre später wieder einholen und verfolgen.

Abwechslung ist die Gabe, das Leben auf jeder Ebene zu genießen. Wir gehen zum Fußballspiel unserer Kinder, weil es uns Spaß macht, nicht weil wir müssen. Wir nehmen uns Zeit für die Familie, zum Spielen, zum Lesen oder zum Ausruhen, weil es unser Leben erfüllter macht. Wir haben mehr Energie für unsere Arbeit, anstatt unter dem Gefühl zu leiden, dass die Arbeit unsere Energie für die anderen Dinge in unserem Leben raubt.

Selbstwahrnehmung ist der Überwachungsmonitor unseres Herzens, der uns sagt, wenn wir zu müde sind, um das Leben zu genießen und das Beste für die Menschen um uns herum zu sein. Wenn sich die Erschöpfung in unserer Seele festsetzt, wenn wir morgens beim Aufstehen genauso müde sind wie am Abend zuvor, wenn wir nur mit einem Ohr zuhören, mit einem Auge lesen, mit einem Mundwinkel lächeln, mit halbem Herzen bei einer Sache sind, neigen wir uns gefährlich zur einen Seite. Dann ist es an der Zeit, sich mit Schwung auf die andere Seite zu lehnen.

Erholung ist die Tugend, die uns dazu treibt, unseren Gaumen von den schädlichen Überresten des gestrigen Mahls zu befreien. Diese Tugend lässt uns vergessen, was gestern war, um unsere Seele wieder frischzumachen. Manche tun dies beim Klavierspiel, andere im Kegelverein, auf dem Fischerboot oder im Wald, bei einem Workshop oder bei einem Computerkurs.

Unvollkommenheit ist die Gabe, die uns vor der Selbstzerstörung schützt, die darin liegt, einen Götzendienst um herausragende Leistungen zu entfalten. Es ist gerade die Wahnvorstellung der Perfektion, die dazu führt, dass wir unser Leben nur unvollkommen leben. Es gibt Dinge im Leben, die nicht perfekt erledigt werden müssen. Wenn der Rest unseres Lebens dadurch zerstört wird, dass wir eine Sache perfekt machen wollen, ist es an der Zeit, uns mit aller Macht auf die andere Seite zu lehnen, damit wir nicht aufhören, das zu tun, was nur wir an diesem Ort, für diese Menschen oder zu diesem Zeitpunkt tun können.

Ein Leben ohne Stress kann ein sehr unbewegtes Leben sein. Was sollen wir tun, wenn uns alles zu viel wird? Um unserer Seele willen müssen wir uns mit aller Macht zur anderen Seite lehnen.

Kapitel 14
Gibt es etwas, das wirklich zählt?

Es gibt Zeiten, in denen wir nicht mehr begreifen, worum es im Leben eigentlich geht. Ideale verblassen und Ziele, die uns einst wichtig erschienen, werden belanglos. Aber damit nicht genug: Selbst die Welt um uns herum ändert ständig ihre Richtung und taumelt von einem Ziel zum nächsten.

Es gibt Zeiten in der Geschichte, in denen soziale Fürsorge zum höchsten Ziel der Menschheit erklärt wird. Dann wieder ist ein robuster Individualismus das Gebot der Stunde. Und Menschen, die sich in solch einer Umwelt aus irgendeinem Grund nicht selbst versorgen können, müssen wieder auf Parkbänken schlafen.

Zu manchen Zeiten werden die einen reich durch Spekulationen, während andere verarmen, obwohl sie arbeiten. Allgemeingültige Standards verschwinden und die Vorstellung vom Allgemeinwohl löst sich einfach in Luft auf.

Während unser eigenes Leben sich von Stufe zu Stufe, von Ära zu Ära bewegt, gewinnen wir den Eindruck, dass jemand irgendwann die Regeln geändert hat, ohne uns Bescheid zu sagen.

In unserer Kindheit galten Ehrlichkeit, harte Arbeit, Gerechtigkeit und Güte als unumstößliche Gebote, als Grundwerte eines ehrlichen Lebens, als Kennzeichen einer guten Gesellschaft. Heute sind es genau diese Dinge, die täglich für neue Negativschlagzeilen sorgen: Wir erfahren, dass Politiker und Staatsoberhäupter lügen. Firmenbosse, die mehr Geld besitzen als sie zählen, geschweige denn ausgeben können, beuten eben jene Menschen aus, für die es auf jeden Cent ankommt. Die Kampfbomber der mächtigen Staaten machen schwächere Länder dem Erdboden gleich. Menschen schuften ihr Leben lang, nur um dann festzustellen, dass ihre Renten gestohlen wurden oder ihre Firmen in Länder abgewandert sind, in denen andere Arbeitnehmerrechte und Lohnbestimmungen gelten.

Die Dinge, die zählen, die Konstanten in unserem Leben, haben auf einmal jegliche Bedeutung verloren.

Manche nennen die fehlende Verpflichtung zu klaren Normen und Zielen «Freiheit». Das Problem mit dieser Einstellung ist, dass sie nicht funktioniert. Es gibt keine grenzenlose Freiheit. Niemand kann sein Leben bestehen, indem er es nach Lust und Laune gestaltet. Niemand kann sich seiner gesellschaftlichen Verantwortung entziehen. Ordnung ist eine Verpflichtung, die wir uns gegenseitig schulden, und wenn es dabei um nicht mehr als die eigene Sicherheit im Straßenverkehr geht.

Außerdem ist niemand frei von eigenen Prioritäten. Jeder steuert sein Schiff nach einem bestimmten Kurs. Jeder ist an irgendetwas gebunden, jeder strebt nach etwas, jeder wird von etwas angetrieben, jeder möchte etwas Bestimmtes erreichen, und wenn es nur das eigene Vergnügen ist. Die Frage ist aber, was wir wirklich wollen. Woher kommt unser Begehren? Welchen Sinn hat es? Und spielt es im größeren Zusammenhang des menschlichen Daseins überhaupt eine Rolle?

In der einen Lebensphase zählt Beliebtheit und in der nächsten Anerkennung. Später ist es der Erfolg – was auch immer wir darunter verstehen. Und im letzten Lebensabschnitt, zumindest hier im Westen, ist es das körperliche

Wohlbefinden. Doch nichts davon hält ewig. Alles in unserem Leben kommt und geht, nimmt zu und wieder ab, gewinnt und verliert wieder an Bedeutung. Nichts davon gibt uns eine Antwort auf die Frage, was wirklich zählt, wenn wir einmal vom Gipfel unseres Lebens auf alles zurückblicken.

Gibt es etwas, das wichtig genug ist, um uns von einem Lebensabschnitt zum nächsten zu begleiten? Ist irgendetwas in unserem Leben so wichtig für uns, dass wir bereit wären, unser gesellschaftliches Ansehen dafür aufzugeben?

Wenn wir auf der Suche nach Gerechtigkeit, nach Wahrheit oder nach Gehör jemandem gegenüberstehen, der mächtiger ist als wir und Autorität hat, was kann uns in einer solch ungleichen Situation den Rücken stärken?

Wenn wir von der Sehnsucht getrieben werden, beliebt und anerkannt zu sein, müssen wir uns fragen, ob wir dieses Bedürfnis nach Anerkennung unter Kontrolle haben oder ob es uns kontrolliert. Was würden wir tun, um beliebter bei den Menschen zu werden, die über die besseren Beziehungen verfügen als wir? Wie weit würden wir gehen, um Anerkennung von jenen zu erhalten, die mehr Macht haben als wir? Gibt es Grenzen, die wir nicht überschreiten würden? Und wenn ja, wo liegen sie?

Wenn wir vom Bedürfnis nach Erfolg – was auch immer Erfolg für uns bedeutet –, dazu getrieben werden, immer mehr und mehr zu erreichen, was ist dann dieses «Mehr», nach dem wir streben? Ist es tatsächlich Geld – oder ist es Prestige? Ist es Leistung – oder ist es Macht? Wie viel mehr von allem müssen wir besitzen, bevor wir mit uns selbst zufrieden sind? Nach welchem inneren Maß messen wir uns selbst?

Wenn wir vom Gespenst der Sicherheit getrieben werden, auf was würden wir dann jetzt verzichten, um in einer mythischen, ungewissen und weit entfernten Zeit sicher zu sein? Würden wir das Risiko, die Abenteuerlust oder unsere Freunde aufgeben, um unser Herz mit der Zusicherung zu füllen, dass wir in der Zukunft irgendetwas sicher haben werden? In diesem Fall laufen wir Gefahr, dass das, was uns als Menschen ausmacht, unsere Offenherzigkeit und unser Großmut, unterentwickelt bleibt und verkümmert.

Es steht außer Frage: Das, was für uns zählt, bleibt unser ganzes Leben lang wichtig. Darin liegt der große Unterschied zwischen Bedeutungslosigkeit und wirklichem Erfolg, Anerkennung und Charakter, Selbstsucht und Sicherheit, Beliebtheit und Führungsqualität.

Was für uns zählt, ist auf lange Sicht von entscheidender Bedeutung für die Richtung unseres Lebens und für unseren Charakter. Sämtliche spirituelle Traditionen beschäftigen sich früher oder später mit dieser Frage. In der jüdischen Spiritualität ist die Antwort auf diese Frage ganz zentral.

Die Rabbinen erzählen folgende Geschichte:

> Einmal verbrachte Mosche Leib sieben Jahre im Lehrhaus des heiligen Rabbi von Nikolsburg. Als die sieben Jahre um waren, rief ihn der Rabbi zu sich, und sagte nichts weiter als: «Du kannst nun nach Hause gehen.»
>
> Dann gab er ihm drei Dinge mit auf den Weg: einen Dukaten, einen Laib Brot und einen langen weißen festlichen Kaftan. Schließlich verabschiedete er sich mit den Worten: «Möge die Liebe zu Israel in deinem Herzen Einzug halten.»
>
> Mosche Leib wanderte den ganzen Tag. Schließlich wurde er sehr müde. Als er sich am Abend der Stadt näherte, in der er sein Brot essen und die Nacht verbringen wollte, vernahm er ein Ächzen, das aus einem vergitterten Kellerfenster zu ihm drang. Er

trat an das Fenster und sprach mit dem Mann, der hinter dem Gitter war. Er fand heraus, dass es sich um einen jüdischen Gastwirt handelte, der eingesperrt worden war, weil er dem Grundbesitzer die Pacht nicht bezahlen konnte. Als erstes nahm Mosche Leib seinen Brotlaib und warf ihn durch das Gitter.

Und als ob er hier zu Hause sei, machte er sich schnurstracks auf den Weg zum Herrenhaus, ließ sich zum Grundbesitzer bringen und verlangte, dass dieser den Juden freiließe. Er bot ihm den Dukaten als Lösegeld.

Der Grundbesitzer würdigte diesen unverschämten Flegel, der eine Schuld von 300 Gulden mit einem Dukaten begleichen wollte, keines Blickes und ließ ihn hinauswerfen. Doch kaum war Mosche Leib draußen, war er so überwältigt vom Leid des eingekerkerten Juden, dass er die Tür wieder aufstieß und rief: «Aber Ihr müsst ihn freilassen. Nehmt meinen Dukaten und lasst ihn gehen!»

Nun war es zu jener Zeit aber so, dass die Grundbesitzer in Polen auf ihrem Land tun und lassen konnten, was sie wollten, und die Macht besaßen, über Tod oder Leben zu entscheiden. Der Grundherr wies seine Knechte an, Mosche Leib in den Hundezwinger zu werfen.

Als die Hunde auf ihn zustürmten, konnte Mosche Leib den Tod in ihren Augen sehen. Deshalb warf er rasch seinen weißen Kaftan über, damit er in seinem festlichen Gewand sterben konnte. Doch als die Hunde den Kaftan erblickten, schreckten sie zurück, drängten sich an die Wand und fingen an zu jaulen.

Als der Grundbesitzer den Zwinger betrat, stand Mosche Leib immer noch in der Nähe der Tür. Die Hunde hatten einen weiten Kreis um ihn gebildet und jaulten und zitterten. Als der Grundherr sah, was vor sich ging, befahl er Mosche Leib, den Zwinger zu verlassen und zu verschwinden.

Aber Mosche Leib ließ sich nicht beirren und sprach: «Nicht, bevor Ihr meinen Dukaten nehmt und den Mann freilasst.»

Da nahm der Grundbesitzer die Münze, ging zu dem Haus, in dem der Mann gefangen gehalten wurde, öffnete eigenhändig die Kellertür und forderte den Gefangenen auf, in Frieden nach Hause zu gehen.

Mosche Leib aber setzte seine Reise fort.

Es heißt, dass der Rabbi von Tschortkiw diese Geschichte immer mit Begeisterung erzählte. Und jedes Mal endete er mit den Worten: «Oh, wo kann man einen solchen Kaftan finden?»

Die Geschichte ist sehr feinsinnig. Auf den ersten Blick handelt sie lediglich von einem Toraschüler, dem das Leben anderer wichtiger ist als das eigene. Doch tatsächlich beleuchtet sie einen Moment in der Zeit, der uns als Maßstab für unsere eigene spirituelle Reife dienen kann.

Wir sind versucht zu glauben, dass Mosche Leib aus irgendeinem Grund von seinem äußeren Erscheinungsbild beschützt wird. Doch das ist nicht möglich. Sein Gewand, eine festliche Robe, die er als Erinnerung an seine Zeit als Toraschüler erhalten hatte, zeigt nur, wie er als Schüler von Gottes Wort sein sollte, und nicht unbedingt, wie er wirklich ist. Was könnte offensichtlicher sein? Der Kaftan ist kein Zauberumhang, sondern ein ganz gewöhnliches Kleidungsstück.

Was Mosche Leib letztendlich beschützt, ist nicht sein festliches Gewand, sondern das, was darunter ist: sein Bekenntnis zum Leben und der Gerechtigkeit. Er wird beschützt, weil er sich dem höchsten Gesetz verpflichtet hat – einer Autorität, die über all jenen steht, die ihre Macht für ihre eigene Selbstverherrlichung nutzen anstatt für das Wohl der anderen.

Der Rabbi von Tschortkiw liebt diese Geschichte, weil sie den falschen Schein demaskiert, den solche gesellschaftliche Stellungen in der Öffentlichkeit oftmals erzeugen. «Oh, wo kann man ein solches Gewand finden?», ruft er, und nimmt dabei alle auf die Schippe, die tatsächlich glauben, dass Mosche Leib durch sein Gewand – durch sein schmuckes Erscheinungsbild – gerettet wurde. Diese Art von Gewand, weiß der alte Rabbi, kann nur im Herzen des Menschen gefunden werden, der es trägt.

Mosche Leib wird nicht von dem Gewand, in das er gehüllt ist, angetrieben und vor dem Tod seiner Seele und der Entmutigung seines Geistes bewahrt, sondern von dem, wofür das festliche Gewand steht. Es ist das Zeichen dessen, was ihn geformt hat. Es ist der Beweis dessen, was in ihm ist: Die Verpflichtung der Juden gegenüber der Tora – seine sieben Jahre im Lehrhaus –, die Werke der Nächstenliebe, die er vollbringt, als er sein Brot und sein Geld für einen Mann opfert, der zu verhungern droht – und seine Verpflichtung gegenüber dem Herrn des Himmels anstelle des Grundherrn. Dies sind die Kompassnadeln, die Mosche Leib durch eine schwierige Zeit in seinem Leben leiten, «als ob er hier zu Hause sei».

Dies sind die Dinge, die für Mosche Leib tatsächlich zählen. Dies sind die Dinge, die ihn am Ende retten. Seine Liebe zu Israel – dessen Tradition und Gesetze – und alles, wofür es steht, bedeutet ihm mehr als der Erfolg, die Sicherheit, die Anerkennung und die eigene Beliebtheit, die seine kleine Welt ihm zu bieten hat.

Auch wir müssen uns fragen, was wirklich wichtig für uns ist. Wenn es uns am meisten bedeutet, im Einvernehmen mit der Welt um uns herum zu leben, dann laufen wir Gefahr, unsere Herzen mit den Sehnsüchten anderer zu verderben, anstatt auf die Weisheit unseres eigenen Herzens zu hören. Dieser Unterschied ist sehr wichtig. Die Geschichte erinnert uns daran, dass es nur eine Sache gibt, die unseren Tritt sicher machen kann, wenn die Dunkelheit kommt, die irgendwann über jedes Leben hereinbricht: das, wonach wir unser Herz ausgerichtet haben, das, was wir um dessentwillen tun, der wir sein wollen.

Wenn die Frage lautet: Gibt es etwas, das wirklich zählt, muss die Antwort ganz sicher heißen: Nur die Dinge zählen wirklich, für die wir unser Ansehen, unsere Sicherheit, unsere persönliche Beliebtheit und selbst unseren möglichen Erfolg aufs Spiel setzen würden. Alles andere ist entweder Gleichgültigkeit oder bloß Show, die im besten Fall nur oberflächlich nachahmt, wonach wir alle streben.

Kapitel 15
Warum wurde ich geboren?

Ich erinnere mich noch gut an den Moment, in dem ich sie zum ersten Mal sah. Seither habe ich nie wieder aufgehört, darüber nachzudenken.

Ich weiß noch genau, wie schockiert ich war. Wie mich ein Gefühl von Tragik und Hoffnungslosigkeit überkam. Und wie furchtbar ich mich danach schämte.

Sollte ich sie ansehen – oder mich lieber abwenden?

Sollte ich mich hinknien, um mit ihr zu reden – oder sollte ich, vor Gesundheit strotzend, einfach stehen bleiben, während sie sich abmühte, ihren Rollstuhl in eine Position zu bringen, die es ihr ermöglichte, auf Augenhöhe mit mir zu sprechen?

Sollte ich ihr einen Gefallen tun und ihr einfach sagen, dass sie nicht hierher passte, auch wenn es ihr wehtun und mir sehr schwerfallen würde?

Sollte ich sie sofort wegschicken – oder sollte ich sie so lange bleiben lassen, bis sie selbst herausfand, dass dies hier kein Ort war, an dem sie leben konnte?

Ich hatte auf der Straße schon viele Menschen mit körperlichen Behinderungen gesehen. Doch normalerweise musste ich mich nicht mit ihnen auseinandersetzen, geschweige denn, im nächsten Moment eine Entscheidung über ihre Zukunft fällen. «Ich möchte ein Teil der Gemeinschaft hier werden», sagte Marie Louise. «Ich weiß, dass ich hierher gehöre.»

Ich kannte das Leben im Rollstuhl. Schließlich hatte ich selbst beinahe zwei Jahre in einem verbracht. Doch für mich waren Rollstühle dazu da, um wieder aus ihnen aufzustehen – und Marie Louise würde nie wieder aus ihrem aufstehen können. Seit sie vier Jahre alt war, lebte sie in diesem Stuhl. Sie konnte weder stehen noch ohne ihr Stahlkorsett aufrecht sitzen noch ihren Kopf drehen. Sie konnte lediglich den Daumen bewegen, mit dem sie ihren Rollstuhl bediente.

Ich fragte mich, welche Art von Leben sie hier führen konnte.

Doch bis zu ihrem Tod hatte Marie Louise uns einiges über das Leben gelehrt. Sie ging regelmäßig in ihrem Rollstuhl «spazieren», weil sie «das Gras riechen wollte», wie sie sagte. Sie konnte es nicht ertragen, eingesperrt zu sein. Sie hatte beschlossen, dass frische Luft «gut für ihre Gesundheit» war.

Eine ihrer Lieblingsbeschäftigungen war das «Tanzen». Im Takt der Musik wirbelte sie in ihrem Rollstuhl im Kreis herum. «Ich werde im Himmel tanzen», sagte sie, «also muss ich hier schon einmal üben.»

Sie ging ins Kino und traf sich mit Freunden zum Essen. Mit Hilfe des Spracherkennungsprogramms auf ihrem Computer schrieb sie stundenlang Briefe an Menschen im ganzen Land. Ständig kamen Leute, um sie zu besuchen.

Marie Louise bot regelmäßig spirituelle Begleitung für Menschen an, die dachten, sie hätten Probleme, bis sie in den Raum traten und sie erblickten.

Sie hatte einen Abschluss in Englischer Literatur und arbeite begeistert im Liturgie-Planungsteam mit.

Sie ging gerne auf Reisen und machte regelmäßig Urlaub.

Sie zog für ein Jahr in ein Heim für betreutes Wohnen, weil sie wissen wollte, wie es ist, alleine zu leben.

Nach einer Weile fiel mir der Rollstuhl überhaupt nicht mehr auf, wenn ich mit ihr sprach.

Als Marie Louise starb, war die Kapelle voller Menschen, denen sie durchs Leben geholfen hatte – Freunde, Klienten, Menschen, die sie begleitet hatte –, und Menschen, die ihr durchs Leben geholfen hatten. Jeder von ihnen hatte im Laufe der Zeit vergessen, dass sie im Rollstuhl saß.

Ihr ganzes Leben lang war sie von anderen Menschen gefüttert, gebadet, zu Bett gebracht und angekleidet worden. Doch als sie starb, war sie voller Leben.

Unweigerlich muss ich daran denken, wie viele Menschen mir im Leben schon begegnet sind, die durch äußere Umstände eingeschränkt waren und zuließen, dass diese Gefangenschaft ihre Entwicklung zum Stillstand brachte. Viele hatte ich getroffen, die sich selbst in ihren Ängsten oder Sehnsüchten eingesperrt hatten und sich weigerten, aus ihrem Gefängnis auszubrechen.

Dank dieser Frau, die keinen Moment ihres Lebens als selbstverständlich betrachten konnte, habe ich erkannt, dass man im Leben immer eine Wahl hat.

Eine Wahl zu treffen ist aber nicht leicht. Schließlich gibt es so viele Möglichkeiten, aus denen wir auswählen können. Wir können uns dafür entscheiden, nach körperlicher Fitness zu streben und mit 60 zu versuchen, wie 25 auszusehen. Oder wir können uns der Aufgabe widmen, weit mehr Geld zu horten, als je für ein anständiges Leben nötig wäre. Vielleicht hängen wir unser Leben auch daran, mehr Macht zu erlangen, als wir je aufrechterhalten könnten. Vielleicht streben wir aber auch einfach nur nach «Brot und Spielen» – für die alten Römer der Inbegriff eines «guten Lebens» –, nach der völligen Hingabe ans Vergnügen, worin immer es gerade bestehen mag.

Und es ist wahr: Die Entscheidungen, die wir treffen, können uns eines Tages das Herz brechen. Wenn wir unser Leben auf etwas aufbauen, das kein Leben wert ist, haben wir ständig das niederschmetternde Gefühl, dass alles sinnlos ist. Die Frage «Welchen Sinn hat das alles?» wird zur bedrückendsten aller Fragen. Ein sicheres Zeichen dafür, dass wir darauf warten, eine Antwort auf die Frage nach der Bedeutung unseres Lebens von außen zu erhalten, obwohl wir sie doch nur in uns selbst finden können.

Tief in uns liegen nicht nur unsere höchsten Hoffnungen, sondern auch unsere tiefsten Enttäuschungen verborgen. Sie sind die Dornen unseres Lebens, die Wunden in unsere Seele gerissen haben und unseren Blick für die Gegenwart trüben. Sie lassen uns daran zweifeln, was wir leisten können und nach was wir streben sollen. Sie sind der Grund für unsere Überzeugung, dass das, was wir sind, nicht genügt, um den Anforderungen des Lebens gerecht zu werden.

Und wir haben genug Ausreden dafür parat, warum wir die Anstrengungen des Lebens nicht auf uns nehmen können. Wir sagen, dass wir bestimmte Dinge nicht tun können, weil wir zu langsam für sie sind. Für andere Dinge sind wir wiederum zu schwach. Vieles können wir nicht tun, weil wir nicht darauf vorbereitet sind. Wieder andere Dinge können wir nicht tun, weil uns bestimmte Fertigkeiten fehlen. Wir können nicht viel ausrichten, weil wir nicht in der richtigen Position sind, nicht die richtigen Beziehungen besitzen oder zu wenig Geld dafür haben. Also tun wir einfach gar nichts. Wir gehen einfach weiter durch unser Leben und jammern über das, was wir nicht besitzen, und trauern um das, was wir nie versucht haben zu tun.

Doch wenn wir die Hoffnung aufgeben und etwas für unmöglich erklären, bevor wir es überhaupt versucht haben, bedeutet das den Anfang vom Ende. Es ist der Anfang vom Ende des Weltfriedens. Es ist der Anfang vom Ende einer liebevollen Beziehung. Es ist der Anfang vom Ende eines wahrhaft wertvollen und glücklichen Lebens.

Es liegt nicht in unserer Macht zu entscheiden, ob wir geboren werden oder nicht. Aber wir haben die Wahl, ob wir ein gutes Leben führen wollen oder nicht. Es kommt nicht darauf an, wo, wann und wie wir geboren wurden, sondern auf die Entscheidungen, die wir im Leben treffen. Nur sie können über die Qualität unseres Lebens bestimmen. Weder unser gesellschaftliches Ansehen noch unsere körperlichen Voraussetzungen können letztendlich darüber entscheiden, was wir mit dem, was wir haben, anfangen.

Jede spirituelle Tradition dieser Erde versucht Kriterien festzulegen, nach denen ein Menschenleben nicht nur die ethischen, moralischen Anforderungen erfüllt, sondern heilig wird. Jüdische Spiritualität kennt die Beziehung zwischen dem einen und dem anderen: zwischen einem Handeln, das an sich gut genug ist, und einem Leben, ungeachtet aller äußeren Umstände, das darüber hinausgeht und mehr davon verwirklicht, was wir alle vorgeben zu sein. Dazu erzählen die Rabbinen folgende Geschichte:

> Einmal machte sich eine Gemeinde große Sorgen, weil ihr Rabbi seit einiger Zeit gleich nach Beginn des Sabbats stets aus der Synagoge verschwand. Die einen befürchteten, er habe seine Pflichten vergessen. Die anderen fragten sich besorgt, ob er absichtlich die Sabbatgesetze brach. Wieder andere wiesen darauf hin, wie bekannt der Rabbi für seine Heiligkeit war. Deshalb glaubten sie, er würde in den Himmel erhoben, vielleicht sogar von Elija persönlich, um über Glaubensfragen zu diskutieren und von den Gebrechen des Alters verschont zu werden.
>
> Um aber letzte Gewissheit zu erlangen, beschlossen sie eines Tages, einen Spion auf ihn anzusetzen.

Dieser sollte herausfinden, wohin der Rabbi am Sabbatabend ging.

Kaum waren die Sabbatkerzen angezündet, stahl sich der alte Mann aus der Synagoge, schlich die Straße hinunter, ging durch den Wald und stieg dann einen hohen Berg hinauf. Schließlich sah der Spion, der ihm auf leisen Sohlen gefolgt war, in der Ferne eine kleine Hütte. Der Rabbi hielt geradewegs darauf zu. Der Spion schlich näher. Noch ein paar Schritte, und er konnte den Rabbi im Türrahmen erkennen, der vom schwachen Schein eines fast niedergebrannten Feuers erhellt war.

Der Spion schlüpfte um die Ecke der Hütte und drückte seine Nase gegen das Fenster. Was er sah, hätte er sich in seinen wildesten Träumen nicht ausmalen können. Auf einem Strohsack lag eine alte Frau, eine Heidin. Ihr Gesicht war blass und das Atmen fiel ihr schwer.

Als Erstes fegte der Rabbi den Fußboden. Dann hackte er Holz und brachte das Feuer wieder in Gang. Als Nächstes holte er sauberes Wasser aus dem Brunnen. Schließlich kochte der Rabbi frische Suppe und stellte den Kessel auf den Schemel neben ihrer Schlafstatt.

Der Spion eilte den Berg hinab und durch den Wald, um Bericht zu erstatten. «Nun», fragten die Gemeindemitglieder, manche voller Verachtung, andere mit Hoffnung in der Stimme, «ist unser Rabbi in den Himmel gegangen?»

Der Spion hielt kurz inne und dachte nach. «Nein», antwortete er schließlich. «Der Rabbi ist nicht in den Himmel gegangen. Er ist um einiges höher gestiegen.»

Jede Tradition betrachtet Heiligkeit als etwas, das über das hinausgeht, was normalerweise von uns erwartet wird, indem es erreicht, was uns wirklich voll und ganz zu Menschen macht und daher atemberaubend heilig ist. In gewisser Weise ist Heiligkeit ganz einfach der Teil von uns, der das, was von einem Durchschnittsmenschen erwartet werden kann, überschreitet, um all das zu werden, was überhaupt von einem Menschen erwartet werden kann, der voll und ganz Mensch ist.

Unsere körperliche Entwicklung kann von vielem beeinträchtigt werden. Es gibt jedoch nichts, das unsere menschliche Entwicklung je behindern könnte.

Wenn wir an einem schlechten Tag bezweifeln, dass unser Leben einen Sinn hat, wenn wir unzufrieden mit dem Leben sind, das wir führen, wenn wir uns fragen, warum wir überhaupt geboren wurden, dann ist die Antwort sehr einfach: Wir wurden geboren, um das zu vollenden, was Gott unvollkommen belassen hat.

Mosche Leib hat es so ausgedrückt: «Wenn jemand zu dir kommt und dich um Hilfe bittet, sollst du ihn nicht fortschicken und mit frommen Worten wie diesen abspeisen: ‹Vertrau auf Gott und bring deine Sorgen vor ihn!› Du sollst handeln, als gäbe es keinen Gott, als wäre kein anderer auf Erden, der diesem Menschen helfen könnte – nur du allein.»

Mary Louise war nicht in der Lage, irgendetwas zu «tun», sofern man damit die physische Dimension des Wortes meint. Manche haben sich bei ihrem Anblick gewiss auch gefragt, wie ein Leben wie das ihre erfüllend sein konnte. Aber was sie tat, obwohl sie nichts «tun» konnte, war genau das, was ihr Leben zu einer Quelle der Inspiration für alle anderen machte. Unser Leben wäre sicherlich um einiges ärmer gewesen, wenn sie nicht gelebt hätte.

Antworten
auf Lebensfragen
aus der
christlichen Weisheit

Kapitel 16
Warum kann ich nicht einfach alles hinter mir lassen?

Ich würde so gerne alles hinter mir lassen», hört man die Leute ständig und überall sagen. Der Satz ist zu einer Art modernem Mantra geworden. «Wir lassen einfach mal alles hinter uns», heißt es, wenn jemand in den Urlaub fährt. «Ich sollte dringend mal alles hinter mir lassen», seufzen wir, wenn unsere Nerven blank liegen und unsere Stimme immer schriller wird. «Ich kann hier nicht einfach alles hinter mir lassen», sagen wir, wenn wir an unsere Arbeit, unser Familienleben, unsere Telefonate und Terminpläne denken. Und es ist tatsächlich so. Im Fernen Osten schenkt die Ruhe Raum. Im Westen gibt es weder das eine noch das andere. Auf den Straßen wird gegrölt, Ghettoblaster dröhnen, Menschen schreien und pfeifen, Busse rattern vorbei und Reifen quietschen. Wo soll man hier noch Raum für die Seele finden?

Ich sollte es wissen, denn ich gehöre zu den Menschen auf diesem Planeten, die danach suchen. Um ehrlich zu sein bin ich eine von denen, die sich regelmäßig aufmachen, um sich diesen Raum für die Seele zu schaffen. Ein Kloster ist im Zeitalter der Flugzeuge, Züge und Autos kein sicherer Ort mehr, um vor der Hektik bewahrt zu sein, die die endlose Kette von Sitzungen, Projekten, Anrufen und Besuchern mit sich bringt.

Aus diesem Grund lasse ich jedes Jahr alles hinter mir, damit ich schreiben kann. Ganz alleine ziehe ich mich in ein kleines Steinhäuschen im Westen Irlands zurück, von dem aus ich die Bucht von Derrynane überblicke. Jeden Tag beobachte ich, wie Nebel aufzieht und Wellen ans Ufer rollen. Ich sehe, wie es anfängt zu regnen und Dunst die Landschaft verhüllt. Es dauert ungefähr eine Woche, bis mein Herz langsam genug schlägt, um die Worte zu hören, die tief aus meinem Inneren kommen.

Zweifelsohne ist es heute zum festen Bestandteil unserer Kultur geworden, einfach mal alles hinter sich zu lassen. In einer Welt, in der sich die Menschen tagtäglich gegenseitig in Aufzügen, in Türen, in Supermarktgängen, an Straßenecken, in Einkaufszentren und auf der Straße auf die Füße treten, gehört dies zum Prozess, wieder menschlich zu werden.

Meist sind solche Auszeiten allerdings nur von kurzer Dauer. Hier, wo ich in meinem Häuschen am Berghang sitze, ist dieser Zustand dauerhaft. Die Häuser auf den Hügeln liegen meilenweit voneinander entfernt. Die Menschen, die hier wohnen, sehen sich nicht jede Woche. An einem Ort, an dem die Schäfer den ganzen Tag nichts anderes tun, als ihren Schafen hinterherzulaufen, und die Frauen den Tag damit zubringen, für die Schäfer zu kochen, bieten nur die Pubs und Kirchen eine Gelegenheit, regelmäßig mit anderen Vertretern des menschlichen Geschlechts in Kontakt zu treten. Ist das Leben hier besser?

Natürlich ist es das. Zumindest in mancherlei Hinsicht.

Alles hinter sich zu lassen, sich dem angenehmen Gefühl der absoluten Ruhe und der vertrauten Routinen hinzugeben, bringt uns wieder in Berührung mit uns selbst. Für eine Weile hören wir auf, uns selbst zu zerreißen. Zur Abwechslung sind wir einmal genau dort, wo wir sind, anstatt in Gedanken schon wieder zum nächsten Ort zu eilen. Hier macht man sich keine Gedanken darüber, wohin man morgen gehen wird, weil es sehr unwahrscheinlich ist, dass man überhaupt irgendwohin geht. Man kann hier einfach nirgends hingehen. Und selbst wenn man es könnte, gäbe es kaum eine Möglichkeit, dorthin zu gelangen. Der reißende Fluss des Lebens wird hier zum dünnen Rinnsal. Niemand kommt einfach mal vorbei. Soziale Kontakte sind hier keine Routine, sondern werden zum Ereignis: Wenn man niemanden einlädt, wird man auch niemanden sehen. Wenn aber jemand kommt, ist es ein großes Ereignis. Einladungen zum Abendessen dauern hier viele Stunden. Zuerst isst man mit den Gastgebern zu Abend. Nach ein paar Wochen lädt man dann dieselben Leute zu sich nach Hause ein. Manchmal trifft man sich im Pub, um ein nationales Sportereignis auf einem 14-Zoll-Bildschirm anzuschauen, der auf einem Gestell an der Wand hängt. Es gibt keine Tische. Das ganze Dorf steht einfach da, den Kopf in den Nacken gelegt, und schaut gemeinsam fern, während jeder darauf wartet, dass ein Neuer zur Tür hereinkommt. «Good craic» nennen es die Iren und meinen damit, dass sie eine «tolle Zeit» haben, weil sie den Abend endlich einmal wieder mit jemand anderem verbringen als nur mit sich selbst.

Doch hat das Leben hier auch eine andere Seite. Natürlich kann man sich an einem Ort wie diesem genauso leicht leer fühlen, wie man sich in einer Stadt völlig überreizt fühlen kann.

Welcher dieser Zustände ist nun spiritueller? Welcher kann uns eher wieder ins Gleichgewicht bringen, uns ganz machen, uns neues Leben und neue Energie schenken und unseren Geist erfrischen? Die Antwort lautet: Nur beide zusammen vermögen es.

In der Geschichte der Religion finden wir viele Beispiele von Menschen, die ihr Leben offenbar dem «Alles hinter sich Lassen» verschrieben haben. Viele Mönche, Swamis, spirituelle Gurus, Nonnen, Sufis, Rabbinen und Eremiten ziehen sich zeitweise in die Stille zurück und lassen die Routinen des

Alltags hinter sich. Aber sie bleiben nie dort. Warum nicht? Sind nicht gerade sie die Art von Menschen, die wirklich in der Lage sind, alles hinter sich zu lassen? Warum tun sie es dann nicht?

Die Antwort darauf ist einfach: Für die Christen ist das Leben dazu da, um es zu leben, und nicht, um sich vor ihm zu verstecken. Sie verbringen ihr Leben «in der Nachfolge Jesu», jenes Mannes, der von Galiläa nach Jerusalem wanderte, Leprakranke heilte, Blinde sehend machte, Menschen vom Tod auferweckte und sich sowohl mit den Gelehrten im Tempel als auch mit den Obrigkeiten des Staates anlegte.

Es überrascht daher nicht, dass die Benediktsregel – dieses alte spirituelle Schriftstück, das die Nachfolge Jesu für Ordensleute in der westlichen Welt in Worte kleidet – in ihrer Antwort sehr direkt ist.

Als Benedikt von Nursia im 6. Jahrhundert seine Klöster gründete, waren Eremiten nichts Besonderes. Sie wurden respektiert, aber sie waren nicht die Norm des religiösen Lebens. In der Benediktsregel heißt es: «Die zweite Art von Mönchen sind die Anachoreten, das heißt Einsiedler. Nicht in der ersten Begeisterung für das Mönchsleben, sondern durch Bewährung im klösterlichen Alltag und durch die Hilfe vieler hinreichend geschult, haben sie gelernt, gegen den Teufel zu kämpfen. In der Reihe der Brüder wurden sie gut vorbereitet für den Einzelkampf in der Wüste. Ohne den Beistand eines anderen können sie jetzt zuversichtlich mit eigener Hand und eigenem Arm gegen die Sünden des Fleisches und der Gedanken kämpfen, weil Gott ihnen hilft.» Dieser Text hat absolut nichts Romantisches an sich.

Die Aussage ist klar. Dem Benediktiner wird gelehrt, dass es in Ordnung ist, als Eremit zu leben, doch nicht für immer und nicht ausschließlich. Das Leben in Abgeschiedenheit, sagt Benedikt, ist nur etwas für jene, die «durch Bewährung im klösterlichen Alltag» gelernt haben, sich in den Wirren der Gesellschaft zurechtzufinden, denen wir anderen zu entkommen suchen.

Benedikt von Nursia war nicht der einzige spirituelle Lehrmeister seiner Zeit, der deshalb davor warnte, den Drang zu entkommen mit dem Drang nach einem spirituellen Leben zu verwechseln. Es gibt eine Geschichte über Abt Antonius den Großen, den ersten bekannten Eremiten des westlichen Mönchtums, der sein Leben zum Teil als Eremit und zum Teil als Abt seiner Gemeinschaft verbrachte. Diese Geschichte lehrt uns einiges über die spirituelle wie auch die menschliche Dimension des geistlichen Lebens.

> Einmal reiste Abba Antonius zum Berg Nitria, um Abba Ammon zu besuchen. Als sie sich trafen, sagte Abba Ammon: «Bei deinen Gebeten, die Zahl der Brüder wird immer größer. Einige von ihnen möchten neue Zellen gründen, um dort in Frieden zu leben. Was meinst du, wie weit entfernt von hier sollten wir die Zellen bauen?»
> Abba Antonius antwortete: «Lass uns zur neunten Stunde essen. Nach dem Essen gehen wir in die Wüste, um das Land zu erkunden.»
> Also gingen sie hinaus in die Wüste und wanderten bis zum Sonnenuntergang. Dann sagte Abba Antonius: «Lass uns beten und das Kreuz hier in den Boden schlagen, damit die, die es danach verlangt, hier bauen können. Wenn nun die, die bleiben, jene besuchen möchten, die hier leben, können sie zur neunten Stunde eine kleine Mahlzeit einnehmen und dann hierher kommen. Auf diese Weise können sie miteinander in Kontakt bleiben, ohne dass ihr Geist abgelenkt wird.»

Die Distanz zwischen dem ersten und dem zweiten
Kloster beträgt zwanzig Kilometer.

Diese Geschichte lässt jeden aufrichtigen Ordensmenschen
schmunzeln. Zwei Äbte, zwei mystische Erscheinungen, die
beide bekannt sind für ihre Heiligkeit und Askese, fachsimpeln über den besten Standort für ein Kloster voller Einsiedler. Die naheliegende Antwort ist natürlich: So weit wie möglich von anderen menschlichen Wesen entfernt. Die beiden
Äbte gelangen jedoch zu einem anderen Schluss. Sie entscheiden sich für einen Ort, der es den Mönchen ermöglicht –
und zwar Einsiedlermönchen! –, sich jeden Tag zu besuchen.
Aber aus welchem Grund? Und was können wir aus ihrer
Entscheidung über die räumliche Distanz zweier Klöster für
unser eigenes Leben lernen? Was lehrt uns diese Geschichte
über das Leben und die Heiligkeit, über Wachstum und die
Entwicklung der Gesellschaft?

Die Geschichte ist tatsächlich sehr vielsagend. Sie dämpft
die romantische Vorstellung, die oftmals das Bedürfnis, «alles
hinter sich zu lassen», verstärkt. Sie entblößt uns vor uns selbst.

Tatsache ist, dass uns Isolation nicht weiterhelfen kann,
ganz gleich, wie sehr wir uns unter Druck gesetzt fühlen und
fest dazu entschlossen sind, uns von den Stressfaktoren unseres Lebens freizumachen.

Der Eremit und Mönch Antonius kannte die Wege des
menschlichen Herzens. Er wusste, dass wir, sobald der Druck
nachlässt, wie Magneten zum anderen Pol hingezogen werden, zur anderen Seite unseres Selbst, zu dem Teil von uns,
der unvollständig ist und nach den anderen sucht, die uns zu
einem Ganzen machen.

Die spirituelle Lektion der Geschichte ist, dass wir die anderen brauchen – jeder von uns. Was immer uns fehlt, bekommen wir von den anderen. Wonach die anderen auch

immer suchen, sie werden es sehr wahrscheinlich in uns finden – zumindest einen Teil davon.

Antonius schlägt vor, das neue Kloster für eben die Mönche, die «in Frieden leben» wollen, nur zwanzig Kilometer
vom ersten entfernt zu bauen, nur einen Tagesmarsch vom
Mutterkloster entfernt. Es soll nahe genug sein, um dorthin
zurückkehren zu können, wenn die Umkehr der einzige Weg
ist, der vorwärts führt.

Antonius weiß, dass die Zeit kommen wird, in der «in
Frieden leben» keine Lösung mehr ist. Einzig das Leben in
der Gemeinschaft wird uns dann helfen, die Leere in unserem Inneren auszufüllen. Die Führung der anderen, ihre
Unterstützung und ihr Geist werden uns helfen, die Zeit zu
überstehen.

Kaum einer von uns ist wirklich dazu bestimmt, auf Dauer
alleine zu leben. Wie die beiden Äbte brauchen wir die Möglichkeit, unsere Kaffeepausen mit anderen zu verbringen.

Ganz gleich, ob wir geborene Einzelgänger sind oder nicht,
brauchen wir die Möglichkeit, mit anderen, die denselben
Weg haben wie wir, einen Spaziergang durch die Wüste unseres Lebens zu machen, weil sie das Gelände mit anderen
Augen für uns betrachten können.

Es ist wichtig, dass wir die Fragen, die uns quälen, mit
anderen besprechen. Wir hoffen, dass andere, die vielleicht
weiser sind als wir, uns helfen können, Antworten zu finden.
Aus Angst, dass die unmittelbare Betroffenheit unseren Blick
trübt, wollen wir die Meinung derer hören, die weniger in die
Sache verwickelt sind als wir.

Gleichzeitig sind wir verpflichtet, anderen unser Selbst
zu schenken, damit wir uns nicht selbst zu dem Schrein des
winzigen Gottes machen, den nur wir verehren.

Warum verlassen wir nicht einfach den Ort, an dem wir
leben, hören auf, das zu tun, was wir tun, und «lassen alles

hinter uns»? Weil wir es nicht können. Weil es einfach nicht möglich ist. Die Macht der Gewohnheit wird uns immer wieder zurückholen. Unsere Herkunft macht einen großen Teil unseres Selbst aus. Sie ist die Wurzel unserer Identität, der Ort, an dem wir gewachsen sind. Sie kann nicht einfach abgelegt werden wie ein altes Kleidungsstück, denn sie ist nichts Äußerliches. Sie ist in uns und wird auch immer dort bleiben. Der Kampf mit unseren Wurzeln ist Teil des spirituellen Wachstums.

Können wir von Zeit zu Zeit alleine in die Dunkelheit hinaustreten, um frische Luft zu schnappen und die unangenehmen Themen unserer Lebensgeschichte für eine Weile zu vergessen? Natürlich können wir das. Wir können und wir müssen, und wenn es nur dazu dient, sie aus der der Distanz zu betrachten. Aber können wir jemals alles Unangenehme hinter uns lassen? Nein. Wie der britische Dichter Alfred Tennyson im 19. Jahrhundert in seinem Gedicht «Ulysses» schreibt, «bin ich ein Teil von allem, was ich traf». Ohne die unangenehmen Dinge unseres Lebens sind wir nicht wir selbst.

Wichtiger noch als die natürliche Anziehungskraft des Gewohnten ist jedoch die offenkundige Erkenntnis, dass wir ein Bedürfnis danach haben, vorwärtszugehen und über uns hinauszuwachsen. Das Verlangen nach neuen Wegen wird uns immer vorwärtstreiben. Wenn wir auf uns allein gestellt sind, dauert es nicht lange, bis wir unsere eigene Weisheit verloren haben und die Lücke auf irgendeine Weise wieder füllen müssen. Dann müssen wir unseren Blick nach außen richten, auf die Einsichten anderer. Wir erkennen, dass wir unsere eigenen Erfahrungen mit den Erkenntnissen derer vergleichen müssen, die den Weg vor uns gegangen sind. Nur so können wir eine Richtung bestimmen und unser Schrittmaß festlegen.

Zudem leben wir nicht um unser selbst willen. Wie die Weisen in der Weihnachtsgeschichte bringen wir alle Gold, Weihrauch und Myrrhe mit – Gold steht für Ressourcen, Weihrauch für den Geist und Myrrhe für die Gabe der Heilung – Gaben, die uns um der anderen willen gegeben wurden, damit die Welt besser werden kann, weil es uns gegeben hat. Schließlich folgen wir Jesus, der all seine Gaben für die Menschen herschenkte, die nach ihm kamen.

«Alles hinter sich zu lassen» ist also nichts als ein Mythos. Dazu ist das Leben nicht da. Das Leben ist dazu da, dorthin zu gehen, wohin wir gehen müssen (wo immer das sein mag), damit unsere Seele auftanken kann, was sie braucht, um sich von Neuem an andere zu verschenken.

Kapitel 17
Was muss ich tun, damit mein Leben wieder aufregend wird?

Eigentlich kenne ich die Frau nicht, deren Anliegen auch in meiner restlichen Post sehr oft zu finden ist. Wenn sie jetzt das Zimmer beträte, würde ich sie nicht erkennen. Doch eigentlich stimmt das nicht ganz. In Wirklichkeit kenne ich die Frau nämlich ziemlich gut, und auch Ihnen ist sie nicht unbekannt. Auch wenn sie vielleicht nicht «Jedefrau» ist, so doch ganz sicher «Fast-Jedefrau». Sie steht für jeden Menschen, egal ob männlich oder weiblich, der jeden Tag seines Lebens mühsam hinter sich bringt, hohe Ideale hat, sich zu viel aufbürdet und das Leben zur Routine hat werden lassen.

Als ich ihre Nachricht las, wusste ich, dass ich die Lebenswirklichkeit vieler Menschen vor Augen hatte, auch wenn es die meisten nicht wahrhaben wollen (nicht einmal wir selbst).

Sie schrieb: «Ich bin 55 Jahre alt. Vor ungefähr zehn Jahren habe die Bücher kennengelernt, die Sie schreiben. Damals war ich noch alleinerziehende Mutter und damit beschäftigt, meine Kinder großzuziehen. Mich interessierten nur Kinderbücher, und wenn ich mir erlaubte, Geld für Bücher auszugeben, waren es immer Geschenke für meine Kinder. Ich habe ihnen ein Kinderbuch von Ihnen geschenkt.»

Ich hörte auf zu lesen und dachte eine Weile nach. Vor meinem inneren Auge sah ich eine Frau mittleren Alters, die aus irgendeinem Grund alleine war und weder finanzielle

Unterstützung noch einen Partner hatte. Und sie hatte keine Wahl. Sie musste ihre Kinder versorgen und ihre Rechnungen bezahlen. Also machte sie einfach weiter: Sie kaufte selten etwas für sich selbst, jonglierte mit Beruf und Familie und konzentrierte sich auf die Bedürfnisse, die Terminpläne und die Entwicklung ihrer Kinder. Sie kaufte ihnen keinen Schnickschnack und unternahm keine exotischen Reisen mit ihnen, wie es bessergestellte Eltern oft zu tun pflegen. Nein, sie kaufte ihnen Bücher.

Für sich selbst hatte sie kaum Zeit oder Geld. Das Leben bestand aus nichts anderem als einfach zu leben, weiterzumachen und das zu tun, was nötig war, auch wenn sie vieles davon vielleicht nie für machbar gehalten hätte. So lebte sie Tag für Tag, Jahr um Jahr.

Natürlich war sie glücklich, zumindest in dem Sinne, dass sie nicht unglücklich war. Aufregend war ihr Leben jedoch nicht. Wahrscheinlich betäubte sie das Leben mehr, als dass es sie forderte.

Wenn das, was sie an diesen Punkt in ihrem Leben gebracht hatte, noch irgendwo in ihr lebte, dann eher in der Erinnerung als in der Realität. Die Dinge, die sie in diese Situation gebracht hatten, bereiteten ihr sicherlich schon längst keine Schmerzen mehr, sondern waren zu einer Art von unterbewusstem Pochen geworden.

Als ich weiterlas, fiel mir auf, dass sich ihre Worte langsam, aber spürbar veränderten. Ich begann zwischen den Zeilen zu lesen, die an Tempo gewannen und deren Ton sich zu einem sanften Crescendo steigerte. Ich konnte gleichzeitig Licht und Dunkelheit in ihren Worten erkennen. Sie schrieb: «Nun sind die Kinder erwachsen, und ich drücke wieder die Schulbank. Ich habe mich für einen Studiengang in Kulturwissenschaft und Spiritualität eingeschrieben, und ich hoffe, dass ich später meinen Doktor machen kann.»

Ich lächelte. Diese Frau, die eine Zeit der absoluten Selbstverleugnung hinter sich hatte, hatte soeben wieder angefangen zu leben. Doch nicht nur das: Jetzt, da sie die Möglichkeit zu einem Neuanfang hatte, war sie fest entschlossen, auch weiterzumachen. Sie war 55 und hatte ihren Blick fest auf den Gipfel gerichtet. Sie ging geradewegs bergauf und blickte nicht zurück. Sie hatte fest vor, den Weg bis zum Ende zu gehen. Sie beklagte sich nicht über den späten Aufbruch, wie manche es nennen würden. Sie versuchte nicht, sich für Dinge zu entschuldigen, die sie nie hatte tun können. Und sie hatte vor, sämtliche Möglichkeiten auszuschöpfen und sich keinesfalls mit weniger als der spirituellen Erfüllung zufriedenzugeben. Sie würde ein völlig neuer Mensch sein, auch wenn sämtliche Vorhersagen, Statistiken und Prognosen für das Leben alleinerziehender Mütter Mitte 50 in eine ganz andere Richtung wiesen.

Der Punkt ist, dass sie nicht um die verlorene Zeit trauerte oder um gesellschaftliche Anerkennung buhlte. Sie war ein Beispiel dessen, was Philosophen gerne «élan vital» nennen – lebendige Begeisterung. Sie wollte Erfahrungen sammeln. Sie strebte nach der größten Vollkommenheit der Seele. Sie wollte ihren Geist wieder zum Leuchten bringen.

Ich ließ den Brief sinken und blickte eine Weile aus dem Fenster. Wir bekommen nicht oft die Gelegenheit, eine Auferstehung mitzuerleben. Doch wenn, dann ist es immer ein Segen. Wenn man sieht, wie jemand wieder zum Leben erwacht, wenn man in einem Brief den Pulsschlag des Verfassers spüren kann, dessen Leben man problemlos wiedererkennt, obwohl er am anderen Ende des Landes wohnt und man ihn noch nie getroffen hat, erhält das eigene Leben neue Kraft. Hier, so erkennen wir plötzlich, flammt Hoffnung. Hier sehen wir ein Vorzeichen der Dinge, die kommen werden, ein Symbol dessen, was sein wird. Die Geschichte dieser Frau handelt von einem Leben, das sich weigert zu sterben.

Diese Frau hat es tatsächlich geschafft, ihr Leben «wieder aufregend» zu machen, und fordert uns alle dazu auf, es ihr gleichzutun.

«Ich möchte Ihnen dafür danken», schrieb sie weiter, «dass Sie so unerschütterlich darauf bestehen, dass jeder von uns das Recht hat, seine eigene Geschichte zu finden.»

Als ich den Brief zu Ende gelesen hatte, wurde mir klar, dass es ein großer Unterschied ist, ob man auf das Recht eines jeden Menschen besteht, seine eigene Geschichte zu finden, oder ob man den Willen, den Mut und die Entschlossenheit besitzt, dies auch wirklich zu tun. Ich würde natürlich gerne glauben, dass ich die Frau dazu motiviert habe, noch einmal von vorne zu beginnen. Entscheidend war jedoch allein ihre Willenskraft. Das Leben, so lautet die Botschaft des Briefes, ist eine Entscheidungssache. Vielleicht nicht immer. Wir werden mit so vielen Dingen konfrontiert, die wir nicht selbst verantwortet und gewollt haben. Doch letztendlich liegt das, was zählt, in uns selbst und nicht außerhalb.

Jeder von uns hat Phasen in seinem Leben, die endlos grau und vollkommen verloren erscheinen. Das Leben endet immer, bevor es wieder von vorne beginnt, so wie die Nacht dem Tag vorausgeht. Genau darum geht es bei der Auferstehung, ob in einem psychologischen oder spirituellen Sinn.

Wenn wir wahrhaft lebendig sein wollen, müssen wir bereit sein, einen Lebensabschnitt nach dem anderen hinter uns zu lassen. In keiner Phase dürfen wir unsere Zeit damit zubringen, auf der Stelle zu treten. Das Leben ist dazu da, um gelebt zu werden. Es gehört jenen, die weiterleben wollen, und wenn der Preis auch noch so hoch sein mag. Denn alles andere würde bedeuten, die Schöpfung zu betrügen.

Die Wüstenväter, denen manche vorwerfen, dass sie ihr Leben opferten, um bereits hier schon wie tot zu sein, haben vielleicht besser als die meisten anderen verstanden, wie wichtig Veränderung für unsere Seele ist, wenn wir sie bis zum Rand mit Leben füllen und jeden Moment unseres Daseins heiligen wollen.

Von Abba Agathon wird erzählt, dass er einmal viel Zeit damit verbrachte, mit seinen Schülern eine Zelle zu bauen. Nachdem sie fertig war, zogen sie dort ein.

Nach wenigen Tagen merkte Agathon jedoch, dass irgendetwas an diesem Ort nicht gut war. Deshalb sagte er zu seinen Schülern: «Steht auf, wir gehen fort von hier!»

Seine Schüler waren verärgert und sagten: «Wenn du ohnehin schon vorhattest, von hier wegzugehen, warum haben wir uns dann die Mühe gemacht und die Zelle gebaut? Die Leute werden empört sein und sagen: ‹Schau sie dir an, jetzt ziehen sie schon wieder um. Welch unstete Menschen.›»

Als Abba Agathon sah, dass die Angst sie zurückhielt, sagte er zu seinen Schülern: «Manche mögen sich empören, andere aber werden höchst erbaut sein und sagen: ‹Selig sind die, die in Gottes Namen fortgehen und sich von nichts zurückhalten lassen.›»

Dann fügte er hinzu: «Lasst die, die hierher kommen wollen, kommen. Ich für meinen Teil gehe weiter.»

Da verstanden sie, warfen sich vor ihm auf den Boden und flehten ihn an, mit ihm gehen zu dürfen.

Jeder von uns sollte jemanden in seinem Leben haben, der keine Angst vor dem Weitergehen hat, wenn das alte Leben nicht mehr gut ist. Wenn wir alle Pflichten erfüllt haben, dabei aber nicht alle Grenzen des Lebens erkundet haben und nicht alle Bereiche des Lebens daran gereift sind, dann ist es Zeit zu gehen.

Abba Agathon wusste, dass der Bau der Zelle selbst schon genug war. Alles, was die Zelle ihm für sein Leben geben konnte, hatte sie ihm mit der Errichtung schon gegeben. Er hatte getan, was getan werden musste, um diesen Teil seines Lebens zu erfüllen. Wenn er weiter wachsen wollte, dann konnte er nichts anderes tun als weiterzugehen.

Agathon erkannte irgendwie, dass die Zelle jetzt eher ein Hindernis als eine Herausforderung für seine spirituelle Entwicklung war, eher eine Last als ein Sprungbrett für die Seele. Er wusste, dass unser Leben Wachstum braucht, wenn wir je den Weg nach Hause zu uns selbst finden wollen. Agathon hatte erkannt, dass der Seele nichts Schlimmeres widerfahren kann, als dass wir uns niedersetzen und uns damit zufriedengeben, was wir bis dahin erreicht, gesammelt und für uns gesichert haben – selbst wenn es sich um spirituelle Dinge handelt.

Die Schüler hingegen handelten nach einem Prinzip, das viele von uns lähmt, auch wenn es kaum jemand zugeben würde: Was werden die Leute denken?, fragten sie sich. Werden sie uns launisch, flatterhaft und unstet nennen? Und auch wir fragen uns: Werden uns die Leute vielleicht als dumm bezeichnen, als eine Schande womöglich oder als unbeständig? Vielleicht denken sie, wir hätten eine Lebenskrise. Oder schlimmer noch, vielleicht sind sie der Meinung, dass alles auf einmal zutrifft? Ja, manche werden vielleicht so denken. Aber genauso viele werden sich selbst aufmachen und ein neues Leben beginnen, wenn sie uns nach den Sternen greifen sehen. «Sie werden erbaut sein», wusste Agathon. Sie werden zu sich sagen: «Wenn sie es kann, dann kann ich es auch. Wenn er das Risiko eingeht, dann kann ich es auch.

Wenn jene bereit sind, von vorne zu beginnen, warum sollte ich es dann nicht auch tun?»

Wenn ich will, dass mein Leben wieder aufregend wird, muss ich die Veränderung in mein Leben einladen. Ich muss bereit sein, neue Wege zu gehen, wenn der alte sich als Sackgasse entpuppt und mich zurück zu meinem Ausgangspunkt führt, anstatt mich im Leben weiterzubringen.

Manchmal sind die Veränderungen ganz klein. Zum Beispiel kann ich noch spät im Leben damit anfangen, mich um den Garten zu kümmern. Solche Veränderungen sind niemals sinnlos. Ich fange etwas an, um Neues zu lernen. Ich trete einem Verein bei, um endlich wieder aus dem Haus zu kommen, neue Leute zu treffen, Sport zu treiben oder um aufzuhören, immer dieselben alten Dinge zu tun. Ich gehe hinaus, um meinen Geist zu lüften.

Manchmal sind die Veränderungen auch gravierend – zum Beispiel, wenn wir noch einmal heiraten, ein Studium beginnen oder uns einen neuen Beruf suchen.

Manchmal dienen Veränderungen weniger dazu, mein Leben umzukrempeln, als dazu, meinen Geist wachzurütteln. Ich beginne damit, jeden Tag ein paar Minuten in einem Buch zu lesen. Ich fahre alleine übers Wochenende weg. Ich unterhalte mich regelmäßig mit einem Seelsorger. Ich besuche einen Fotografiekurs. Ich gehe jeden Dienstagabend mit anderen Anfängern zum Kegeln.

Was auch immer meine Beweggründe sein mögen, welchen Sinn eine Aktivität auch immer haben mag: Tief in meinem Inneren weiß ich, dass ich zum ersten Mal seit Langem meinem faden Leben ein bisschen Würze verliehen habe. Mein Geist wacht auf, mein Herz fängt an zu lächeln, der Staub wird von meiner Seele gewischt und sie fängt wieder an zu glänzen.

Es ist so leicht zu sterben, bevor man je angefangen hat zu leben. Ich verbringe mein Leben damit, Erwartungen zu erfüllen: Ich mache einen Schulabschluss, entscheide mich für einen Beruf, suche eine Anstellung, verdiene meinen Lebensunterhalt, baue ein Haus und lasse mich nieder. Wenn ich Glück habe, wache ich eines Tages auf und stelle fest, dass ich selten etwas außer der Reihe getan habe, nur weil ich Lust dazu hatte oder weil ich nicht die nächsten 30 Jahre genau das Gleiche tun wollte wie in den 30 Jahren zuvor.

Auf einmal durchfährt mich wie ein Stromschlag die Erkenntnis: Ich lebe! Endlich lebe ich!

Wenn die Frage lautet: Was muss ich tun, damit mein Leben wieder aufregend wird?, dann ist die Antwort sehr einfach. Ich muss etwas tun, was ich noch nie zuvor getan habe. Ich muss bereit sein, die Grenzen, innerhalb derer ich mich mein Leben lang bewegt habe, zu durchbrechen, mich aus meinen gewohnten Kreisen zu lösen und mich ins Unbekannte zu stürzen. Es kann zwar sein, dass ich es ganz alleine tun muss, aber es hat immer einen Sinn.

Agathon hat es deutlich gesagt: «Lasst die, die wollen, hierher kommen. Ich für meinen Teil gehe weiter.»

Ist das etwa nicht aufregend?

Kapitel 18
Wie kann ich erkennen, was wahr ist?

Ein Kloster ist ein seltsamer Ort. Auf Besucher, die nur ab und zu vorbeikommen, kann das Leben dort ziemlich eintönig und fad wirken. Meist ist der Tagesablauf für alle Ordensmitglieder gleich. Sie sprechen dieselben Gebete und leben nach gemeinsamen Regeln. Jahrelang essen sie zusammen, leben zusammen, arbeiten zusammen und studieren zusammen – an jedem Tag ihres Lebens. Leicht kann man zu dem Schluss kommen, dass ein Kloster ein ziemlich eindimensionaler Ort ist, der eindimensionale Menschen hervorbringt. Mag sein, dass es solche Klöster gibt, es trifft aber gewiss nicht auf jedes zu. Ich kenne viele Klöster, bei denen es nicht so ist, ganz gleich, welcher Tradition sie angehören und wie die Gemeinschaft von außen betrachtet auch scheinen mag. In meinem Kloster ist es ganz sicher nicht der Fall.

Vor Kurzem saß ich bei einem internationalen Treffen mit einer Gruppe östlicher und westlicher Ordensleute beisammen und war fasziniert, wie einheitlich sie alle wirkten. Gleichzeitig wurde mir aber bewusst, wie sehr sie sich voneinander unterschieden. Alle trugen lange Ordensgewänder. (Wenn ich es recht bedenke, stimmt das nicht ganz. Ich zum Beispiel hatte kein solches Gewand an.) Alle trugen mindestens ein Erkennungszeichen ihrer Gemeinschaft, wie Kreuze. Ketten oder Anstecknadeln, oder man konnte sie anhand der Farben ihrer Gewänder, Kopfbedeckungen oder Gürtel zuordnen.

Die Swamis hatten alle orangefarbene Kutten an, doch der eine trug eine weiße, der andere eine graue Wollmütze. Die Buddhisten trugen Sandalen, manche mit Socken, manche ohne. Die westlichen Mönche trugen Kutten oder Hosen, normale Straßenkleidung oder lange Roben, die wie Burkas aussahen.

Und fast alle wichen zumindest ein kleines bisschen von der Norm ihrer Gemeinschaft ab. Doch welcher von ihnen war dann der perfekte Mönch oder die perfekte Nonne? Wer von ihnen verkörperte das wahre klösterliche Ideal? Und war das überhaupt wichtig? Hatten diese Abweichungen von der Norm tatsächlich einen Einfluss darauf, inwieweit ein jeder nach dem klösterlichen Ideal lebte? Wo lag die Wahrheit, wenn noch nicht einmal unter jenen eine allgemeingültige Norm existierte, die so sorgsam darauf bedacht waren, alles Überflüssige im Leben abzulegen?

Dann überlegte ich, ob die Frage, um die es hier ging, nicht eher lautete: Kann Gleichheit wirklich als Maßstab für etwas dienen? Sagt Gleichheit tatsächlich etwas über die Heiligkeit einer Person aus? Vielleicht sind es nur wir, die Heiligkeit unbedingt auf eine Art spirituelle Gleichheit reduzieren wollen. Die Menschen, die tatsächlich einfach leben und ein offenes Herz für das Wirken Gottes haben, wissen vielleicht am besten, wie leicht es passieren kann, dass man Hingabe, Entsagung oder Bescheidenheit zu einem Götzen macht. Ist es wirklich bescheiden, wenn man sich durch seine absolute Bescheidenheit von anderen abheben will?

In den vergangenen Jahren habe ich mich oft gefragt, ob gerade das, was uns als einheitliche Form erscheint, nicht selbst die Grundlage für Unterschiede ist. Sind Abweichungen von der Norm nicht das beste Beispiel für die einmalige und innige Beziehung zwischen Gott und jedem einzelnen von uns? Hier, an einem Ort der Gleichförmigkeit, strahlt jeder noch so kleine Unterschied wie ein Leuchtfeuer in der Nacht.

So gleichförmig Nonnen und Mönche auch scheinen mögen, sie unterscheiden sich doch durch bestimmte Merkmale voneinander. Wie Schneeflocken im Winter sind diese vielleicht nicht zu hören oder kaum zu sehen – und doch sind sie da. Bei aller Gleichheit wimmelt es nur so von Unterschieden.

Wenn man so will, sind Klöster ein Musterbeispiel für das Unkontrollierbare im Menschen. Hinter jedem langen Ledergürtel, hinter jeder einfachen schwarzen Kordel verbirgt sich eine Persönlichkeit, die sich, wie jeder andere von uns auch, auf ihrem ganz eigenen Weg zu Gott befindet. Zumindest ist das in meinem Kloster der Fall.

Schwester Rosalia, zum Beispiel, hatte ihr Leben lang Erstklässler unterrichtet. Ihr Geist funktionierte nach einer unsichtbaren Uhr. Jeden Morgen verließ sie zur gleichen Zeit unseren kleinen Konvent und ging über den Parkplatz der Kirche hinüber zu ihrem Klassenzimmer. Jeden Abend kam sie zur gleichen Zeit zurück. Rosalia war der Inbegriff der Regelmäßigkeit, der Ordnung und der Loyalität.

Rosalia war das, was meine Novizenmeisterin als Modell der «gelebten Regel» bezeichnete. Jeden Abend und meist auch am Tag übte sie sich in Schweigsamkeit. Sie pflegte keinen Umgang mit «den Weltlichen». Wenn sie ging, hielt sie den Kopf gesenkt und den Blick auf den Boden gerichtet – so wie es die spirituellen Meister jahrhundertelang empfohlen hatten, um in beständiger «Erinnerung» oder Bewusstheit Gottes zu leben. Ihr Zimmer war spärlich und nüchtern eingerichtet. Sie nahm keine Abkürzungen, gönnte sich keine Freiheiten und entzog sich keiner Übung.

Schwester Rosalia war das leibhaftige Symbol des Ideals. Zumindest für manche.

Schwester Marie Claire war genau das Gegenteil.

Schwester Marie Claire war Musiklehrerin und verschönerte ihre Umwelt, wo sie stand und ging. Auf geheimnisvollen Wegen besorgte sie sich Schnittblumen in den außergewöhnlichsten Farben für ihren Musikraum und pflanzte Usambaraveilchen in großen Töpfen an, die sie überall verteilte. Die Veilchen zierten jeden Fenstersims in ihrem Musikzimmer, ergossen sich bis in die Besucherecke, wucherten wild im ganzen Gewächshaus und wurden immer mehr und mehr. Marie Claire brachte ein Gefühl des Reichtums in unser Leben.

Was Marie Claire betraf, war nichts unmöglich, nichts verboten. Die Leute kamen in Scharen zu ihrem Musikzimmer, um sie um Rat und Unterstützung zu bitten oder um einfach nur Spaß mit ihr zu haben. Auch wenn ihre kleinen Schüler schon längst verschwunden waren und wir anderen uns zum Lesen nach oben zurückgezogen hatten, blieb sie noch lange in ihrem Musikzimmer, um Besucher zu empfangen. Das gedämpfte Lachen drang immer bis spät in die Nacht die vordere Treppe herauf.

Marie Claire war freigiebig und offenherzig, sie rauschte mit einem Lächeln ins Zimmer und begrüßte jeden mit einem warmen Händedruck oder einer Umarmung.

Marie Claire war ganz und gar kein «leibhaftiges Symbol eines außerweltlichen Ideals». Eher schon war sie ein Bild für den Geist des religiösen Lebens. Sie versprühte die unbändige Lebenslust, die durch die Zuversicht kommt, dass alles gut ist – oder irgendwie, irgendwann und irgendwo gut sein wird.

Das Problem ist nun: Welche der beiden hatte sich wahrhaftig der wahren Wahrheit verschrieben? Welche der beiden war wirklich religiös? Welche der beiden führte tatsächlich ein religiöses Leben?

Der Kampf, die wahrhaftigere Wahrheit zu finden, ist nichts Neues in der Geschichte des Mönchtums oder der Menschheit im Allgemeinen. Teilweise rührt dieses Problem daher, dass Heiligkeit von Jahrhundert zu Jahrhundert anders definiert wurde. Oftmals wurden große Persönlichkeiten von den einen als Heilige betrachtet, während andere, die selbst rechtschaffene Menschen waren, sie genauso überzeugt für Sünder hielten. Für die einen waren Menschen wie Franz von Assisi, Teresa von Ávila, Thomas Merton, Mutter Teresa von Kalkutta, Papst Johannes XXIII. und Jesus Symbole der Wahrheit, während sie für andere eindeutig Symbole des Widerspruchs waren. Wie sollen wir also wissen, wo die Wahrheit liegt?

Auch den Wüstenvätern war dieses Problem bekannt.

Einmal wollte ein Bruder Abba Arsenius in der Wüste Sketis besuchen. Als er zur Kirche kam, fragte er die Geistlichen, ob er Abba Arsenius besuchen könne.

Sie sagten zu ihm: «Bruder, iss eine Kleinigkeit und dann kannst du zu ihm gehen.»

Aber der Bruder antwortete: «Ich werde nichts essen, ehe ich ihn nicht gesehen habe.»

Also führte ihn ein Bruder zu Arsenius' Zelle, die weit abgelegen war. Nachdem sie an seine Tür geklopft hatten, traten sie ein, begrüßten den alten Mann und setzten sich, ohne etwas zu sagen, hin. Dann sagte der Bruder, der den Fremden hergebracht hatte: «Ich gehe jetzt. Bete für mich.»

Doch der Besucher fühlte sich nicht wohl in der Gegenwart des alten Mannes und sagte: «Ich komme mit dir.» Also gingen die beiden zusammen.

Als sie die Zelle von Abba Arsenius verlassen hatten,
sagte der Besucher: «Bring mich zu Abba Moses, der
früher ein Räuber war.»

Als sie dort angelangt waren, begrüßte sie der Abba
überschwänglich. Nachdem sie eine Weile bei ihm
gesessen hatten, verabschiedete sich Abba Moses
freundlich von ihnen.

Der Bruder, der den Besucher hergeführt hatte,
sagte zu seinem Begleiter: «Sieh, ich habe dich zu
dem Fremden, Arsenius von Rom, gebracht, und zu
dem Ägypter, Moses. Welcher der beiden gefiel dir
besser?»

«Ich für meinen Teil ziehe den Ägypter vor»,
antwortete der Besucher.

Dies hörte einer der Mönche, und er betete zu Gott:
«Herr, erkläre mir diese Sache. Der eine meidet
in deinem Namen andere Menschen, und der
andere empfängt sie in deinem Namen mit offenen
Armen.»

Da wurden ihm zwei große Boote auf einem Fluss
gezeigt. In einem sah er Abba Arsenius sitzen.
Bei ihm war der Geist Gottes und sie segelten in
vollkommenem Frieden dahin. Im anderen Boot saß
Abba Moses mit den Engeln Gottes. Und alle aßen
Honigkuchen.

Die Geschichte führt zu einer wichtigen Frage, die auch unser eigenes Leben betrifft: Welcher von beiden, Abba Arsenius oder Abba Moses, verkörperte die absolute Wahrheit? Und
wenn es beide waren, ist dann die absolute Wahrheit auch nur
annähernd so «absolut», wie wir gerne glauben? Ist es vielleicht
am weitesten von der Wahrheit entfernt, an der Illusion festzuhalten, es handele sich um Alternativen, die sich ausschließen?

Ist nicht die wahre Wahrheit, dass beide Männer uns nicht nur unterschiedliche spirituelle Gaben, sondern auch zwei Gesichter Gottes zeigen, der das ganze Sein, die ganze Wahrheit ist? Die Wahrheit, die wir in den beiden sehen, ist, dass der geheimnisvolle Gott viele Seiten hat. Keine Wahrheit entspricht der umfassenden Wahrheit Gottes. Wir alle verkörpern nur einen Teil von ihr. Uns allen fehlt der übrige Teil. Auch alle zusammen sind wir nicht Gottes Stimme, einfach aus dem Grund, weil wir die Sprache nicht sprechen oder verstehen oder zur Gänze kennen, die das Wort Gottes ist.

Natürlich geben wir vor, sie zu kennen. Wir sagen uns selbst und allen anderen, dass wir die Wahrheit kennen, dass wir die Wahrheit sind und jeder, der die Wahrheit leben möchte, uns folgen muss. Man könnte diese Arroganz als sündhaft bezeichnen, wenn sie nicht so lächerlich wäre.

Und dennoch wissen wir alle, dass es Dinge gibt, die nicht wahr sind, nicht wahr sein können und niemals wahr sein werden.

Was ist also der Schlüssel, der uns die Tür zur Wahrheit öffnet? Ganz einfach: Wahrheit ist, was Wahres bewirkt. Wenn die Instanz, die vorgibt, wahr zu sein – die perfekte Regierung, die wahre Kirche –, gegen die Wahrheit, die Gott sein muss, sündigt, gegen die Gerechtigkeit, das Gute, die Liebe und Offenherzigkeit, die Gott sein muss, verstößt, dann stimmt etwas nicht mit der Wahrheit, die sie lehrt.

Als ich mit Schwester Rosalia und Schwester Marie Claire zusammenlebte, war ich noch jung, doch ich habe das Problem sofort erkannt. Ich musste herausfinden, wo hier die Wahrheit lag. Welche von ihnen verkörperte das, was es bedarf, um wahrhaft «religiös» zu sein? Welche der beiden war tatsächlich eine Nonne? Welche von ihnen zeigte mir das vollständige Bild des religiösen Lebens?

Es dauerte einige Jahre, bis ich die Antwort auf diese Frage endlich fand, aber irgendwann erkannte ich, was ich erkennen musste: Die Wahrheit ist, dass jede auf ihre Weise das Beste dessen war, was wir Menschen zu bieten haben.

Als Schwester Rosalia, diese tapfere und beständige kleine Frau, starb, weinten wir. Die Gemeinschaft hatte eine Heilige verloren.

Als Schwester Marie Claire, diese offene, großherzige, freie und liebevolle Frau, starb, weinten wir. Die Gemeinschaft hatte eine Heilige verloren.

Die wirkliche Wahrheit ist, dass Gott zu groß ist, um sich in einer einzigen Erscheinungsform des Lebens zu verlieren. Die Wahrheit ist Eine, das ist richtig, aber gleichzeitig ist sie viele.

Die größte Gefahr mag sein, an einen zu kleinen Teil der Wahrheit zu glauben. Wenn dies der Fall ist, wird Veränderung, Wachstum, Umkehr oder Entwicklung unmöglich. Stattdessen liegen wir unter dem Scherbenhaufen der Vergangenheit begraben.

Wenn die Frage lautet: Wie erkenne ich, was wahr ist?, muss die Antwort heißen: Wahr ist das, was im Namen Gottes Gutes tut, ohne eines seiner Geschöpfe dabei zu verletzen.

Die Wahrheit zeigt sich in Jesus, der angesichts der Gesetze sagte: «Steh auf und geh» (Matthäus 9,1–8), angesichts zerstörerischer Zügellosigkeit: «Geh und sündige von jetzt an nicht mehr» (Johannes 8,2–11), angesichts verantwortungslosen Reichtums: «Geh, verkaufe alles, was du hast, und gib es den Armen» (Markus 10,17–27), angesichts menschlicher Bedürfnisse: «Der Sabbat ist um des Menschen willen da und nicht der Mensch um des Sabbats willen» (Markus 2,23–28). Keine Regeln welcher Institution auch immer können die Wahrheit ersetzen, die die Liebe Gottes ist.

Die Wahrheit ist weder eine Wahrheit allein, eine Institution allein, ein einziger Weg allein, noch können wir allen gleichzeitig gerecht werden. Stattdessen muss jeder von uns seinen eigenen Teil der Wahrheit leben, und zwar in Liebe. Was sonst könnte am Ende bewähren, was wirklich wahr ist?

Kapitel 19
Warum kann ich mich nicht ändern?

Er war zwar mein Onkel, aber soweit ich mich erinnern kann, sah ich ihn im Gegensatz zum Rest der buckligen Verwandtschaft, wie mein Vater sie zu nennen pflegte, nur zweimal in meinem ganzen Leben. Er lebte in einem anderen Bundesstaat, und damals reiste man noch nicht so häufig wie heute. Trotzdem wusste ich sehr viel über ihn. Jahrelang hatte ich gehört, wie andere über ihn redeten. Die Frauen senkten dabei immer ihre Stimmen. Die Männer hingegen ließen meist nur kurze Bemerkungen fallen, die sie durch ein kurzes Kopfnicken bekräftigten.

Es dauerte eine Weile, aber irgendwann kam ich dahinter: Der Onkel trank. Ehrlich gesagt war das das Einzige, was er überhaupt tat.

Mir fiel auf, dass die Leute, die mehr über ihn wussten, ihr Gesicht abwendeten, wenn sein Name fiel – entweder aus Scham oder aus Respekt vor seiner Familie. Jeder mochte seine Frau oder empfand zumindest Mitleid mit ihr. Alle waren sich darüber einig, dass sie sehr tapfer war. Wieder und wieder wurde sie schwanger, hörte ich die Frauen klagen. Und mit jedem neuen Kind wurde die Armut der Familie größer.

Ich konnte die Empörung in den Stimmen der Frauen hören. Damals sah man Alkoholismus noch nicht als Krankheit oder Leiden an. Man wusste noch nichts von Toleranzgrenzen, Erbanlagen oder abhängig machenden Substanzen.

Es war das Zeitalter der Sittlichkeit, der Verachtung und der moralischen Überlegenheit der Abstinenz. Es war die Zeit der betrunkenen Ehemänner und schwangeren Ehefrauen. Für Betroffene gab es damals nur wenig oder gar keine Hilfe.

Soweit ich weiß, waren die Kinder der Familie im Großen und Ganzen ruhig und zurückhaltend, auch wenn sie sicherlich sehr unter der Situation zu leiden hatten. Nie habe ich etwa gehört, dass sie sich prügelten oder klauten, von zu Hause wegliefen oder die Schule schwänzten. Ganz im Gegenteil: Sie schienen sowohl zu ihrer Mutter als auch untereinander ein sehr enges Verhältnis zu haben. Der älteste Sohn, der kaum älter war als die anderen, hatte die Vaterrolle für seine Geschwister übernommen. Und sie hörten auf ihn. Ein bisschen war es, als ob man Kindern bei der Aufführung eines Theaterstücks für Erwachsene zuschaute. Ich kann mich daran erinnern, dass mich meine Eltern einmal zu einem Besuch dorthin mitnahmen. Ich war ein Einzelkind und damals ungefähr zwölf Jahre alt. Der Gedanke, dass ich eine ganze Familie mit vielen Cousins und Cousinen kennenlernen würde, war der Höhepunkt des Sommers. Noch heute sehe ich vor mir, wie sie schmutzig und mit einem gequälten Ausdruck in den Augen vor uns standen. Die Tante hatte keine Zähne mehr und der Onkel konnte sich kaum auf den Beinen halten. Ich habe immer noch ein Bild in meinem Fotoalbum, für das sie sich auf der Straße aufgestellt hatten. Sie hatten sich dem Alter nach aufgereiht und sahen alle erschreckend gleich aus. Ihre Kleider waren zerlumpt und grau, ihre Haare waren zu lang und zerzaust, und ihre Schuhe fielen beinahe auseinander. Keiner von ihnen hob sich von den anderen ab. Es gab einfach kein Leben auf dem Bild, keiner schnitt eine Grimasse oder lachte. Sie standen einfach nur da – stumme Opfer ihres erbärmlichen Lebens, gegen das sie nichts unternehmen konnten.

Nie zuvor hatte ich so etwas in meiner Familie gesehen. Andere Onkel tranken zwar auch, aber sie wohnten in ordentlichen Häusern und schickten ihre Kinder auf gute Schulen. Ihre Frauen und Kinder trugen frisch gebügelte Kleider und neue Mäntel, und bei Familienfesten fuhren sie in glänzenden Autos vor. «Was ist hier nur schiefgegangen?», fragte ich meine Mutter.

«Es gibt einen Unterschied zwischen ‹ab und zu ein Glas trinken› und ‹trinken›, Joan», antwortete meine Mutter.

Mir war klar, was sie damit meinte: Dieser Onkel ‹trank›. Und ich begriff, dass dies gleichbedeutend war mit ‹er ging nicht arbeiten, er bezahlte keine Rechnungen und er wird auch nicht aufhören zu trinken›. Oh, er hörte auf, sagte seine Familie – immer und immer wieder. Immer wieder hatte er gute Vorsätze. Dann ging es der Familie eine Weile besser, doch das hielt nie lange an. Am Ende ging er immer wieder zurück in die Kneipe. Jedes Mal. So ging es viele Jahre. Wochenlang war er betrunken, dann ein paar Tage nüchtern, dann trank er wieder, dann tat es ihm leid und er war wieder ein Weilchen nüchtern.

Es änderte sich nie.

Doch das ist noch nicht das Ende der Geschichte. Als ich ihn wiedersah, lebte ich seit ungefähr sieben Jahren im Kloster. Jemand würde in der Besucherecke auf mich warten, sagte die Schwester, die die Tür geöffnet hatte. «Er sagt, er sei dein Onkel», fügte sie hinzu. Ich war mir sicher, dass sie sich irrte. Langsam ging ich den Gang zum Besucherraum hinunter. Wer immer er war, dachte ich, er musste nach jemand anderem suchen. Ich konnte ihn in der Mitte des Raumes stehen sehen. Er wirkte ein wenig linkisch, aber dennoch selbstbewusst und stark.

Es dauerte eine Weile, bis ich ihn erkannte, doch plötzlich wusste ich, wer er war. Was wollte er hier?

Ich kann mich kaum noch erinnern, was wir während seines kurzen Besuchs geredet haben, nur ein paar Gesprächsfetzen sind mir in Erinnerung geblieben. Ich sei meinem Vater wie aus dem Gesicht geschnitten, sagte er, und er habe meine Mutter immer bewundert. Er war jetzt bei den Anonymen Alkoholikern und wollte uns alle noch einmal sehen. Er versuchte mit allen wieder Kontakt aufzunehmen und all die persönlichen Beziehungen, die er während seines Lebens verloren hatte, wieder aufleben zu lassen. An diesem Sonntag war er stundenlang gefahren, um mich zu besuchen. Dann sagte er etwas, dass ich nie mehr vergessen werde: «Ich habe nicht viel Zeit, um das wiedergutzumachen, was ich meiner Familie angetan habe. Aber ich versuche es.»

Ich sah ihn nie mehr wieder. Kaum ein Jahr später starb er an Leberzirrhose. Aber die Lektion, die er mich an jenem Tag gelehrt hat, ist klar und deutlich: Die schwerste spirituelle Übung, die es gibt, ist das Leben selbst.

Weil wir vom menschlichen Verstand eine überspannte Vorstellung haben, halten wir uns selbst für unbezwingbar. Weil wir uns einbilden, dass Naturkatastrophen durch Gottes Zorn ausgelöst würden, suchen wir nach äußerlichen Gründen für unser Unglück. Weil ein wissenschaftliches Zeitalter sich dem unersättlichen Durst nach technologischer Entwicklung und einem uneingeschränkten Fortschritt verschrieben hat, streben auch wir schonungslos nach «Fortschritt» anstatt nach persönlicher Erfüllung im Hier und Jetzt. Weil die Menschheit einer seltsamen Art des Hochmuts verfallen ist, wurde sie vor langer Zeit schon ein Opfer der heimtückischsten Form von Irrglauben: der Auffassung nämlich, dass es so etwas wie Perfektion gibt und wir in der Lage sind, diese zu erreichen.

Wie ein Parasit unter der Haut treibt uns das Verlangen nach Perfektion vorwärts, jagt uns und macht uns im Herzen krank, wenn wir es nicht schaffen, das Unerreichbare zu erreichen. Doch immer setzen wir die Messlatte höher als das Machbare. Wir wollen die Bestnote beim Turnwettkampf, Motoren mit 300 PS für unsere Familienkutschen, Flugzeuge, die schneller fliegen als der Schall, und Computer mit Hochleistungsprozessoren. Wir reizen jede Grenze bis zum Äußersten aus – und im Fall von Autos, Flugzeugtriebwerken und Computern haben wir sogar Erfolg damit. Scheitern tun wir dann, wenn wir versuchen, solche Standards auf die menschliche Seele anzuwenden.

Dann blicken wir in das ungeschminkte Gesicht unserer Seele. Wir stehen plötzlich jenem Teil von uns gegenüber, der sich nur stufenweise und durch Erkenntnis entwickeln kann, aber niemals, indem wir von einem Selbst zum andern springen. Diese Art von Veränderung geht nur langsam und kaum merklich vonstatten und erfordert viele Kämpfe mit uns selbst.

Die spirituellen Meister, die ihr Leben lang Kämpfe mit sich selbst ausgefochten haben, wussten dies nur allzu gut. Die Wüstenväter haben uns die folgende Geschichte von Abba Poimen und Abba Johannes hinterlassen:

Einmal erzählte Abba Poimen von Abba Johannes. Abba Johannes soll zu ihm gesagt haben, dass er Gott darum gebeten habe, alle Leidenschaft von ihm zu nehmen, auf dass er sorglos werde. «Und tatsächlich», sagte Abba Johannes zu ihm, «bin ich jetzt im absoluten Einklang mit mir selbst. Es gibt keinen Feind mehr, der mich stören könnte.» Doch Abba Poimen antwortete ihm: «Ist es so? Na, in diesem Fall rate ich dir, Gott zu bitten, deine inneren Kämpfe wieder zu entfachen, denn nur durch diese Kämpfe kann sich die Seele weiterentwickeln.»

Und als die Kämpfe zurückkehrten, bat Abba
Johannes Gott nicht länger darum, sie von ihm zu
nehmen. Er betete lediglich: «Herr, gib mir Kraft
für den Kampf.»

Die Geschichte lässt uns stutzen. Der Höhepunkt des Lebens
besteht nicht in vollkommenem Frieden, lehrt Abba Poimen,
sondern es geht darum, den Charakter und die Hingabe zu
haben, «Kraft für den Kampf» aufzubringen.

Das Leben konfrontiert uns stets mit unseren schwächs-
ten Seiten. Genau diese gilt es zu verstehen, sie anzuerkennen
und anzunehmen. Manche von uns tun dies, wenn überhaupt, ganz still und heimlich. Anderen geht es dagegen weniger gut. Sie stehen am Pranger ihrer Gier, ihrer Leere, ihrer
Zwänge und sitzen ihr Leben lang auf der Anklagebank der
Öffentlichkeit. Und während sie sich vor uns winden, rüh-
men wir uns unserer Perfektion und richten über sie.

In ihrer öffentlichen Beschämung sind sie eine Mahnung
an uns selbst. Sie fordern uns dazu auf, genau wie sie, ein
Leben lang mit unseren eigenen Bedürfnissen und Begierden
zu ringen. Sie ermahnen uns, Kraft für den Kampf zu finden
und uns am Ende, wenn wir Glück haben, ruhig, bescheiden
und demütig zumindest einzugestehen, wer wir sind – und
wer nicht.

Die wahren spirituellen Kämpfe dauern häufiger, als uns
lieb ist, ein ganzes Leben lang. Sie stecken uns wie Stacheln
im Fleisch.

Sie sind die wiederkehrenden Eifersuchtsgefühle, die unsere Seele mit Missgunst vergiften.

Sie sind die belanglosen kleinen Ärgernisse, die sich in
uns anstauen und schließlich alle anderen Bereiche unseres
Lebens überschwemmen. Wir reagieren gereizt auf die Bitten unserer Kinder, die versteckten Andeutungen unserer

Schwiegereltern, die Anforderungen im Beruf und sogar auf die Bedürfnisse jener, die wir lieben.

Sie sind die Begierden, die wir verdrängen und zu ersticken versuchen, wie Zigaretten und Alkohol, Essen und sexuelle Wünsche, irrationale Bedürfnisse und destruktive Begierden. Schonungslos kehren sie immer wieder zu uns zurück – in der Kneipe, am Computer, im Büro, einfach überall, wo sich unser gieriges Selbst gerade befindet. Und es hört nicht auf.

Wovor wir uns fürchten und was uns niemand erzählt, ist, dass der Kampf mit uns selbst eine Lebensaufgabe ist.

«Was macht man im Kloster?», fragte ein Schüler den Mönch. Und der alte Mönch antwortete: «Nun, wir fallen und stehen wieder auf und fallen und stehen wieder auf ... und fallen. Und dann stehen wir wieder auf.»

Der Erfolg unserer spirituellen Entwicklung kann nicht an der Zeit gemessen werden, die wir brauchen, um mit uns selbst zurechtzukommen. Was zählt ist, ob wir uns jemals eingestehen, wer oder was wir sind. Wir können jahrelang sagen: «Tja, so bin ich eben.» Doch erst wenn wir uns sagen: «So bin ich, und um meiner Mitmenschen willen muss ich mich ändern», haben wir den Kampf mit unserer Seele aufgenommen. Manchmal dauert es ein Leben lang, bis wir endlich ehrlich genug sind, um damit anzufangen.

Wenn die Frage lautet: Was stimmt nicht mit mir, warum kann ich mich nicht ändern?, mag die Antwort heißen: Weil ich mich noch nicht entschlossen habe, damit zu beginnen. Auch wenn wir nicht wissen können, wie der Kampf enden wird, ist eines indes gewiss: Das Geheimnis liegt im Anfang.

Kapitel 20
Welchen Sinn hat das Leben?

Es war einer dieser typischen Tage im Spätherbst am Ufer des Eriesees. Es regnete in Strömen und der Geruch von Schnee lag in der Luft. Es herrschte eine eisige Kälte. An solchen Tagen ist die Suppenküche immer bis auf den letzten Platz besetzt. Wenn die Gäste nicht aus Hunger kommen, dann weil sie bis auf die Knochen durchgefroren sind. An solchen Tagen bleiben die Obdachlosen und Arbeitslosen, bis die Küche schließt. Viele von ihnen sind krank, alle leben aus Mülltonnen und bewahren ihr weniges Hab und Gut in Einkaufswagen auf. Für sie ist die Suppenküche ein Ort, an dem sie sich immerhin aufwärmen können. Sie plaudern ein wenig mit den langjährigen Angestellten, die alle Gäste mit Namen kennen und sich persönlich von ihnen verabschieden, bevor sie in die Kälte einer langen und einsamen Nacht hinausgehen.

Die Schwester hinter der Theke kannte den Mann mit dem langen schwarzen Mantel nicht besonders gut. Er war schon einige Male da gewesen, um die Überreste einer Bürofeier vorbeizubringen. Manchmal kam er auch einfach nur die Treppe hoch, drückte einer der Schwestern einen Umschlag in die Hand und ging wieder. Ab und zu kam er vorbei, um beim Auffüllen der Vorratskammer mit anzupacken. An diesem Tag brachte er Schinken vorbei. Als er die vielen Gäste sah, blieb er, um bei der Essensausgabe zu helfen.

Das Überraschende an diesem Tag war jedoch nicht der Anblick, wie er Salat auf die Teller häufte. Schließlich haben sich viele Leute die Essensausgabe an Arme zur regelmäßigen Aufgabe gemacht. Ganze Gruppen kommen seit Jahren und packen einmal pro Woche mit an. Ohne sie könnte die Suppenküche gar nicht überleben. Doch das, was heute geschah, war anders.

Als er am Nachmittag seinen Mantel anzog, den Schal fest um den Hals wickelte und sich zum Gehen wandte, bemerkte er am Ende des Tisches einen Gast, der seine Füße auf die Heizung gelegt hatte. Der Mann trug Sandalen. Sandalen! Er hatte Sandalen an seinen nackten Füßen, die seine Zehen frei ließen und nur von schmalen Riemen gehalten wurden. Und das so kurz vor dem Winter.

Ohne zu zögern bückte sich der Mann mit dem langen schwarzen Mantel und dem Seidenschal, zog seine Schuhe aus, drückte sie der Schwester hinter der Theke in die Hand und ging hinaus. Barfuß. «Warten Sie», rief die Schwester und lief ihm nach. «Sie können doch nicht einfach so gehen, ganz ohne Schuhe. Es ist kalt da draußen.» Doch der Mann ging einfach weiter. «Ich weiß», rief er ihr zu, «deshalb habe ich sie ja dagelassen.»

Diese Geschichte geht mir seit Jahren nicht mehr aus dem Kopf. Es ist eine wahre Geschichte. Sie ist tatsächlich passiert. Ein wohlhabender Mann sah einen Obdachlosen, der an einem kalten Tag Sandalen trug, bückte sich, zog seine Schuhe aus und ging barfuß davon.

Plötzlich fanden sämtliche Worte des Evangeliums und alles, was ich je über Armut und Großmut, Sinn und Sinnlosigkeit gehört hatte, zusammen in einer einzigen überraschenden, unglaublichen Tat. Unweigerlich stellte ich mir die Frage: Wäre ich bereit, das Gleiche zu tun? Würde ich etwas hergeben, das für einen anderen wichtiger und bedeutsamer war als für mich – besonders, wenn es für mich selbst noch eine Bedeutung hatte?

Die Antwort hängt davon ab, ob wir unser Dasein als sinnlos betrachten – ob wir uns selbst als eine Art Parasit sehen, der auf die Welt kommt, sich nimmt, was er kriegen kann, und wieder verschwindet, wenn er sich an den Früchten der Erde sattgefressen hat. Es hängt davon ab, ob wir glauben, mit einer Aufgabe geboren worden zu sein, die nur für uns bestimmt ist und nur von uns erfüllt werden kann.

Was wir hier auf Erden tun, hängt davon ab, ob wir davon überzeugt sind, geboren worden zu sein, um der sich fortwährend drehenden Spirale des Lebens neuen Schwung zu geben. Wie wir unser Leben gestalten, hängt davon ab, ob wir uns selbst als unentbehrlich für das Netzwerk des Lebens betrachten, ob wir uns selbst als Kettenglied des Universums sehen, das anderen Gliedern Halt gibt, genau wie diese uns Halt geben. Es hängt davon ab, ob wir das Leben, unser Leben, uns selbst als Wesen mit einer Aufgabe betrachten, die über den bloßen Lebenserhalt hinausgeht und nicht nur auf Selbsterhaltung zielt.

Um eine Antwort auf die Frage nach dem Sinn unseres Daseins zu finden, müssen wir uns vermutlich bewusst werden, ob wir uns als Menschenfreunde oder Risikokapitalgeber des Lebens betrachten. Sehen wir uns als moralische Vermittler in einer bedrohlich unmoralischen Welt? Oder betrachten wir uns als Spekulanten in einem vielversprechenden Projekt namens Leben, das nur zu unserer eigenen Bereicherung geschaffen wurde? Wir haben zwei Möglichkeiten: Entweder können wir das Leben anderer bereichern, oder wir können das Leben anderer zu unserem eigenen Wohle ausbeuten. Die Wahl, die wir treffen, entscheidet darüber, wie die Welt aussieht, wenn wir sie verlassen.

Risikokapitalgeber investieren ihr Geld, um noch mehr Geld zu gewinnen. Zwar können sie auch Gutes bewirken, wenn sie sich zum Beispiel für scheinbar aussichtslose Projekte einsetzen und diesen am Ende entgegen jeglicher Logik zum Erfolg verhelfen. Im Gegensatz dazu schenken Menschenfreunde ihr Geld einfach her, um das zu ermöglichen, was für das Wohl der Menschheit wichtig ist – ganz gleich, wie gering die Aussicht auf Erfolg auch sein mag.

Menschenfreunde schenken der Welt Kunst und Musik, Krankenhäuser und Schulen, Bibliotheken und Forschungsprojekte, Jugendzentren und Programme zur Bekämpfung von Armut. Dabei hoffen sie nicht auf eine Gegenleistung. Sie verkörpern, was es heißt, eine Bestimmung im Leben zu haben. Sie zeigen uns, was die christlichen Schriften meinen, wenn es im Buch Genesis heißt: Die Bestimmung von Adam und Eva sei es, «den Garten zu bebauen und zu bewahren».

Der Menschenfreund weiß, dass der Sinn des Lebens darin liegt, die Welt zu verbessern. Doch die Frage ist: Warum?

Was wir anderen nur allzu oft vergessen, ist, dass wir wie die Reichen dazu verpflichtet sind, unser zweites Paar Schuhe herzugeben. Die Sache ist klar: So wie der Garten, den Adam und Eva bewohnten, ist auch der Garten, den wir erben, das Leben, das uns geschenkt ist, unvollständig. Das Leben ist nichts anderes als die Verpflichtung, unseren Beitrag zum niemals endenden Schöpfungsprozess zu leisten.

Das Almosengeben ist eine der ältesten Pflichten der Menschheit. Jede große spirituelle Tradition hat das Almosengeben zu einem Eckpfeiler ihres spirituellen Lebens gemacht. Von der Verantwortung der Hindus und Buddhisten, Verdienste zu sammeln und Gutes zu tun, bis zum Gebot der Juden, Christen und Muslime, «anderen das zu tun, was man selbst von ihnen erwartet», durchzieht die Verpflichtung, die Gemeinschaft zu unterstützen, die Forderungen der spirituellen Traditionen. Das Almosengeben ist der Appell, uns selbst als ein unentbehrliches Glied in der Kette des Lebens zu betrachten.

Die Wüstenväter zogen sich in die Wüste zurück, um dort als Asketen in Abgeschiedenheit und demütiger Armut zu leben. Dennoch war ihnen die soziale Verantwortung gegenüber der Menschheit vollkommen bewusst. Die Geschichte, die sie uns hinterlassen haben, erlaubt keinem von uns, sich vor der Pflicht zu drücken, die Welt besser zu hinterlassen, als wir sie angetroffen haben.

Eines Tages machte sich Abba Agathon auf den Weg in die Stadt, um kleine Körbe zu verkaufen. Auf seinem Weg sah er einen Leprakranken, der am Straßenrand saß und den Rücken gegen einen Baum gelehnt hatte.

«Wo gehst du hin?», fragte ihn der Leprakranke.

«Ich gehe in die Stadt, um diese Dinge hier zu verkaufen», antwortete Abba Agathon und deutete auf die Körbe, die er geflochten hatte, um seinen Lebensunterhalt zu verdienen.

Da sagte der Kranke: «Tu mir einen Gefallen und nimm mich mit.»

Also trug Abba Agathon ihn in die Stadt.

Als sie dort ankamen, sagte der Kranke: «Setz mich dort ab, wo du deine Ware verkaufst.»

Also setzte ihn Abba Agathon neben seinen Verkaufsstand. Und als er einen Korb verkauft hatte, fragte ihn der Kranke: «Wie viel hast du dafür bekommen?»

Als Abba Agathon ihm den Betrag nannte, sagte der Kranke: «Kauf mir etwas Schönes dafür.»

Also kaufte Abba Agathon ihm etwas und verkaufte einen weiteren Korb.

Da fragte der Kranke wieder: «Wie viel hast du dafür bekommen?»

Abba Agathon nannte ihm den Betrag.

Da sagte der Kranke: «Kauf mir sofort das dort drüben.»

Also kaufte ihm Abba Agathon das Verlangte.

Nachdem er seine Körbe verkauft hatte, packte Abba Agathon seine Sachen und wollte den Markt verlassen.

Da fragte der Kranke: «Gehst du zurück?»

«Ja, das tue ich», antwortete Abba Agathon. Da sagte der Kranke: «Tu mir einen Gefallen und bring mich zurück zu dem Ort, an dem du mich gefunden hast.»

Also nahm Abba Agathon den Kranken auf seinen Rücken, trug ihn den Hügel hinauf und zurück zu dem Ort, an dem er ihn gefunden hatte.

Da sagte der Kranke zu Abba Agathon: «Der Herr segne dich, Agathon – im Himmel und auf Erden.»

Als Abba Agathon seine Augen hob, war niemand mehr zu sehen. Da wusste er, dass ein Engel des Herrn zu ihm gekommen war, um ihn zu prüfen.

Diese Geschichte stellt sämtliche Grundsätze der modernen Gesellschaft infrage. Was geschieht hier mit unserer Unabhängigkeit? Was mit unserem unerschütterlichen Individualismus? Wie kann die Bereitschaft mancher Menschen, auf Kosten anderer zu leben, gerechtfertigt werden?

Es gibt jedoch auch andere gesellschaftliche Grundsätze, die genauso wichtig und klar sind, aber oftmals hinter dem Vorwand der Selbstgenügsamkeit verschwinden. Was geschieht aber mit der Gesellschaft, wenn wir uns weigern, jene zu tragen, die nicht gehen können? Was ist mit unserer eigenen Hoffnung auf gegenseitige Unterstützung, wenn unser Haus brennt, unsere Dämme brechen und unsere Ernte verdorrt ist, wir aber nicht beim Ausbessern der Dämme unserer Mitmenschen geholfen haben?

Eine Gesellschaft, die Kindergeld, Kindertagesstätten zur Entlastung berufstätiger Mütter und Sozialhilfe für bedürftige Familien «Fürsorge für die Armen» nennt, es aber versäumt, Agrarsubventionen, Finanzhilfen für insolvente Unternehmen und Steuererleichterungen für Wohlhabende als «Fürsorge für die Reichen» zu bezeichnen, stellt uns auf eine harte Probe.

Wenn wir geboren werden, sind wir nackt und allein. Wir wachsen durch das, was uns andere geben – das Schulsystem, die Straßen, die Polizei oder die Müllabfuhr. Niemand kann sich wirklich selbst genügen. Niemand kann sich ganz alleine um sich kümmern. Niemand kann seine eigenen Straßen bauen, sich selbst beschützen, seinen Müll beseitigen oder sämtliche Computer, Mikroskope, Lehrer, Bücher und Basketballplätze zur Verfügung stellen, die die Gesellschaft braucht, um mit der Welt auf allen Ebenen mithalten zu können. Wir müssen gemeinsam das tun, was keiner von uns alleine schafft.

Wir haben also wie Abba Agathon die Pflicht, jenen zu helfen, die wenig oder gar nichts für sich selbst tun können.

Unser Planet und seine Bewohner liegen in den Händen der jeweils folgenden Generation. Wir sind lediglich hier, um unsere Hilfe, unsere Ideen und unsere Unterstützung beizusteuern. Wir sind hier, um uns um jene zu kümmern, die sich nicht selbst um sich kümmern können, so wie der Rest der Welt sich um uns kümmert. Wir sind hier, um für «die Geringsten unter uns» da zu sein, damit das Leben, das Gott geschaffen hat, in ihnen verehrt werden kann.

Wenn die Frage lautet: Welchen Sinn hat das Leben?, dann muss die Antwort heißen: Der Sinn des Lebens ist für mich, selbst ein lebensspendender Teil davon zu sein. Jeder von uns hat einen Leprakranken, den es zu tragen gilt, ganz gleich, ob wir ihn kennen oder nicht, ihn je zu Gesicht bekommen oder nicht, ihn erkennen oder nicht.

Die Welt kann einfach nicht auf uns verzichten, ganz gleich, welche Stellung wir in der Gesellschaft haben. Jeder von uns besitzt etwas, das er hergeben kann, jeder von uns ist in der Lage, ein Menschenfreund zu sein. Niemand hat das Recht, sich den Verpflichtungen, die das Menschsein mit sich bringt, zu entziehen.

Gott hat seine Schöpfung noch nicht abgeschlossen. Wir sind hier, um unseren Teil zur Vollendung des Werkes beizutragen. Wofür sonst sollte es sich lohnen zu leben?

Antworten
auf Lebensfragen
aus der
islamischen
Weisheit

Kapitel 21
Warum stehen wir am Morgen auf?

Ich habe Drew bei einem ökumenischen Treffen kennengelernt. Die Leute, die sich dort versammelt hatten, waren weder regelmäßige Kirchgänger noch unbeirrbare Atheisten. Die Gruppe passte wunderbar zusammen. Nicht, weil die Teilnehmer nichts über Religion wussten, sondern weil keiner krampfhaft skeptisch gegenüber dem war, was sie wussten, oder sich verzweifelt daran festklammerte. Keinem von ihnen stand der Sinn nach einem heiligen Krieg, und gleichzeitig wollte sich auch keiner missionieren lassen. Sie gehörten zu der Sorte von Menschen, die über religiöse Fanatiker die Stirn runzeln und auf ihre eigene Offenheit stolz sind. Nicht zuletzt stellten diese Menschen eine Brücke zwischen verschiedenen Glaubensrichtungen dar.

Keiner von ihnen klammerte sich krampfhaft an den althergebrachten Vorstellungen einer Glaubensrichtung fest. Ganz im Gegenteil: Sie alle bewegten sich mit Leichtigkeit an den Grenzen ihrer religiösen Traditionen. Ihre Herzen waren offen und ihre Seelen voller Leben. Ihr Geist dagegen war erfüllt von ständiger Unsicherheit, manchmal sogar von tiefsten Zweifeln.

Sie hatten einen Punkt erreicht, an dem sie die Religion stark genug respektierten, um einzusehen, dass sie nicht alles über sie wussten, was man wissen konnte. Aber sie wollten glauben. Und sie glaubten auch – an irgendetwas. Die meisten von ihnen wussten nur nicht, was genau dieses «Etwas» war.

Wenn diese Menschen überhaupt ein Problem hatten, dann dieses: Sie hatten irgendwann vor langer Zeit Religion mit Glaube verwechselt. Glaube hatten sie alle – unsicher und zerbrechlich vielleicht, aber in jedem Fall echt. Es gab einen Gott für sie; Gott hatte sie erschaffen. Gott wollte, dass sie ein gutes Leben führten; Gott würde sie irgendwann und irgendwie für ihre Taten zur Rechenschaft ziehen. Was ihnen fehlte, war eine Religion – eine bestimmte Tradition, die sie formte, führte und ihnen unmissverständlich vorgab, wie sie denken und ihr Leben gestalten sollten.

Diese Art von sicherer Unsicherheit, oder besser gesagt, unsicherer Sicherheit, würden manche sicherlich als Segen und Fluch zugleich bezeichnen. Sicherheit ist ein Segen, wenn wir von der Existenz von etwas überzeugt sind, das größer ist als wir, das die Suche wert ist, und jenseits von menschlichem Hochmut oder menschlicher Trostlosigkeit liegt. Andererseits kann Sicherheit für die Menschheit auch zum Fluch werden, wenn sie dazu führt, dass wir die ernsthaft Suchenden in der Welt um uns herum nicht anerkennen und respektieren. Im ersten Fall glauben die Menschen an ein gemeinsames Mysterium. Im anderen Fall bestehen sie darauf, dass sie allein die Antwort auf das Geheimnis kennen.

Für mich war die vertrauensvolle Offenheit der Gruppe schlicht eine andere Art des Glaubens. Für mich waren diese Leute Suchende. Sie glaubten nie alles, was ihnen beigebracht worden war. Das heißt, sie waren sich nicht einfach sicher, dass etwas wahr sein musste, weil es ihnen eben nun mal so beigebracht worden war. Andererseits legten sie den Glauben an das Geheimnis dessen, was Gott mit uns auf Erden vorhat, nie gänzlich ab.

Im Herzen dieser Leute nahm Gott einen großen Raum ein. Sie brachten es nur nicht übers Herz, einem bestimmten Gott den Vorzug gegenüber einem anderen zu geben. Sie bezweifelten, dass es eine Religion gab, die für die absolute Wahrheit ihrer Glaubensgrundsätze garantieren konnte.

Nur Drew, der Leiter der Gruppe, war anders. Er glaubte – und das ohne den geringsten Zweifel. Als ich ihn kennenlernte, war er praktizierender Pfarrer in einer presbyterianischen Gemeinde – einer tief von den Auffassungen der schottischen Reformatoren geprägten Gemeinde. An Drew stimmte alles überein: die schottische Herkunft und sein presbyterianisches Christentum, wobei sich nicht sagen ließ, was von beiden mehr hervorstach.

Wenn ich Drew vor dem Altar stehen sah, hatte ich das überwältigende Gefühl, dass ich einen dieser «Felsen des Glaubens» vor mir hatte, auf die in jeder Glaubensgemeinschaft Loblieder gesungen werden. Er gehörte zu jenen Menschen, die von anderen für die Gewissheit ihrer Überzeugung beneidet werden. Er hatte offenbar niemals jenen radikalen Zweifel erlebt, der Jahrzehnte des Glaubens und der sonntäglichen Mitfeier des Gottesdienstes mit einem Schlag wegwischen kann, wie es bei so vielen der Fall ist. In Drew sahen die Menschen einen wahrhaft überzeugten Gläubigen. Wenn man mit ihm über theologische Fragen diskutierte, gab es nur das eine oder das andere Ende des Kontinuums: Eine Vorstellung war entweder «wahr» oder «falsch». Dazwischen gab es einfach nichts. Er gehörte zu der Art von Gläubigen, die absolut davon überzeugt sind, dass ihr Glaube vollkommen richtig und unumstößlich ist. Wie groß der Abstand auch sein mag zwischen Menschen, die ohne jeden Zweifel glauben, und anderen, die allein aus Hoffnung glauben, meistens sind es die Erstgenannten, die wir bewundern, wenn unser eigener Glaube mehr Fragen aufwirft als er Antworten gibt.

Doch dann geschah es. Als ich Drew ein paar Jahre später wieder traf, war er aus der Presbyterianischen Kirche ausgetreten. Er war jetzt ein ordinierter anglikanischer Geistlicher. Es war die Liturgie, die er brauchte, sagte er. Das sakramentale System konnte ihm einfach viel mehr geben als die eher puritanisch orientierten Kirchen, erklärte er weiter. Kirchen, die die Beziehung eines Menschen zu Gott dadurch läutern wollten, dass sie «Glanz und Gloria», das Geheimnis des Glaubens, die Schönheit und liturgische Kunst des Gottesdienstes abstreiften, seien nicht in der Lage, die Seele auf jeder Ebene zu berühren.

Ich dachte eine Weile darüber nach. Ich dachte an die unterschiedlichen Merkmale der verschiedenen religiösen Strömungen in ein und derselben Tradition und welch unterschiedliche Dinge sie uns bieten – die Protestanten: das Wort; die Katholiken: die Sakramente; die Orthodoxen: die Transzendenz. Es war ein ernüchternder Gedanke. Wie sollen wir wissen, wohin wir gehören, überlegte ich. Warum machen wir unser Leben lang dasselbe, nicht nur in Bezug auf die Religion, sondern auch auf alles andere? Ist das gut so? Was haben wir von einer solchen Regelmäßigkeit? Und was verpassen wir durch sie?

Dann dachte ich wieder an Drew. Wie kam es, dass ein Mensch, der einst so standhaft zu sein schien, mit einem Mal so unbeständig geworden war? Was war der Glaube überhaupt? Und was war Freiheit?

Diese Gedanken waren nicht uninteressant. Doch bald schon schob ich sie beiseite, um mich wieder wichtigeren Dingen, wie zum Beispiel meinem Leben, zu widmen.

Es vergingen mindestens fünf Jahre, bevor ich Drew das nächste Mal traf. Wir sahen uns bei einer interreligiösen Konferenz, an der Angehörige von westlichen und östlichen Religionen teilnahmen. Ich weiß nicht, wie lange wir uns unterhalten hatten, bevor mir auffiel, dass es eine Lücke in unserer Unterhaltung gab. Drew machte Anspielungen, denen ich nicht folgen konnte, und stellte Bezüge her, die mich verwirrten. Er redete von Patriarchen und Ikonen. Plötzlich ging mir ein Licht auf. Drew war jetzt griechisch-orthodox.

Was soll man davon halten? Warum steht dieser Mann am Morgen auf? Warum stehen wir alle am Morgen auf? Ich hatte immer gedacht, dass es darum geht, das zu einem Ende zu bringen, was wir im Leben begonnen haben, ganz gleich, wie langweilig oder schwierig es auch sein mag. Doch was tat Drew? War das einfach nur banale Treulosigkeit, die mal hierhin, mal dorthin hüpft, oder war es Glaube, dessen Schritte einem intensiven Nachdenken folgten?

Für die meisten wäre der Fall einfach völlig unbegreiflich und inakzeptabel. Wie kann ein Mensch in einem einzigen Leben so viele gegensätzliche Haltungen einnehmen? Und dennoch: In einer Welt der offenen Grenzen und pluralistischen Staaten, der unendlichen Chancen und sich verschiebender Schwerpunkte, der rasanten Veränderungen und unzähligen Verlockungen, der neuen Fragen und neuen Antworten, ist das Problem der unbegrenzten Möglichkeiten vielleicht gar nicht so selten wie wir glauben.

Drew ist schließlich nicht der einzige Mensch, der bis zu den äußersten Grenzen des Lebens gegangen ist. Ich habe Freunde, die in anderen Bereichen, ob nun beruflich, sozial oder geografisch, genau dasselbe getan haben. Pat hat drei Studienabschlüsse – Musik, Betriebswirtschaft und Theologie – und kann sich anscheinend nicht entscheiden, ob sie in einem der drei Bereiche wirklich arbeiten möchte. Carol zieht ständig umher: Zuerst Australien, dann Spanien, Marokko und Japan. Sie besitzt zwar die Souveränität einer Weltbürgerin, doch nirgends ist sie wirklich zu Hause.

Am wichtigsten ist vielleicht die Tatsache, dass in vielen Menschen, die sich äußerlich gar nicht zu verändern scheinen, eine rastlose Seele wohnt. Nichts fühlt sich wirklich richtig für sie an. Nichts scheint ganz zu passen. Nichts verkörpert für sie ein Leben in Fülle.

Die Sufis erzählen eine Geschichte, die uns allen ein Licht sein kann, wenn wir durch unser Leben stolpern und herauszufinden versuchen, wohin der Weg führt und wie wir zum Ziel gelangen können.

Es war einmal eine Frau, die hatte von der Frucht des Himmels gehört. Sie wollte diese Frucht unbedingt haben.

Also fragte sie einen Derwisch – wir wollen ihn einmal Sabar nennen: «Wo kann ich diese Frucht finden, damit ich augenblicklich Erkenntnis erlange?»

«Ich rate dir, bei mir zu studieren», antwortete der Derwisch. «Wenn du das nicht tun willst, wirst du lange durch die Welt wandern, und deine Reise wird zuweilen sehr beschwerlich sein.»

Sie ließ ihn stehen und suchte Arif den Weisen auf. Danach ging sie zu Hakim dem Heiligen, zu Mazjum dem Wütenden und zu Alim dem Forschenden. Und zu vielen anderen mehr. Einen nach dem anderen besuchte sie.

Dreißig Jahre suchte sie vergebens. Dann kam sie zu einem Garten.

Darin stand der Baum des Himmels und seine Äste hingen voll von den Früchten des Himmels.

Neben dem Baum stand Sabar, der erste Derwisch.

«Warum hast du mir nicht gesagt, dass du der Wächter des Baumes des Himmels bist?», fragte sie ihn.

«Weil du es mir damals nicht geglaubt hättest. Außerdem», fügte der Derwisch hinzu, «trägt der

Baum nur einmal in dreißig Jahren und dreißig
Tagen Früchte.»

Und was können Leute, die so beständig und zuverlässig sind
wie wir, aus dieser Geschichte lernen?

Das Leben, so lehrt uns die Geschichte, ist ein Mysterium,
und sein Geheimnis liegt mindestens genauso in uns selbst
wie in allem, das uns umgibt.

Wie die Frau in der Geschichte wollen wir das Geheimnis
des Lebens entschlüsseln. Wir alle wollen «augenblickliche
Erkenntnis». Wer bin ich?, wollen wir wissen. Was soll ich
tun? Wohin soll ich gehen? Wer kennt die Antworten auf
meine Fragen? Welchen Sinn hat das Leben? Was ist wirklich
richtig? Was ist definitiv falsch?

Und wie die Frau in der Geschichte haben wir zwei Möglichkeiten.

Die erste der beiden ist naheliegend: Wir können dort, wo
wir uns gerade befinden, alleine mit den Fragen ringen. Wir
können uns selbst studieren, auf unsere Gefühle und Gedanken, unsere Probleme und Ärgernisse achten, ganz gleich,
was wir gerade tun und wie sich die Welt um uns herum
entwickelt. Wir können uns selbst erforschen, wie wir auf
Stillstand und wie wir auf Aufregung reagieren. Wir können
messen, wie ausgeglichen oder gereizt wir sind, wenn wir unter Druck stehen. Wir können unsere Motive und unsere Beharrlichkeit mit unseren Werten abgleichen, wie immer diese
auch lauten mögen.

Oder wir wählen die zweite Möglichkeit. Wir können versuchen, die Fragen des Lebens zu beantworten, indem wir
jeder einzelnen von ihnen nachgehen. Wir können verschiedene Meister aufsuchen. Wir können uns weigern, die spirituelle Reise ganz allein, ohne Anleitung eines Gurus, zu
unternehmen. Wir können von einer Situation zur nächsten

stürzen, um aus jeder so viel Wahrheit wie möglich herauszu-
pressen, und wenn dort nichts mehr zu holen ist, zielstrebig
zur nächsten gehen, ganz gleich, wie unvollkommen die Antworten in uns ausgefallen sind.

In Wahrheit, so will uns die Geschichte der Sufis sagen,
macht es keinen Unterschied, welche der beiden Möglichkeiten wir wählen. Es gibt im Leben keine schnellen Lösungen
oder «augenblickliche Erkenntnis», auch nicht im Bereich der
Religion.

Das Leben ist ein Mysterium, und es dauert ein Leben
lang, bis wir es lösen können.

Die Frau in der Geschichte möchte nicht studieren. «Ich
rate dir, bei mir zu studieren», sagte der Derwisch zu ihr.
Aber Selbstbetrachtung, Reflexion und Kontemplation war
nicht das, wonach die Frau suchte. Sie wollte die Frucht der
Übung ernten, doch ohne dabei eine Entwicklung durchmachen zu müssen. Also zieht sie los, um das zu suchen, wonach
ihr Herz so leidenschaftlich verlangt.

Dreißig Jahre geht sie im Kreis herum, heißt es in der Geschichte, und wir lächeln beim Gedanken daran. Aber tun
das nicht viele von uns? Vielleicht nicht für alles in unserem
Leben, aber zumindest für das ein oder andere? Wir sind von
etwas besessen und sorgen uns solange darum, bis wir völlig
erschöpft sind. Wir ändern dieses und jenes, aber nichts ändert sich tatsächlich in uns. Unsere Besessenheit bleibt, unsere Sorge hört nie auf. Die Fragen werden zum Dauerbrenner,
die wir bei jeder Party von Neuem auf den Tisch bringen,
bei jeder Veranstaltung aufs Neue stellen. Bei jedem Vortrag
hoffen wir, endlich Antworten zu bekommen. Wir kaufen
uns Berge von Büchern, fest entschlossen, das Wort, den Satz
oder das Kapitel zu finden, das endlich den Schleier lüftet.

Doch ob wir nun rennen oder uns nicht vom Fleck bewegen, das Kalkül des Lebens bleibt immer gleich: Es braucht

Zeit, um das Wesentliche im Leben, seine unveränderlichen Werte, zu entdecken.

Reflexion – das bewusste und geduldige Erforschen der verborgenen Höhlen unserer Seele, das manchmal sehr schmerzhaft sein kann, ist ein Weg, das Wesentliche im Leben zu verstehen. Erfahrung ist der andere Weg. Die bloßen Ereignisse in unserem Leben können unsere Wahrnehmung genauso schärfen wie die Reflexion. Kinneret Boosany, die nach einem Selbstmordattentat auf ein Café in Tel Aviv im Jahr 2002 – sie war damals 23 Jahre alt – vier Monate mit schwersten Verbrennungen im Koma lag und danach vier Jahre lang Operationen und Rehabilitationsmaßnahmen über sich ergehen lassen musste, sagt über ihr Leben: «Ich kann Ihnen versichern, dass ich heute glücklicher bin mit meiner eigenen Person als ich es vor dem Anschlag war … Es gibt mehr Frieden und mehr Ruhe in meinem Leben. Ich brauche nicht mehr anderswo nach etwas zu suchen. Wenn ich heute das Gefühl habe, dass mir etwas fehlt, vertiefe ich mich in mich selbst – dort finde ich alles. Viele Probleme, die ich vorher hatte, haben sich in Luft aufgelöst. Ich weiß, dass ich alles durchstehen kann.»

In der Geschichte der Sufis geht es jedoch nicht um die Dauer der Reflexion oder die Erfahrungen, die wir auf unserer Suche machen. Vielmehr will sie uns sagen, dass es immer Zeit braucht, um Erkenntnis, Tiefe, Bewusstheit und Aufmerksamkeit in uns zu entwickeln oder außerhalb von uns zu finden. «Der Baum trägt nur einmal in dreißig Jahren und dreißig Tagen Früchte.»

Es ist eine Sache, etwas gesagt zu bekommen. Eine völlig andere ist es aber, selbst zu einer Einsicht zu gelangen und deren Wahrheit zu erkennen.

Wenn die Frage lautet, «Warum stehen wir am Morgen auf?», ist die Antwort ganz einfach: Wir stehen am Morgen auf, bringen einen weiteren langweiligen oder schwierigen, aufregenden oder anstrengenden, rastlosen oder deprimierenden Tag hinter uns, um ein bisschen mehr über das Leben herauszufinden. Wenn wir damit fertig sind, werden wir – endlich – erkennen, worum es wirklich geht.

Kapitel 22

Wo ist Gott?

Wer wie ich in einer katholischen Schule in der Zeit vor dem Zweiten Vatikanischen Konzil aufgewachsen ist, kennt die Erfahrung, dass die Grauzonen im Leben verschwinden und nur noch Schwarz und Weiß existiert. Schon in der zweiten Klasse begannen die Schwestern, uns dies unmissverständlich klarzumachen.

Das Leben, so lernten wir, war unterteilt in Dinge, die man tun konnte, und Dinge, die man nicht tun durfte. Es gab unumstößliche Regeln und klar umrissene Kategorien: vierzig Tage Fastenzeit, sieben Todsünden, sieben Gaben des Heiligen Geistes, sieben gebotene Feiertage mit Gottesdienstpflicht und drei Stände des Lebens. Erst als es im Unterricht um die drei Stände des Lebens ging, horchte ich auf. Schließlich betraf dies das Leben, das nach unserem Schulabschluss kommen sollte. Die Wahl zwischen den drei Ständen würde den Weg festlegen, den wir für den Rest unseres Lebens gehen sollten. Man durfte sich zwar selbst für einen Weg entscheiden, doch wenn man einmal eine Entscheidung getroffen hatte, wurde erwartet, dass man diesen Weg auch für immer verfolgte.

Mir wurde schnell klar, dass die drei «Stände des Lebens» von unterschiedlichem Wert waren.

Der erste Stand, die «höchste Berufung», war die Verpflichtung zur Priesterschaft oder zum Leben in einem religiösen Orden. Dieser Weg sei etwas ganz Besonderes, sagte man uns. Er bedeute ein Leben in völliger Hingabe an Gott, anstatt sich einer Familie, der Arbeit oder persönlichem Vergnügen hinzugeben. Dieser Weg sei der einzig wahre. Er sei eine «Berufung».

Eine Berufung, wurde uns klargemacht, sei ein Ruf von Gott. Wir sind alle auf der Welt, weil Gott etwas Bestimmtes mit uns vorhabe. Doch mit einigen von uns – den ganz Besonderen – habe er mehr vor als mit allen anderen. Jeder könne heilig sein, das stand außer Frage. Die völlige Hingabe an Gott und die Kirche sei hingegen etwas Außergewöhnliches und über die Maßen Heiligendes.

Der zweite Stand des Lebens war die Ehe. Sie war, naja … normal. Wir wussten, dass die meisten Menschen diesen Weg wählten. Er sei natürlich ehrenhaft, aber eben «nicht ganz so». Das heißt, die Ehe war nicht ganz so gut oder ganz so heilig wie eine «Berufung».

Über den dritten Stand des Lebens – «das Singleleben» – wurden nur wenige Worte verloren. Das war auch nicht weiter verwunderlich, denn kaum einer kannte jemanden, der sich dafür entschieden hatte. Ich selbst habe in meinem Leben nur zwei Leute getroffen, die bewusst diesen Weg gewählt haben. Beide waren überzeugt davon, dass es ihre Berufung sei, ihr Leben alleine zu verbringen und für ihre Mitmenschen da zu sein. Heute wissen wir natürlich aus Untersuchungen, dass in Europa mittlerweile jeder dritte Erwachsene alleine lebt. Es ist jedoch nicht bekannt, wie viele von ihnen sich tatsächlich bewusst dafür entschieden haben, weil sie sich dazu berufen fühlen, oder nur deshalb alleine leben, weil sie verwitwet, geschieden oder immer noch auf Partnersuche sind. Doch eins ist sicher: Die Zahl derer, für die das Leben als Single eine Berufung ist, ist verschwindend gering. Zudem ist diese Lebensform theologisch immer noch weitgehend undefiniert und wird nur selten als Berufung betrachtet. Obwohl heute so viele Menschen alleine leben, wurde bisher noch nichts oder nur sehr wenig darüber gesagt, wo das Single-Dasein auf einer «Skala» der Berufungen im Vergleich mit der Ehe oder einem religiösen Leben zu verorten ist.

Zwar sprach niemand von der «niedersten Berufung», doch wusste jeder, dass es so war. Keine «Berufung» – keine Kinder. Somit hatte man für die Kirche keinen großen Wert.

Irgendwann wählten wir also alle einen Weg. Oder besser gesagt dachten wir, der Weg hätte uns gewählt.

Wir kannten nun die drei «Stände», aus denen man sich seinen vorbestimmten Platz im Leben auswählen konnte. Wenn man Gott aus tiefstem Herzen liebte, konnte man in einen religiösen Orden eintreten. Wenn einem der Sinn nicht danach stand, sein ganzes Leben Gott zu weihen, konnte man heiraten und eine Familie gründen. Wenn man, aus welchem Grund auch immer, weder das eine noch das andere wollte, konnte man sein Leben alleine verbringen. Doch die dritte Möglichkeit war riskant. Was für eine Art spirituellen Großmuts sollte das sein? Wie nahe konnte man Gott schon kommen, wenn man nur für sich selbst lebte?

Die Theologie dieses Systems besticht durch ihre Klarheit und ist in jeder Tradition in irgendeiner Form zu finden. In jeder Kultur und jedem Glaubenssystem spielen die Menschen, die sich auf einer spirituellen Suche befinden oder andere bei diesem Unterfangen anleiten, eine besondere Rolle in der Gesellschaft. Sie erinnern uns an die großen spirituellen Lebensfragen, wenn wir in der Hetze des Alltags zu versinken drohen.

Problematisch an dieser Art von Theologie ist, dass sie zu einem Klassensystem führen kann, das auf der Einteilung in spirituelle und kirchliche Kasten beruht. In Kulturen, in denen dies der Fall ist, wurden die drei Stände – Single, verheiratet, religiös – als heilig, heiliger, am heiligsten angesehen. Sie wurden zwar alle als annehmbar und geweiht betrachtet, doch manche waren eben besser als andere. Zwar führten alle zur Heiligkeit, aber manche waren von vornherein heiliger und von sich aus näher bei Gott.

In der katholischen Gemeinschaft wurde der religiösen Berufung sogar so viel Wert beigemessen, dass es ein besonders schwerer Fall von Treuebruch war, wenn man dieses Leben aufgab. Menschen, die aus einem Orden austraten, waren für immer gebrandmarkt. Die Leute flüsterten hinter ihrem Rücken: «Er war mal Priester, wusstest du das?», oder: «Kannst du dir vorstellen, dass sie mal im Kloster gelebt hat?» Weil sie sich dafür schämten, den Orden oder das Priesterseminar verlassen zu haben, weil sie sich schämten, «die Hände vom Pflug genommen zu haben», wagten sie es nicht, anderen von ihrem Leben im Kloster zu erzählen. Sie schämten sich für ihre Schwäche und für ihre Unfähigkeit, das besondere Leben zu führen und die besondere Arbeit zu tun, zu der sie «berufen» worden waren. Sie hatten das Unvorstellbare getan: Sie hatten Nein zu Gott gesagt; sie hatten «das Heilige» für das Profane, die «Heiligkeit» für die Weltlichkeit aufgegeben.

Ein solches Denken hat jedoch nicht nur Einfluss auf die Menschen, die sich einem organisierten oder institutionalisierten religiösen Leben verschrieben haben. Genauso kann es die Menschen beeinflussen, die sich für einen anderen Weg entscheiden. Es entlässt sie aus der Verantwortung, selbst nach Heiligkeit zu streben. Die Kirche und Gott werden zur alleinigen Domäne derer, die sich für eine religiöse Berufung entscheiden. Alle anderen besuchen einfach den Gottesdienst. Priester und Nonnen, Sadhus und Sadhis, Pfarrer und Rabbiner, Imame und Sufis werden in jeder Tradition mit der Kirche, der Moschee, der Synagoge oder dem Tempel gleichgesetzt. Sie sind die Tapferen, die so selbstverständlich mit Heiligkeit in Verbindung gebracht werden wie Licht mit einer Kerze oder Parfum mit einem Duft. Sie sind die «Heiligen».

Eine solche Theologie färbt auf das gesamte System ab. Die Auffassung, dass Gott manchen Menschen näher sei als anderen oder umgekehrt, legt den einen die unmenschliche Bürde auf, vollkommen sein zu müssen, während die anderen spirituell in Schranken gewiesen werden.

Es ist keine Überraschung, dass die meisten Menschen, die heiliggesprochen wurden – zumindest innerhalb der katholischen Kirche –, Priester oder Nonnen waren. Wir haben alle gelernt, wo wir nach Heiligkeit suchen sollen, und das war ganz bestimmt nicht die Alltagswelt von Müttern und Vätern, sexuellen Geschöpfen, beschäftigt mit banalen Dingen.

Der Zölibat ist zum Inbegriff der Heiligkeit geworden. Oft geht dies sogar so weit, dass die heiligenden Dimensionen der Sexualität und Elternschaft, wie Großmut, Aufopferung für andere und das Wunder der Mit-Schöpfung des Lebens, völlig an Wert verlieren. Genauso hat es uns blind gemacht für den tapferen Glauben alleinstehender Menschen, die sich selbstlos und ohne jegliche Unterstützung der Bedürfnisse ihrer Mitmenschen annehmen, ohne Unterschiede zu machen oder auf ihr eigenes Risiko zu achten.

Tatsache ist, dass nicht nur das Christentum, sondern alle großen religiösen Traditionen die Menschen, die ihr Leben der spirituellen Suche widmen, als Vorbilder und Führer, als Symbole und Wächter der grundlegenden Lebensfragen hinstellen. Swamis und Gurus, Fakire und Priester widmen sich mitten im Weltlichen den Fragen der Heiligkeit. Und es ist gut für uns alle, dass sie das tun.

Wie Späher im Ausguck der menschlichen Nacht messen sie die spirituelle Temperatur der Welt um sich herum. Sie erinnern uns daran, dass es mehr braucht, um menschlich zu sein, als nur der menschlichen Gattung anzugehören. Sie passen auf, dass die spirituellen Fragen, die dem Leben zugrunde liegen, zu keiner Zeit verloren gehen. Sie sind die lebenden Leuchtfeuer der Erinnerung, wenn die Belastungen des Lebens die Fragen der Ewigkeit zu verdunkeln drohen.

Doch wenn das Leben in zwei Bereiche eingeteilt wird – in einen heiligen und einen weltlichen –, und wenn der eine als religiöser als der andere betrachtet wird, hat die Religion ihr Ziel verfehlt. Die Gefahr ist groß, dass wir religiöse «Experten» zum Ersatz für unser eigenes Streben machen.

Wenn sich Menschen zu den alleinigen Hütern des spirituellen Lebens erklären, haben sie versagt – und wir genauso. Wenn diese Menschen sich das ultimative Recht anmaßen, die Merkmale der Heiligkeit festzulegen, sich selbst zu den Oberherren des spirituellen Lebens machen und es für alle anderen einteilen und definieren, laufen wir Gefahr, unsere eigene Beziehung zu Gott zu verlieren. Dann verlieren wir unsere eigene Sicht auf Gott in unserem Leben. Dann riskieren wir, die Heiligkeit des Selbst aufzugeben, indem wir es gegen die Huldigung anderer eintauschen. Dann riskieren wir zu vergessen, wo Gott wirklich ist. Wir fangen an, die Gnade und Weisheit, die Güte und Heiligkeit Gottes nur noch in anderen anstatt in uns selbst zu sehen.

Die Sufis hegen eine tiefe Verachtung für alle, die das religiöse Ritual über die persönliche Beziehung zu Gott erheben. Mit dem für sie typischen Humor erzählen sie die folgende Geschichte:

Einmal machte sich ein alter Sufi-Derwisch auf die große Pilgerfahrt nach Mekka.
Diese Reise war immer beschwerlich, doch in diesem Jahr war sie noch viel anstrengender als sonst. Die vielen Menschen rempelten sich gegenseitig an und drängten ihn von der Straße. Der Weg war steinig und uneben. Die Sonne brannte gnadenlos auf den Kopf des alten Mannes hernieder.

«Ich muss eine Pause machen», beschloss der Heilige, als er kurz vor Mekka war.

Also legte er sich neben der Straße nieder.

Doch er war kaum eingeschlafen, als ihn jemand wütend wachrüttelte. «Sufi, steh auf», sagte der Imam. Seine Stimme klang unfreundlich und seine Hände waren grob.

«Du bist mir vielleicht ein Sufi», fuhr der Fremde fort. «Eine Schande bist du.»

Der Imam umkreiste den Sufi, fuchtelte mit seinen Armen und schüttelte den Kopf.

«Wie kannst du es wagen, dich zur Gebetsstunde niederzulegen», brüllte er, «mit dem Kopf nach Westen und deinen Füßen in Richtung Heiliger Schrein, dem Haus Gottes.»

Der alte Mann räkelte sich ein wenig, öffnete ein Auge, blickte den Imam an und lächelte. «Ich danke dir für deine Aufmerksamkeit, Herr», sagte der Sufi. «Wärst du bitte so freundlich», fuhr er fort, während ein Lächeln seine Mundwinkeln umspielte, «und würdest meine Füße, bevor ich wieder einschlafe, in eine Richtung drehen, in der sie nicht auf Gott zeigen?»

Die Geschichte lässt den alten Sonntagsschulspruch: ‹Wo ist Gott? Gott ist überall› in einem ganz neuen Licht erscheinen.

Überall. Nicht nur in den Dingen, die von uns Menschen als heilig erklärt wurden, sondern vor allem in den Dingen, die Gott als menschlich erklärt hat – in anderen, ja, aber auch in uns selbst. Wenn wir bewusst in Verbindung mit dem Gott in uns leben, gibt es kein Leben ohne Gott. Wenn wir danach streben, das göttliche Leben zu berühren, das wir tief in uns spüren, werden wir jeden Tag ein wenig göttlicher.

Wenn wir in uns genauso wie außerhalb von uns nach Gott suchen – und außerhalb von uns genauso wie in uns –, dann werden wir erkennen, dass Gott überall ist.

Die Geschichte lehrt uns einiges über Heiligkeit. Heiligkeit, so lernen wir, ist das Nebenprodukt der Versenkung in den allgegenwärtigen Gott.

Zum einen wird deutlich, dass das bloße Befolgen von religiösen Ritualen niemanden heilig machen kann. Im Gegenteil. Es mag sein, dass genau das, was unseren Stolz beflügelt, die Oberflächlichkeit unserer Spiritualität verrät. Der Imam kannte zwar das Protokoll der Pilgerschaft auswendig, aber er wusste nichts über das Mitgefühl Gottes oder die Pflicht der Muslime, für andere Sorge zu tragen.

Zum anderen ist genauso offensichtlich, dass der Sufi sich seiner Menschlichkeit bewusst war und diese samt ihrer Unzulänglichkeiten annahm. Er spielte sich nicht auf und war nicht affektiert. Der Sufi war den ganzen Weg mit den anderen Pilgern, die auf dem Hadsch waren, gegangen, ohne besondere Aufmerksamkeit zu erwarten, nach einer Sonderbehandlung zu verlangen oder von der Pilgerreise befreit werden zu wollen. Er sonderte sich nicht vom Rest der Menschheit ab. Er stellte sich selbst nicht auf eine höhere Stufe als die Menschen in seiner Umgebung. Er gab nicht vor, jemand zu sein, der er nicht war.

Er war ein Mensch, der sein Leben lang so gut er es konnte nach Gott suchte. Weder er noch seine Art der Suche war etwas Besonderes. Er trug einfach nur einen Magneten in sich, der sein Leben lenkte und seinem Herzen Frieden gab. Der Gott, der uns erschaffen hat, so wusste er, erwartet nicht mehr von uns als das, was wir sind. Aber er erwartet, dass wir uns bemühen.

Wie alle Heiligen und Mystiker der Welt lehrt uns der Sufi, dass Gott kein Ding ist, das wir mir frommen Schmeicheleien bezirzen können. Gott, «der Erbarmer, der Barmherzige», so gut und mildtätig er auch sein mag, ist keine Marionette an einer Gebetsschnur. Wenn Gott der Schöpfer des Lebens und der Erhalter unserer Existenz ist, dann ist er unser Weggefährte, die Luft, die wir atmen, die Gedanken, die wir denken, der Ozean des Geistes, in dem wir uns bewegen.

Die Gegenwart Gottes hängt nicht von irgendeiner kirchlichen Rangordnung ab. Gott ist nicht in dem gegenwärtig, was wir sein wollen oder zu sein glauben, sondern in dem, was wir in uns tragen.

Nur die Vergötzung unseres eigenen Selbst kann die Gegenwart Gottes in uns verhindern. Nur das Bewusstsein der Allgegenwart Gottes macht sie möglich. Wenn Gott überall ist, dann ist er gleichzeitig in uns und um uns herum. Und wenn Gott nicht überall ist, wie könnte er dann überhaupt Gott sein?

Nur wenn wir aus Gott einen verfügbaren Gegenstand machen, ihn an einen bestimmten Ort verbannen und heilig nennen, was in Wirklichkeit banal ist, machen wir Gott unerreichbar. Wenn Gott nur einem Teil der Gesellschaft vorbehalten wird, macht man seine Gegenwart zur Lachnummer. Wenn die Möglichkeit, über Gott zu reden, auf die theologische Sondersprache einiger weniger beschränkt wird, enthält man Gott den Menschen vor. Wenn Heiligkeit nach Frömmigkeitshierarchien aufgeteilt und verwaltet wird, verwandelt sich der Rest der Schöpfung in ein Land ohne Gott.

Orte und Menschen, die als heilig betrachtet werden, sind bestenfalls nur eine Erinnerung daran, dass sich Gott direkt vor unseren kurzsichtigen Augen befindet und wir nicht anderswo zu suchen brauchen. Es gibt natürlich Menschen, die glauben müssen, dass Gott weit außerhalb ihrer Reichweite liegt. Andernfalls wären sie ja selbst verantwortlich dafür, welchen Raum sie der Gegenwart Gottes einräumen würden.

Nichts ist überwältigender als die Erkenntnis, dass die Qualität des göttlichen Raumes, der uns umgibt, davon abhängt, was wir dazu beitragen. Diese Einsicht nimmt uns den Genuss, den das Jammern über den Zustand unserer Gesellschaft mit sich bringt. Sie zwingt uns zu einer Erkenntnis, die Gandhi folgendermaßen formuliert hat: «Sei du selbst die Veränderung, die du in der Welt sehen möchtest.» So wie wir sind, wird die Welt sein.

Wenn die Frage lautet: Wo ist Gott?, dann ist die Antwort beruhigend einfach: Gott ist dort, wo wir ihn sehen, dort, wohin wir ihn bringen – nicht mehr und nicht weniger, zu jeder Zeit, an jedem Ort, in jedem Menschen.

Kapitel 23
Was ist Glück?

Zum ersten Mal in der Geschichte der Menschheit wird Glück als Konsumgut betrachtet. In der westlichen Welt wird es in Werbeanzeigen angepriesen, von Ärzten versprochen, in Psycho- und Persönlichkeitstests bewertet, von Pharmaziekonzernen verkauft und von Forschern studiert. Doch alles, was wir bisher herausgefunden haben, ist, dass wir Glück nicht mit Geld erwerben können.

Am verwirrendsten ist vielleicht, dass der Vergleich von verschiedenen Studien des letzten Jahrzehnts ergeben hat, dass sich heute immer mehr Menschen als weniger glücklich bezeichnen als in den Jahren zuvor. Wir haben anscheinend einen Punkt erreicht, den die Forscher als «Stagnation des Glücksempfindens» bezeichnen. Der in der britischen Fachzeitschrift «New Scientist» veröffentlichte «World Values Survey» (Welt-Werte-Studie), die umfangreichste Studie zu menschlichen Werten, die je durchgeführt wurde, gibt an, dass sich das Glücksempfinden der Menschen seit Ende des Zweiten Weltkriegs kaum verändert hat, obwohl das durchschnittliche Einkommen rapide gestiegen ist.

Noch interessanter ist aber, dass das Glücksempfinden nach Angaben der Befragten nicht von der absoluten Höhe ihres Einkommens abhängt, sondern von der Höhe ihres Einkommens im Vergleich mit dem Einkommen anderer. Dies deutet darauf hin, dass es in Wahrheit gar nicht das Geld ist, das die Menschen glücklich macht, sondern ihr Erfolg. Sie wollen nicht einfach nur mithalten, sondern immer ein bisschen mehr haben als die anderen. Anscheinend zählt es nicht viel, einen Jaguar zu besitzen, wenn niemand denkt, dass dies etwas Besonderes sei. Und noch weniger Bedeutung hat es, wenn jeder einen besitzt.

Wichtig ist, den Wettkampf um Erfolg zu gewinnen, der insgeheim im Herzen des Wettkämpfers ausgetragen wird. Die Gefühle der Menschen und die Qualität ihres Lebens hängen davon ab, wie sie in diesem unbewussten Wettkampf abschneiden.

Mit anderen Worten: Es ist die Angst, das Spiel des Lebens zu verlieren, zurückgelassen, blamiert, gedemütigt und als Versager abgestempelt zu werden, die den Glücksquotienten im Leben eines Menschen bestimmt.

Vielleicht sind es aber auch überhöhte Erwartungen, die wirtschaftliches Wohlergehen relativieren und Glück zu einer Illusion machen. Vielleicht geben die Menschen an, weniger glücklich zu sein, weil das, was sie erreichen, nicht ihren Erwartungen entspricht. Es kann jedoch auch heißen, dass die finanziellen Verhältnisse sich stetig bessern können, ohne aber die Menschen glücklicher zu machen. Wenn sie zwar mehr bekommen, aber weniger als sie erwarten, wollen oder brauchen, um die Menschen in ihrer Umgebung zu übertreffen, sind sie tragischerweise trotzdem nicht zufrieden mit dem, was sie haben, egal wie viel es ist.

Die Droge «Glück» macht anscheinend süchtig. Je mehr wir haben – wenn Besitztümer der Maßstab sind, an dem wir uns mit unseren Mitmenschen messen –, umso mehr brauchen wir, um unser Glück aufrechtzuerhalten. Besitz und Glück werden zu Synonymen, obwohl sie eigentlich gar nichts miteinander zu tun haben. In einer konsumorientierten, kapitalistischen Welt gibt es allerdings keine Hinweisschilder, die den Verbraucher davor warnen, die beiden miteinander zu verwechseln. Das Gegenteil ist der Fall. Wir strengen uns an, eine Verbindung zwischen den beiden herzustellen, ganz gleich, wie falsch und irreführend es auch sein mag. Diese Verknüpfungen sind überall zu finden: Werbemacher schaffen scheinbare Bedürfnisse, um den Konsum anzukurbeln, der den Kapitalismus am Leben hält. Und trotzdem scheint es nicht zu wirken, zumindest nicht, wenn Glück versprochen wird.

Es ist ein unglückseliger, hoffnungsloser Teufelskreis, der zudem noch völlig nutzlos ist.

Was passiert, wenn Preise steigen, Löhne sinken und unser Einkommen nicht weiter steigt? Was geschieht mit der Seele eines Menschen, wenn uns die Finanzgötter unserer Generation nicht länger gnädig gestimmt sind? Wie die Menschen in der alttestamentarischen Geschichte von Baal und Elija, die falsche Götter um Feuer anbeteten, lassen wir uns vom Gott des Geldes zu dem Irrglauben verführen, dass man nur alles besitzen müsse, um wirklich reich zu sein. Doch die wahre Frage lautet: Was besitzen wir wirklich, wenn alles, was wir haben, Geld ist?

Etwa alle fünf Jahre wird die Welt-Werte-Studie aktualisiert, in der Bewohner der verschiedenen Länder Punktzahlen für ihr Glücksempfinden vergeben. Aus dem jüngsten «World Values Survey» geht hervor, dass heute, zu Beginn eines neuen Jahrhunderts des großen Fressens, Nigeria das glücklichste Land der Welt ist, gefolgt von Mexiko, Venezuela, El Salvador und Puerto Rico. Offensichtlich wird dort Glück nicht mit den Dingen gleichgesetzt, die wir kaufen, besitzen, anhäufen, horten und als Zeichen des Erfolgs zur Schau stellen können. Anscheinend ist es möglich, auch ohne diese glücklich zu sein.

In einer Welt, in der Vergleiche mit anderen der Treibsand sind, auf dem wir unser Wohlbefinden aufbauen, verlangt der Vergleich der nationalen Glücksindikatoren offenbar eine andere Annäherung an das Glück als die, die uns die Volkswirtschaft des 21. Jahrhunderts zu bieten hat.

Wenn dem so ist, was kann uns dann wirklich glücklich machen?

In der Studie wurden weltweit Menschen gefragt, was für sie der Weg zum Glück sei. Geld kam dabei nur auf Platz 8 der 10 wichtigsten Faktoren für Glück. Platz 8!

Man könnte leicht glauben, dass Geld für ärmere Menschen eine geringere Rolle spielt, aus dem einfachen Grund, dass sie keines haben. Doch wenn selbst die, die Geld besitzen – wie die Vereinigten Staaten, Australien, die Niederlande, die Schweiz, Deutschland, Kanada und Japan –, schlechter abschneiden als die armen Länder, wird das Rätsel noch größer: Selbst die Reichen sehen ihren Reichtum nicht als Bollwerk, das sie vor dem Unglücklichsein schützen kann.

Indien, eines der ärmsten Länder der Welt, lag auf Platz 6. Ghana, Litauen, Kroatien und Estland schnitten ebenfalls besser ab als die Vereinigten Staaten.

Was also ist Glück? Auch wenn wir materiellen Reichtum ausschließen können, gibt es auf diese Frage keine endgültige Antwort. Die Ergebnisse verschiedener Glücksstudien können allein schon aus dem Grund stark voneinander abweichen, weil ihnen keine gemeinsame Definition des Untersuchungsgegenstandes zugrunde liegt. Oder sie werden von der momentanen Stimmung der Probanden verfälscht. Auch die Lage der Nation oder drohende Ereignisse, die womöglich gar nicht eintreten, können die Ergebnisse beeinflussen.

Das heißt also, dass die Antworten der Menschen, die sich als glücklich bezeichnen, alles andere als repräsentativ und zuverlässig sind. Wenn man fragt, was einen Menschen glücklich macht, würden die Antworten der Probanden die einen überraschen und andere wiederum verärgern.

Die Antwort, die in der Umfrage auf Platz 1 lag, ist simpel: Viele waren der Meinung, dass manche Persönlichkeitstypen eher dazu neigten, glücklich zu sein, weil sie genetisch so veranlagt seien. Glück wird hier als Erbanlage betrachtet. Entweder wurde man mit dieser geboren und besitzt eine glückliche Persönlichkeit oder eben nicht.

Die Ehe erreichte Platz 2 der Glücksfaktoren. Für die Ärmsten unter den Befragten nahm das Gefühl, geliebt zu werden und emotionale Sicherheit zu haben, einen hohen Stellenwert ein.

Auf Platz 3 rangierten Freundschaften, ob nun mit oder ohne Ehe. In einer Welt, in der Familien verstreuter wohnen denn je, spielt ein Freundeskreis, der über die Familienbande hinausreicht, eine große Rolle. Andere Menschen scheinen demnach einen großen Einfluss auf unser Glücksempfinden zu haben.

Verzicht zu üben erreichte einen guten vierten Platz. «Was ich nicht haben möchte, kann ich auch nicht vermissen», sind sich die Menschen rund um den Globus einig. Wenn wir uns nicht erlauben, etwas Bestimmtes zu wollen, können wir auch nicht unglücklich sein, wenn wir es nicht kriegen. Eine Auskunft, die unserer Konsumwirtschaft, die auf falschen Bedürfnissen und künstlich hervorgerufenen Begierden beruht, durchaus Kopfzerbrechen bereiten sollte.

Gutes tun und gläubig sein erreichten Platz 5 und 6 in der Hitparade des Glücks. Das Wissen, dass andere für uns sorgen, wenn wir für sie sorgen, und die Zuversicht, dass es trotz der schlechten Dinge in unserem Leben einen gütigen und wohlwollenden Gott gibt, dienen uns als Rettungsleine, wenn wir die Kontrolle über unser Leben verlieren. Wenn wir selbst nichts tun können, ist es das Beste zu hoffen, dass von anderswo Hilfe kommen wird.

Auf dem letzten Platz vor dem Geld platzierte sich die Kraft, sich selbst nicht länger mit anderen zu vergleichen, die Anklagebank der gesellschaftlichen Normen zu verlassen und sich nicht mehr von dem Gefühl auffressen zu lassen, anders sein zu wollen als man ist. Für die Menschen ist es wichtiger, mit ihrer Hautfarbe oder Körpergröße zufrieden zu sein als ein volles Bankkonto zu haben.

Und dennoch stellt sich die Frage: Ist irgendetwas von diesen Dingen, von Geld mal ganz abgesehen, genug, um uns glücklich zu machen?

Und wenn nicht, was ist dann Glück? Diese Frage bewegt die Menschheit schon seit Ewigkeiten. Was kann die Spiritualität zur Klärung dieser Frage beitragen, nachdem die Welt es mit Reichtum versucht hat und damit gescheitert ist?

Die Sufis erzählen eine Geschichte, die in dieser oder jener Gestalt im Gedankengut einer jeden spirituellen Tradition der Welt zu finden ist:

Es war einmal ein mächtiger König, der über viele Länder herrschte. Er war selbst so weise, dass er seine Hofgelehrten für gewöhnlich nicht zu Rate ziehen musste. Doch eines Tages wurde er von einer solch großen Unruhe erfasst, dass er die Gelehrten zu sich rief, um sie um Hilfe zu bitten.

Er sprach zu ihnen: «Ich weiß nicht warum, aber ich spüre das unbändige Begehren nach einem Ring, der mir dabei hilft, die Kontrolle über meinen Staat zu behalten. Ich muss diesen Ring unbedingt haben. Er muss so beschaffen sein, dass er mich glücklich stimmt, wenn ich traurig bin – und traurig, wenn ich glücklich bin.»

Die Weisen zogen sich zur Beratung zurück. Sie versanken in tiefes Nachdenken. Schließlich hatten sie die Lösung gefunden und wussten, wie der Ring beschaffen sein musste, um ihrem König zu helfen.

Der Ring, den sie dem König überreichten, trug die Inschrift: Auch das wird vergehen.

Diese Geschichte lässt jeden von uns innehalten. Was ich jetzt habe, werde ich irgendwann nicht mehr haben. Was mich heute quält, wird irgendwann aufhören und mich auch in Zukunft nicht mehr quälen. Wenn ich also die guten und schlechten, die erheiternden und Furcht einflößenden, die berauschenden und tragischen Dinge meiner Welt in offenen Händen halte, gibt es nichts, was mich je zerstören könnte. Wir dürfen nicht zulassen, dass übermäßiger Reichtum oder unbefriedigtes Begehren zur Bürde wird, die wir bis ans Ende unseres Lebens mit uns herumschleppen.

Das Glück kommt, wenn wir es loslassen. Wir alle sind Geizhälse. Wir versuchen, das festzuhalten, was wir haben. Und was wir nicht haben, wollen wir um jeden Preis kriegen.

Wenn wir etwas tun, das uns Spaß macht, versuchen wir unser Recht darauf zu konservieren. Wie ein Hamster in einem Laufrad wollen wir immer auf dem gleichen Fleck laufen, auch wenn die Welt um uns sich längst schon weitergedreht hat.

Wir versuchen, Freunde in Besitz zu nehmen, indem wir sie mit Geschenken, Gefallen, Privilegien oder Macht überhäufen. Doch egal, wie sehr wir sie in Beschlag nehmen, sie entgleiten uns wieder – entweder, um ihr eigenes Leben zu führen oder weil ein anderer ihnen mehr zu bieten hat. Dann liegen wir zurückgewiesen am Boden, während sie ihre eigenen Ziele verfolgen oder zu anderen Sternen streben – nur nicht zu uns.

Wir versuchen alles Erdenkliche, um die Macht, die nur für den Moment ist, für immer zu behalten. Wir begreifen nicht, dass wir Macht nur in uns selbst finden können und nicht durch eine Stellung, die wir innehaben. Manche

Machthabende besitzen überhaupt keine innere Macht, was dazu führt, dass sie ihre Position entweder wieder verlieren oder machtlos mit ihr leben.

Wir versuchen Dinge, die wir in der Vergangenheit errungen haben, für immer festzuhalten und verpassen so die Chancen, die uns die Gegenwart bietet. Wir weigern uns weiterzugehen und ketten uns damit selbst an der Vergangenheit fest. Wir verlieren den Bezug zum Jetzt und werden zu Überbleibseln längst vergangener Zeiten.

Der einzige Weg zum Glück, so lehrt uns die Geschichte der Sufis, führt über die Erkenntnis, dass der gegenwärtige Zustand schon längst wieder vorüber ist. Kein noch so tiefer Schmerz, keine Aufregung, keine Freude, kein Ärger, kein Rausch und kein Leid der Welt kann ewig dauern. Um glücklich zu werden, müssen wir dies begreifen. «Auch das wird vergehen.»

Morgen ist ein neuer Tag, um zu leben und zu genießen, um zu erdulden und zu überstehen, um loszulassen und weiterzugehen. All das, was wir nicht unter Kontrolle halten oder vermeiden wollen, kann uns nicht unglücklich machen.

Wenn die Frage lautet: Was ist Glück?, so muss die Antwort heißen: Glück ist die Fähigkeit, jeden Tag, jede Phase, jede Stufe des Lebens in dem Bewusstsein zu leben, dass sie nicht für immer uns gehören wird, und das alles genauso ist, wie es sein muss, damit wir wachsen und leben, leben und wachsen können.

Kapitel 24
Was ist wichtig im Leben?

An jenem Morgen gab es gleich mehrere Dinge, die mir Unbehagen bereiteten: Zuerst die Schlagzeilen in der Zeitung, dann die Nachrichten im Radio.

Aus den Schlagzeilen erfuhr ich die folgenden vier Dinge: (1) 1500 Menschen waren von einer Schlammlawine verschüttet worden, die durch Holzfällarbeiten am Hang über ihrem Dorf ausgelöst worden war; (2) die USA waren wieder einmal dabei, einen Marionettenstaat mit Waffen zu versorgen, während die Sowjetunion einen gegnerischen Marionettenstaat bei der Aufrüstung unterstützte; (3) irgendwo hatte ein Geistlicher eine Million Dollar als Kopfgeld für die Ermordung eines Cartoonisten ausgesetzt; (4) im Lotto-Jackpot befand sich die Rekordsumme von 365 Millionen Dollar.

Danach hörte ich in den Wirtschaftsnachrichten, dass amerikanische Hochschulabsolventen im Bereich der Informatik mit einem Einstiegsgehalt rechnen können, das 25.000 bis 30.000 Dollar über dem der Geisteswissenschaftler und Psychologen liegt.

Irgendetwas an diesen Meldungen versetzt der Seele einen Stich. Sind dies tatsächlich die Dinge, die wichtig sind im Leben? Und wenn ja, was geschieht dann mit den Menschen, die solche Schicksalsschläge erleiden, deren Gehalt sich nicht am oberen Ende der Skala befindet, die nicht den Jackpot knacken?

Wie wird ihr Leben aussehen? Oder anders ausgedrückt: Gibt es etwas, das die Grausamkeiten des Lebens so weit abmildern kann, dass wir gelassen durchs Leben gehen können, ohne zu verbittern oder zu verzweifeln – egal, wie grausam das Leben auch sein mag? Gibt es einen Weg, unsere Reise durchs Leben erträglicher, menschlicher, bedeutungsvoller zu machen?

Es ist gewiss kein Zufall, dass in der religiösen Literatur aller Traditionen die «Reise» als eine universelle spirituelle Metapher für das menschliche Leben benutzt wird. Und es passt auch gut. Keiner von uns wird als fertiger Mensch geboren. Kein Leben ist absolut statisch, selbst wenn jemand sein Leben lang an einem Ort lebt und derselben Beschäftigung nachgeht. Kein Leben bleibt von den Höhen und Tiefen verschont, die das Menschsein mit sich bringt.

Das Leben hat viele Phasen, und jede von ihnen ist tiefer und geheimnisvoller als die vorangegangene. Gerade dann, wenn wir denken, wir hätten endlich «unseren Weg gefunden» – was immer man sich auch darunter vorstellt –, fällt die Straße plötzlich ab, führt in eine andere Richtung, macht einen scharfen Knick oder schlängelt sich zu Orten, die wir nie erreichen wollten oder nie zu erreichen gehofft haben.

Wir kämpfen uns von einem Abschnitt zum nächsten oder kreisen solange ziellos im Orbit, bis das Leben scheinbar zum Stillstand, zum Ende kommt.

Doch es gibt keinen Stillstand, kein Ende. In jeder Phase des Lebens gibt es etwas, das unter der Oberfläche rumort, eine Art universelle Rastlosigkeit oder Frage: Welchen Sinn hat das alles? Was will ich wirklich? Auf was sollte ich mich konzentrieren: Geld, Ruhm, Macht, Ansehen, Sicherheit und Ordnung oder etwas ganz anderes? Bin ich lieber ein gewiefter Geschäftsmann, ein guter Vater, eine treu sorgende Ehefrau, ein einflussreicher Bürger, ein Lebemann, eine Karrierefrau oder ein Gelehrter? Und selbst wenn ich eine dieser Rollen tatsächlich ausfüllen kann, was bleibt dann übrig, wenn es einmal nicht länger geht? Gibt es überhaupt etwas, das mich von einer Phase zur nächsten begleitet?

Was ist denn wirklich wichtig, wenn alles Wichtige vergeht?

Die Jugend ist wichtig. Sie ist die Phase im Leben, in der alles möglich ist. Wir strotzen nur so vor Kraft und Energie. Wir feiern bis vier Uhr morgens, schlafen bis zum Mittag und stehen dann irgendwann auf, um wieder von vorne zu beginnen. Wir haben ja auch genügend Zeit dafür. Wenn wir jung sind, haben wir den Eindruck, unsere Zeit sei unendlich. Wir haben mehr als genug Zeit, denken wir, um durchs Kaufhaus des Lebens zu schlendern, bis wir etwas nach unserem Geschmack finden und nur noch zugreifen müssen.

Das Problem mit der Jugend ist jedoch, dass sie uns nicht die Ganzheit des Lebens überblicken lässt. Unweigerlich taumeln wir von einer Stolperfalle zur nächsten und müssen auf Hände hoffen, die uns wieder aufhelfen.

Schönheit ist wichtig. Das passenden Schmuckstück, der raffinierte Schnitt eines Mantels – solche Dinge umhüllen uns mit einem Duft von Weltgewandtheit und geben uns ein unglaubliches Gefühl von Sicherheit. Die Leute bleiben stehen und schauen uns nach. Sie bewundern uns und fühlen sich von uns angezogen. Wir opfern viel Zeit und Geld für unsere Schönheit. Also muss sie wichtig sein.

Das Problem ist, dass die Schönheit im Laufe unseres Lebens die Seiten wechselt: Sie wandert von außen nach innen. Wahre Schönheit ist uns nicht von Geburt an gegeben, sie kommt erst mit den Jahren. Andernfalls bliebe nichts mehr übrig, was andere anziehen, in Erstaunen versetzen und beeindrucken könnte, wenn Cremes und Haartönungen unsere Falten und grauen Haare nicht mehr zu übertünchen vermögen.

Geld ist wichtig. Es verleiht das Recht, im Leben voranzukommen. Es riecht nach der Kompetenz, ohne die wir nicht in der Lage gewesen wären, es zu verdienen und zu behalten. Geld ist ein Statussymbol und versüßt unser Leben. Es verhilft uns zu Reisen und Erfahrungen, zu Freunden und Unabhängigkeit, zu Komfort und Selbstgenügsamkeit.

Das Problem ist aber, dass wir mit Geld nur Gegenstände kaufen können. Die Freunde, die wir uns mit Geld erkaufen, verschwinden, wenn unser Geld verschwunden ist. Wenn das Geld weg ist, sind auch sie weg. Und wenn nicht, dann wechseln sie eben mit den Launen des Lebens, mit dem Haus, der Anstellung und den Kreisen, in denen wir uns bewegen.

Beziehungen sind wichtig. Es gibt kaum ein Statussymbol, das besser sein könnte als eine Frau an der Seite, ein Mann, auf den man sich verlassen kann, ein Freund, der für jeden Spaß zu haben ist, und eine Reihe von Beziehungen, die unseren Weg im Leben ebnen. Und wenn uns diese Menschen nicht als Statussymbol dienen, dann zumindest als die besten «Zuversichts-Lieferanten» in schwierigen Zeiten.

Beziehungen, die auf gesellschaftlicher Anerkennung und öffentlichen Netzwerken beruhen, überdauern jedoch nur selten die steinigen Wegstrecken unseres Lebens. Sobald Anstrengung und Mühe erforderlich werden, um einen Kontakt aufrechtzuerhalten, suchen sich solche Freunde bald neue Beziehungen, um selbst in besserem Licht dazustehen. Sie betreten die Bühne, wenn die Show beginnt, und verschwinden, sobald der Vorhang gefallen ist.

Sicherheit ist wichtig. Niemand ist davor gefeit, dass ihm etwas zustößt: Der beste Lebensplan wird über den Haufen geworfen, wenn wir krank oder arbeitslos werden oder auch nur unseren Weg in eine andere, scheinbar interessantere Richtung lenken.

Doch Sicherheit ist eine trübselige Weggefährtin. Sie verspricht uns zwar Ruhe und Schutz, hält uns aber davor zurück, etwas zu riskieren oder auf Entdeckungsreisen zu gehen. Sie warnt uns ständig davor, im Leben nicht zu weit zu gehen, damit wir nicht irgendwann feststellen müssen, dass wir unser Haus auf Sand gebaut haben. Sie ermahnt uns, uns nicht vom Leben verführen zu lassen.

Macht und Einfluss sind ganz sicher wichtig. Sie sind das Elixier des Lebens. Mit Macht und Einfluss können wir etwas bewirken. Doch noch wichtiger als das: Sie geben uns das Gefühl, bedeutsam zu sein. Sie schmecken nach dem Erfolg, den uns ein mit übermäßigem Ehrgeiz gelebtes Leben bringt.

Aber Macht ist etwas, das wieder vergeht und nur selten bewahrt werden kann. Präsidenten werden zu Ex-Präsidenten, Regierungen kommen und gehen. Die Schlagzeilen von heute sind schon morgen nur noch Erinnerung.

Keine Frage, das Leben ist flüchtig und vergänglich. Wie Sand rinnt es uns durch die Hände, bevor wir überhaupt auf den Gedanken kommen, es festzuhalten. Worauf sollen wir also unser Leben bauen? Was trägt uns durch unser Leben und gibt uns am Ende Trost?

Wie können wir eine Entscheidung treffen?

Jede große religiöse Tradition beschäftigt sich mit dem Wesen und Sinn des Lebens. Alle stellen zwar die Frage nach Erlösung und Befreiung von den Fesseln leiblicher Existenz mit all ihren Schmerzen und Leiden. Aber solange wir hier in diesem Leib sind, stellt sich erst einmal die Frage, wie wir in diesem Leben die richtigen Entscheidungen treffen oder falsche wiedergutmachen können.

Wir müssen Prioritäten im Leben setzen, auch wenn es viele andere Dimensionen gibt, die wir um sie herum arrangieren müssen oder sollen, wie Schönheit, Beziehungen, Sicherheit, Macht und Geld. Doch meistens ist das Festlegen von Prioritäten die schwierigste Aufgabe im Leben. Es ist eine Sache, Entscheidungen über die kleinen Dinge, die wir in unserem Leben tun wollen, zu treffen. Eine völlig andere Sache ist es aber zu entscheiden, welche Art von Mensch wir werden wollen, während wir diese Dinge tun. Meist sind die Dinge, mit denen wir unser Leben verbringen, viel unwichtiger als die Frage, wie wir sein wollen, wenn wir diese Dinge tun – ganz gleich, was es ist und wie viel Zeit wir darauf verwenden.

Die großen spirituellen Traditionen warnen uns davor, diese beiden Dinge miteinander zu verwechseln. Die Sufis beispielsweise erzählen folgende Geschichte:

Es war einmal ein Ältester, der für seine Frömmigkeit und Tugend überall geachtet wurde. Wann immer man ihn fragte, wie er so heilig geworden war, sagte er: «Ich weiß, was ich im Koran finde.»

Einmal wurde er schwer krank, beklagte sich aber kein einziges Mal. «Wie konntest du in dieser Situation so ruhig bleiben?», fragten ihn seine Schüler.

«Ich weiß, was ich im Koran finde», sagte der alte Sufi.

Später wurde dem alten Mann alles gestohlen, was er in seiner Kammer aufbewahrte, sogar seine Kerzen und seine Schlafmatte. «Wie konntest du so beherrscht bleiben?», wurde er gefragt.

«Ich weiß, was ich im Koran finde», antwortete er.

In einem Sommer wuchsen keine Feigen, und der Alte wäre beinahe verhungert. «Wie hast du es geschafft zu überleben?», fragten seine Schüler voller Ehrfurcht.

«Ich weiß, was ich im Koran finde», sagte der alte Mann.

Als der alte Mann starb, eilten alle zu seiner Hütte um herauszufinden, was sich in seinem Koran verbarg. «Sagt, was ist es?», riefen alle durcheinander. Der Schüler, der das Buch in den Händen hielt, hob überrascht seinen Blick und sagte voller Verwunderung: «Was sich in diesem Koran findet, sind Notizen auf jeder Seite, zwei gepresste Blumen und der Brief eines Freundes.»

Es gibt Dinge im Leben, die niemals sterben und immer eine Quelle der Freude für uns sein werden, solange wir sie pflegen. Sie werden uns immer begleiten, ganz gleich, wie schwer unser Leben auch sein mag und mit welchen Dingen wir es zubringen.

«Zwei gepresste Blumen», die Schönheit ihrer Blüten, die Erinnerung an gute Tage, bleiben in unserem Gedächtnis und unserem Herzen, auch wenn ein schönes Ereignis schon längst vorbei ist. Die Schönheit pflanzt Samen der Hoffnung in uns. Sie erinnert uns an eine Zeit, die unschuldig war und gut. Sie bringt uns in Berührung mit dem Natürlichen. Die Schönheit führt uns vor Augen, dass dieser Moment, ganz gleich ob wir ihn wollen oder nicht, wichtig für unser Wachstum ist und seine Blüten irgendwann in eine Richtungen recken wird, die wir jetzt noch nicht erahnen können.

Dies ist die Art von Schönheit, die weder gekauft noch erarbeitet, weder festgehalten noch gehortet werden kann. Sie weigert sich, das Pornografische im Leben «schön» zu nennen. Sie erinnert uns daran, dass wir in einem Garten leben, den wir pflegen sollen anstatt ihn zu zerstören. Sie bringt uns dazu, in uns die Fähigkeit zu entdecken, selbst Schönheit zu hinterlassen und darauf zu vertrauen, dass unser Schöpfer uns Schönheit schenkt, auch wenn wir sie nicht immer auf den ersten Blick erkennen.

«Zwei gepresste Blumen» sind die Schatzkammer jener Momente in unserem Leben, die ein spontanes Lachen unvergesslich gemacht haben. Sie klingen noch lange nach und dienen uns als Erinnerung an die unvergängliche, unveränderliche Schönheit des Lebens, ganz gleich, wie viele traurige Tage es auch für uns bereithalten mag. Sie erinnern uns daran, dass es in unserem Leben, auf dessen Grund, eine unerwartete Güte gibt, eine grundlegende Schönheit, die all die Momente wieder ans Licht holt, die wir selbst unter Neid, Hass, Zorn oder Egoismus vergraben haben.

Das Leben selbst in seiner Heiligkeit kultiviert diese Momente. Sie sind der Pulsschlag des Universums. Sie bewirken, dass wir uns freuen, am Leben zu sein. Sie lassen uns hoffnungsvoll nach vorne blicken, wenn uns alles andere im Leben in tiefe Verzweiflung stürzt.

Sie erinnern uns daran, dass wir, ganz gleich, wie unsere aktuelle Stimmung auch sein mag, einst wussten, was Schönheit ist, und dass wir sie wiederfinden können.

«Notizen auf den Seitenrändern unserer Schrift» erheben uns über das Alltägliche und bringen uns dazu, noch einmal darüber nachzudenken, wer wir sind und wozu wir berufen wurden. Sie zwingen uns dazu, über den Sinn unseres Tuns zu reflektieren. Sie erinnern uns daran, dass das Leben einen höheren Sinn hat, als lediglich unseren Lebensunterhalt zu bestreiten. Reflexion – das bewusste Vergleichen meiner Ziele und Hoffnungen mit allen anderen Möglichkeiten, die mir das Leben bietet – gibt uns ein neues Gefühl für die Erhabenheit des Lebens. Sie treibt uns dazu an, unser Potenzial voll auszunutzen, auch wenn die Umstände noch so schlecht sein mögen. Sie verhindert, dass wir in der Suche nach Macht und Sicherheit stecken bleiben und uns von der übrigen Menschheit isolieren.

Wenn wir über die großen Fragen des Lebens reflektieren, wird alles andere wieder ins rechte Licht gerückt. Wir sind zu mehr bestimmt als zu Geld und gesellschaftlichem Ansehen. Wir sind zu mehr berufen, als nur Passanten im Leben zu sein. Wir sind hier, um nach dem Besten in uns zu streben, einen Weg zu unserem tiefsten Inneren zu finden und zu erkennen, dass wir eindeutig menschlich und zugleich eindeutig mehr sind als das. In uns funkelt der Sternenstaub des Universums, und wir sind auf unserem Weg nach Hause. Nichts Geringeres als der Kosmos soll uns davon ablenken dürfen, das Leben aus der Perspektive Gottes zu betrachten.

Schließlich sind da noch Freundschaft und Liebe, «die Briefe unserer Freunde», die uns berühren, damit wir lernen können, selbst auch andere zu berühren. Wir kommen auf diese Welt und sind vom Moment unserer Geburt an unfähig, ohne die Hilfe anderer zu überleben. Wir wachsen und übernehmen schließlich selbst diese Funktion: Uns um andere zu kümmern, damit wir alle in dem sicheren Bewusstsein leben können, geborgen und gewollt, unersetzlich und geliebt zu sein.

Unsere Briefe erinnern uns daran, dass die Qualität unseres Lebens am Ende von den Dingen und Menschen bestimmt wird, die wir geliebt haben.

Wenn wir sämtliche Stufen des Lebens erklommen haben, werden uns nur diese Dinge bleiben: die spirituellen Schätze, die unsere Seelen so weit öffnen, bis wir das wahrnehmen, was unsere Augen nicht sehen; die Erinnerung daran, wie schön das Leben unter all seiner Hässlichkeit ist und die Liebe der Menschen, die unsere Reise angenehm für uns gestalten.

Wenn die Frage lautet: Welche Dinge sind wirklich wichtig im Leben?, hängt die Antwort davon ab, was wir im Koran unseres Herzens finden.

Wenn wir die Reise unseres Lebens machen und dabei versäumen, diese Dinge zu pflegen, verschwenden wir unsere Zeit. Alles andere ist bloßer Selbstbetrug. Wir laufen über

Treibsand und Moor, wenn wir uns nur auf äußere Schönheit, vergängliche Macht, gesellschaftliche Beziehungen und
ungewisse Sicherheiten konzentrieren. Natürlich sind diese
Dinge wirklich, und sie sind auch notwendig im Leben. Sie
alle sind zu irgendeiner Zeit ein Teil unseres Lebens. Aber
sie sind vergänglich. Sie kommen und gehen. Sie rinnen uns
durch die Finger wie Wasser durch ein Sieb, in jedem Moment unseres Lebens.

Wenn die Frage lautet: «Was ist wirklich wichtig im Leben?», kann die Antwort nur lauten: Das Leben selbst. Es
gut zu leben und es in Schönheit, Liebe und Reflexion zu
verbringen.

Kapitel 25
Warum habe ich das Gefühl, dass in meinem Leben etwas fehlt?

Sie war eine Frau mittleren Alters, eine Großmutter, um genau zu sein. Ganz alleine hatte sie sieben Kinder großgezogen, nachdem ihr Mann sie verlassen hatte. Jetzt waren alle Kinder erwachsen und selbstständig. «Ich habe mein Möglichstes für sie getan», sagte sie. «Jetzt bin ich an der Reihe.» Ich schaute sie mir genauer an. Sie sollte eigentlich in Rente gehen, dachte ich bei mir. Sie sollte sich zurücklehnen und auf Besuche, Enkelkinder und Einladungen zum Familienfestessen warten, das sie zum ersten Mal seit vierzig Jahren nicht selbst kochen musste. «Und was wollen Sie jetzt für sich selbst tun?», fragte ich. «Ich gehe wieder zur Schule», antwortete sie. «Ich möchte etwas lernen.»

Er war ein erfolgreicher Geschäftsmann und kam aus einer Familie, die eine noch viel erfolgreichere Farm besaß. Allein das Land war Tausende von Dollar pro Hektar wert. Er war Mitte 40 und lebte allein in dem riesigen Haus auf dem Hügel, das er mit seiner Frau gebaut hatte, bevor sie gestorben war. «In meinem Leben fehlt etwas», sagte er. «Die Zeit heilt alle Wunden», versprachen ihm seine Freunde. «Du wirst wieder jemanden finden. Mach dir keine Sorgen. Du bist ja noch jung.»

Leider traten diese Prophezeiungen nie ein. Keine andere Frau könne seine erste Frau je ersetzen, sagte er. Er suche nicht nach einer neuen Frau. «Aber was suchst du dann?», wollte seine Familie wissen. «Alles andere», antwortete er und bewarb sich um die Aufnahme in einem Kloster irgendwo im Süden.

«Ich weiß nicht, was ich mit meinem Leben anfangen soll», sagte die junge Frau. «Ich bin mir einfach noch nicht sicher.» Zuerst hatte sie Kunst studiert und danach eine Ausbildung zur Krankenschwester gemacht. Alles lief gut und doch lief alles falsch. Kein Ort schien dem angemessen zu sein, was sie einerseits tun konnte und andererseits tun wollte, was sie einerseits war und was ihr andererseits fehlte.

Jahrelang war sie auf der Suche. Für ihr Alter war sie als Künstlerin recht erfolgreich, aber von der Kunst allein konnte sie nicht leben. Sie machte eine Ausbildung zur Krankenschwester und schloss diese erfolgreich ab. Doch auch das genügte ihr nicht. Eine Zeit lang arbeitete sie als Dozentin, aber auch das konnte sie nicht glücklich machen. Sie fing wieder an zu studieren, machte einen Abschluss in Theologie und arbeitete danach mit Studenten am nahegelegenen College. Schließlich lebte sie einige Jahre im Kloster, doch kurz bevor ihr Noviziat zu Ende war, entschied sie sich, wieder zu gehen. Irgendetwas fehle einfach in ihrem Leben, sagte sie. Doch keiner konnte ihr sagen, was.

Die Leute nannten sie eine Vagabundin.

Aber ich frage mich, ob wir nicht alle Vagabunden sind.

In jedem von uns gibt es etwas, das sich nach Erfüllung sehnt. Manche Menschen verbringen ihr ganzes Leben damit, danach zu suchen. Sehnsüchtig stürzen sie sich von einer Erfahrung in die nächste, und doch scheint nie das Richtige dabei zu sein. Dennoch versuchen sie es immer und immer wieder.

Andere dagegen gleiten im Laufe ihres Lebens, langsam und schwerfällig wie ein Gletscher, immer tiefer in sich hinein. Sie werden immer unflexibler und passiver gegenüber dem Leben. Sie leben es. Sie machen weiter. Doch kaum einem von ihnen gelingt es, innerlich zu reifen. Sie gelangen an einen Punkt, an dem sie nur noch vor sich hin leben. Doch das bedeutet, dass sie aufgehört haben zu leben, auch wenn sie immer noch atmen. Und sie ahnen es.

Wie eine Hymne klingt das Klagelied über das fehlende Element im Leben durch die Lande. «Wenn wir nur ein Auto hätten, könnte ich ...» Oder: «Wenn ich nur einen Schulabschluss gemacht hätte ...» Oder: «Wenn ich nur nicht geheiratet hätte ...» «Wenn ... wenn ... wenn.»

Irgendwann erreichen wir im Leben einen Punkt, an dem wir bemerken, dass wir nicht mehr leben. Wir kommen zu dem Schluss, dass das Leben eine bösartige Falle ist, aus der es für uns kein Entrinnen mehr gibt. Von unserem Platz aus beobachten wir das Leben, als seien wir Schmetterlinge hinter einer Scheibe aus Plexiglas. Wir klammern uns ans Leben, aber wagen es nicht, die Welt hinter der Scheibe zu erforschen. Zwar können wir sehen, was uns fehlt und hadern damit, doch unternehmen wir nichts, um die Situation zu ändern.

Vor Jahren las ich in einer Zeitung einen Artikel über eine Mäuseplage in London. In dem Artikel stand: «Vor Kurzem haben sich Mäuse in einem Gebäude eingenistet. Die Hausverwaltung beschloss, sie alle auszurotten.

Eines Abends streuten sie Mäusegift aus. Am nächsten Morgen war das Gift verschwunden, aber nirgends lag eine tote Maus. Sie probierten es mit einem anderen Gift. Aber auch beim zweiten Versuch fraßen die Mäuse das Gift und alles sah danach aus, als ob ihnen die Ernährungsumstellung gut bekäme.

Beim dritten Mal beschlossen die Mäusefänger, es mit der klassischen Schlagfalle zu versuchen. Als Köder benutzten sie große, saftige Käsewürfel.

Doch die Mäuse rührten den Käse nicht an.

Da hatte einer der Mäusejäger eine Idee: Er präparierte die Käsewürfel mit Mäusegift. Vielleicht haben die Mäuse eine Vorliebe für Gift entwickelt. Vielleicht tut es ihnen sogar gut, überlegte er.

Am nächsten Morgen waren die Schlagfallen voll mit wohlgenährten und kerngesund wirkenden Mäusen.»

Die Geschichte sei absolut wahr, endete der Artikel.

Das Besorgniserregende an dieser Geschichte ist, dass wir alle lernen können, uns von den Dingen zu ernähren, die uns vergiften. Manchmal sieht es sogar so aus, als ob es uns dadurch besser ginge. «Es tut mir gut», sagen wir uns und stürzen uns gierig darauf. Uns ist überhaupt nicht bewusst, dass das, worin wir feststecken, uns langsam tötet oder uns so übersättigt, dass andere Teile von uns still und unbemerkt verkümmern. Wir stehen jeden Morgen auf und gehen weiter auf einem Weg, der uns zu einem Ort führt, der nicht gut für uns ist.

Etwas Schlechtes kann uns genauso süchtig machen wie etwas Gutes, wenn wir zu viel davon konsumieren. Alles kann unseren Geschmack für die übrigen Dinge im Leben abtöten oder uns die Energie, andere Dinge zu verfolgen, rauben. Das Schwierige daran ist, das eine vom anderen zu unterscheiden. Beides vergiftet uns solange, bis wir uns vor keinem der beiden mehr retten können. Doch irgendwo tief in uns wissen wir, dass «etwas in unserem Leben fehlt».

Diesem fehlenden Teil müssen wir unsere Aufmerksamkeit schenken, solange wir noch genug Leben in uns haben, um etwas zu unternehmen. Wenn wir nur noch auf der physischen Ebene leben und durchs Leben hüpfen wie Kinder durch einen Süßwarenladen, kommen wir dem Tod gefährlich nahe. Wenn wir nach jeder Aufregung grapschen, nur für den Genuss leben und gleichzeitig so überreizt sind, dass wir keine Befriedigung mehr empfinden – wenn wir immer noch ein Glas Bier, noch einen Witz, noch einen Schuss Blut, Gewalt oder Sex brauchen, um berauscht zu sein – sind wir mehr tot als lebendig. Dann haben wir nichts mehr, das uns das Gefühl gibt, tatsächlich noch am Leben zu sein. Dann wissen wir, dass etwas fehlt.

Wenn unser Leben nur noch in unseren Köpfen stattfindet und wir in einer Art körperlosen Gedankenwelt leben, wenn wir uns weigern, unser luftleeres Wolkenkuckucksheim aus veralteten Wunschvorstellungen zu verlassen, ist unser Denken völlig verzerrt. Die Fähigkeit zu denken, so wussten die Menschen im Altertum, ist dazu da, die Welt zu verbessern, und nicht, um die Erinnerung an die Vergangenheit wachzuhalten. Sie dient nicht dazu, das menschliche Herz in den blutleeren Vorstellungen eines entrückten Nichts einzumotten. Gedanken sind nicht dazu da, wie Trophäen an die Wand gehängt zu werden. Wenn unsere Gedanken nichts weiter sind als ein Museum aus alten Ideen und Vorstellungen – lang schon tot, aber noch lang nicht begraben –, fehlt die menschliche Seite des Lebens.

Wenn wir unsere Seele nicht pflegen und sie anspornen, verweigern wir ihr ihre Daseinsberechtigung. Dann versäumen wir es, unsere Seele den Geist der restlichen Welt einatmen zu lassen, und wir machen den Rest der Menschheit zu einem leeren Gefäß ohne Herz und Bedeutung. Dann übersehen wir die Weisheit der Vergangenheit, den Puls des Lebens, der im Universum schlägt und immer noch darauf wartet, von uns entdeckt zu werden. Wir verdammen uns selbst zu einem Leben, das sein natürliches Potenzial nicht ausnutzt, reduziert auf Sinneswahrnehmung und Empfindung, statt spirituelle Wesen zu sein. Wir werden denkende Marionetten anstatt Individuen mit Reflexionsvermögen.

Der Teil, der uns fehlt, ist genau der Kern, um den es im spirituellen Leben geht. Jede spirituelle Tradition war sich dessen schon immer bewusst. «Ich fürchte, du wirst niemals in Mekka ankommen, o Nomade», schrieb einst der persische Dichter Saadi. «Denn der Weg, dem du folgst, führt nach Turkestan.» Das, was wir mit falschen Mitteln an falschen Orten suchen, werden wir niemals finden. Wir können nicht uns selbst mit Wertlosem anfüllen und gleichzeitig erwarten, dass wir das, was uns fehlt, in uns finden, oder schlimmer noch, dass wir rechtzeitig erkennen, wie sehr es uns fehlt. Es hat einen Grund, warum wir rastlos sind.

Doch was nützt uns diese Rastlosigkeit?

Die Sufis erzählen eine lehrreiche Geschichte, die uns vielleicht zeigen mag, wie wir unseren Weg finden können, indem wir ihn verlieren.

Einmal kam ein Mann zu dem großen Meister Bahaudin.

Er bat ihn um Hilfe bei seinen Problemen und um Führung auf dem Pfad der Lehre.

Zu jedermanns Überraschung sagte Bahaudin, einer der angesehensten spirituellen Lehrer der Zeit, nichts weiter als dass er seine spirituellen Studien aufgeben und sein Haus auf der Stelle verlassen solle.

Ein gutherziger Besucher, der den Zwischenfall beobachtet hatte, fing an, Bahaudin, Vorhaltungen zu machen. «Warum hast du das getan, Meister?», fragte er. «Der Mann hat dich um Hilfe gebeten und du hast sie ihm verweigert. Er wollte wissen, was er tun soll, und du hast dich geweigert, ihm zu helfen. Er ist unsicher, wie sein Leben weitergehen soll, und du hattest kein Ohr für seine Sorgen.»

Aber Bahaudin lächelte nur. «Du sollst eine Demonstration der Lehre haben», sagte der weise Mann.

In diesem Moment flog ein Vogel in den Raum, flatterte hierhin und dorthin auf der Suche nach einem Ausweg.

Der Sufi wartete, bis sich der Vogel in die Nähe des einzigen offenen Fensters setzte. Dann klatschte er plötzlich in die Hände.

Der Vogel erschrak und flog geradewegs durch das offene Fenster – in die Freiheit.

Bahaudin blickte den wohlwollenden Besucher an. «Für diesen Bittsteller muss der Klang meiner Antwort ein Schock gewesen sein, vielleicht sogar eine Beleidigung, meinst du nicht?», fragte Bahaudin und verneigte sich.

Es war der Schock des Klatschens, der den Vogel dazu brachte, zu Bahaudins Fenster hinauszufliegen. Und ebenso, erklärt der spirituelle Meister Bahaudin, ist es der Schock und die Verwirrung der Erkenntnis, völlig allein zu sein, die einen Suchenden dazu bringen kann, in sich selbst hineinzublicken, wo die Antworten auf die Zukunft schon lange gekeimt haben.

Bahaudin will damit sagen, dass der Versuch, einem Suchenden durch jahrelange Diskussionen das vor Augen zu führen, was er schon längst selbst weiß, im besten Fall nur vertane Zeit ist. Einen Suchenden lediglich als eine akademische Frage zu betrachten – wie heilig diese auch scheinen mag –, anstatt ihn auf die Suche nach wirklicher Erfüllung zu schicken, ist keine spirituelle Führung, sondern höchstens ein spirituelles Spiel. Allein die bewusste Erkenntnis, dass etwas in seinem Leben fehlt, das nur eine Veränderung in ihm, und nur in ihm, herbeiführen kann, wird ihn am Ende dazu bringen, es zu finden.

Leicht kann es passieren, dass wir genau das Gleiche tun. Wir taumeln von einem Lehrer zum nächsten, von einer spirituellen Übung zur nächsten, von einer spirituellen Erfahrung zu nächsten, von einer spirituellen Lösung zur nächsten, auf der Suche nach jemandem, der uns einen einfachen, schmerzfreien Weg zu etwas zeigt, von dem wir wissen, dass wir es nur durch Anstrengung finden können.

Wir alle kämpfen im Leben mit der Versuchung, uns dort niederzulassen, wo wir sind; das zu tun, was wir tun, ganz gleich, wie vertrocknet unser Nest, wie unpassend der Baum auch sein mag. Zu oft sind wir dazu geneigt, auf dem gleichen Ast sitzenzubleiben, auch wenn die Beeren, die uns einst zu ihm gebracht haben, schon längst nicht mehr da sind. Wir glauben, dass ein Teil des Lebens uns für immer ernähren kann und belassen den Rest von uns jahrelang unversorgt.

Dann wundern wir uns, warum die Dinge, die uns einst große Befriedigung verschafft haben, keine Regung mehr in uns hervorrufen. Wir wissen nicht, wie es so weit kommen konnte, dass unser Leben so grau wurde. Wir wollen, dass andere uns sagen, was wir tun sollen, anstatt auf eigene Faust loszuziehen, um den Teil von uns zu finden, den wir bisher nicht beachtet haben.

Wenn die Frage lautet: «Warum habe ich das Gefühl, dass etwas in meinem Leben fehlt?», dann lautet die Antwort: Das Gefühl der Leere soll mich dazu bringen, meinen bisherigen Platz zu verlassen und weiterzuziehen, um die Fülle des Lebens zu entdecken.

Anhang

Die Wurzeln der Traditionen

Auf den folgenden Seiten habe ich versucht, die wichtigsten Facetten und Eigenschaften jeder Tradition hervorzuheben, um den Menschen, die nur wenig oder gar nichts über die jeweilige Tradition wissen, einen Kontext für die Weisheitsgeschichten zu geben.

Für ernsthaftere, tiefergehende Studien empfehle ich, eines der zahlreichen Werke der vergleichenden Religionswissenschaft zur Hand zu nehmen, die heute in vielen Schulen und Studienkreisen benutzt werden. Noch hilfreicher sind vielleicht die Interpretationswerke, die nicht nur die Praxis einer bestimmten Glaubensrichtung beschreiben, sondern gleichzeitig versuchen, die Bedeutung der jeweiligen Religion für ihre Anhänger zu interpretieren.

Die Weltreligionen sind heute einer der Schlüssel zu einer globalen Gemeinschaft. Wir können vieles von ihnen lernen. Aber mehr noch: Sie können uns helfen, die Denkweise der Menschen in anderen Teilen der Welt zu verstehen.

So paradox es auch klingen mag: Obwohl Religionen die Menschheit oftmals spalten und eine Bedrohung für sie darstellen, ist es doch eigentlich ihre Aufgabe, die Menschheit miteinander zu vereinen. Doch damit dies geschehen kann, müssen wir uns gegenseitig kennen, verstehen und respektieren lernen und die Antworten, die die verschiedenen Religionen auf die großen Fragen des Lebens bieten, für uns nutzen.

I.
Hindu-Weisheit:
Die Bedeutung des Ewigen

So unglaublich es auch klingen mag: Vor vielen tausend Jahren war das Leben in Indien – das wirkliche Leben, das Leben, das tief im Inneren eines Menschen stattfindet – eigentlich nicht wesentlich anders als heute, weder spirituell noch psychologisch noch philosophisch betrachtet.

Natürlich waren die äußeren Umstände anders, daran gibt es keinen Zweifel. Das Leben war rau, hart und wild und nicht technisch, verkabelt und bequem wie heute. Doch in ihrem Inneren, in ihren Herzen, waren die Menschen nicht sehr anders als wir. Sie kannten dieselben Gefühle und lebten in einer Gesellschaft, die der unseren glich. Sie waren verwirrt und misstrauisch: Dinge, die bis dahin ganz selbstverständlich gewesen waren, wurden plötzlich infrage gestellt.

Die Menschen suchten nach Erklärungen. Sie wollten die Dinge selbst verstehen. Sie verlangten mehr von den Priestern als Verhaltensregeln, fromme Hingabe oder Verbote. Sie wollten wissen, warum sie bestimmte Dinge taten. Sie waren auf der Suche nach eigenen Erkenntnissen, nach eigener Weisheit. Sie begannen, genau dort nach Erklärungen zu suchen, wohin nach Aussage der Priesterkaste niemand je gelangen konnte, der nicht in die religiösen Riten eingeweiht war.

Mit dem Wachstum der Städte rückten Fragen, die bis dahin ganz persönlich gewesen waren, in den Fokus des öffentlichen Interesses. Die Antworten auf diese Fragen hatten wiederum Einfluss auf die Menschen im ganzen Land. Warum die Menschen so handelten, wie sie es taten, wurde zum Tagesgespräch. Die Frage, was sie selbst zur Gestaltung der ständig wachsenden Gesellschaft beitragen konnten, erlangte größte Bedeutung. Die Frage, warum sie bestimmte Dinge auf diese oder jene Weise taten, wurde zur Grundlage der öffentlichen Ordnung. Ganz plötzlich und überaus hartnäckig fragte man sich, wer welche Dinge wusste und wer was in der Öffentlichkeit tun durfte – und aus welchem Grund.

Die Flammen griffen schon bald um sich. Sie züngelten in allen Gesellschaftsschichten und leckten an jeder althergebrachten Ansicht. 500 Jahre vor Christus begann es in Indien zu brodeln – so wie es in Europa zur Zeit der Reformation oder nach dem Zweiten Vatikanischen Konzil der Fall war – nur eben einige Jahrhunderte früher. Aufregende Zeiten standen bevor. Der Umbruch hatte begonnen.

Jahrhundertelang waren die Veden – die heiligen Schriften des Hinduismus – ausschließlich in heiligen Ritualen und von heiligen Männern verwendet worden. Die Brahmanen, die Angehörigen der obersten Kaste, hatten sie gedeutet und die darin enthaltenen Verbote an das Volk weitergegeben. Sie hatten die Rituale angeleitet. Sie hielten den Schlüssel zum spirituellen Königreich eines Volkes und einer Kultur in Händen, die tausende von Jahren alt waren.

Doch dann, als die Bevölkerungszentren immer größer wurden, begannen die Fragen im Hexenkessel der sozialen Unruhe zu gären. Eine explosive Mischung braute sich zusammen. Die Menschen begannen, das Althergebrachte öffentlich infrage zu stellen: die Antworten, die sie erhalten hatten, die Rituale, die sie ausführten, die Religion, die sie praktizierten.

Zu jener Zeit standen nicht spirituelle Weisheit, sondern rituelle Handlungen im Zentrum der Religion. Das Ritual inspirierte die Menschen jedoch nicht mehr. Es war viel zu aufwendig und komplex, hatte seine spirituelle Wirkung gänzlich verloren und entfernte sich immer weiter von den Menschen, deren Seelen es doch eigentlich beleben sollte. Es gab dem spirituellen Leben zwar Form, aber es berührte die Herzen nicht mehr. Das Schlimmste war, dass es jegliche Bedeutung verloren hatte. Das Ritual war ganz einfach nicht in der Lage, den großen Fragen des Lebens denkerisch überzeugend zu begegnen und ihre philosophische Dimension aufzuschließen.

Die Menschen wollten mehr als Bräuche, Lieder und Gesänge, mehr als nur die äußere Hülle ihrer Religion. Sie wollten deren Geheimnisse verstehen: Woher kommt das Leben? Was war sein Ursprung? Was bedeutete es, ein Mensch zu sein? Welchen Sinn hatte das Leben? Die Religion wurde zu einer Frage der Seele.

Die Menschen begannen, sich selbst Gedanken zu machen, Fragen zu stellen und mit Antworten zu experimentieren. Und mehr noch: Sie fingen an, soziale Grenzen zu überschreiten, um dort nach Erklärungen zu suchen, die sie anderswo nicht finden konnten. Menschen, die nie über das Leben, die Schöpfung und die Götter nachgedacht hatten, wurden unruhig. Menschen, denen es nicht zustand, für sich selbst zu denken – Bedienstete, Arbeiter, Schüler und Frauen –, Menschen, die keinen Zugang zur formalen spirituellen Ausbildung der Brahmanen hatten, deren Anweisungen sie jahrhundertelang bedingungslos gefolgt waren, fingen an, sich ihre eigenen Lehrer zu suchen.

In der bis dahin streng geregelten Gesellschaft wurde es plötzlich üblich, Ashrams, sogenannte «Walduniversitäten» zu besuchen. Dies waren Orte, an denen spirituelle Lehrer die breite Öffentlichkeit unterrichteten. Die Schüler wählten sich selbst einen Lehrer oder Guru, der ihnen den Weg zur Ganzheit und Heiligkeit zeigen und ihnen helfen sollte, den Körper zu disziplinieren und den Geist zu erweitern.

Und genau dort, ausgelöst durch den sozialen Umbruch und die intellektuelle Unruhe jener Zeit, entstanden die Upanishaden – die Weisheitsliteratur, die zu Füßen der spirituellen Lehrer gehört wurde und zum Schlussstein der Veden werden sollte. Es sind eben diese Gespräche zwischen den Weisen und den Suchenden, aus denen sich der Kern der hinduistischen Philosophie, das Herzstück der hinduistischen Lehre entwickelte, das auch heute noch die Geheimnisse des Lebens erhellt.

In den Dialogen der Upanishaden und in der indischen Volksfrömmigkeit finden wir diese Ideen auf das Leben übertragen. Hier können wir einen Blick auf das Wertesystem der Hindus, auf ihre Lebensauffassung und das in den Veden niedergeschriebene Glaubenssystem erhaschen. Für die Hindus hat die Vorstellung einer dreigeteilten Gottheit, Brahman, der das Leben schuf, es bewahrte und das Böse zerstörte, einen hohen Stellenwert. Sie wissen, dass alle Lebewesen Brahman sind und dass die Erleuchtung der Prozess ist, der zu dieser Erkenntnis führt.

Die Hindus leben nach den Regeln des Karma, die besagen, dass aus Gutem Gutes entsteht und aus Bösem Böses. Jeder Gedanke, jedes Wort und jede Handlung hat eine Konsequenz, und das Leben ist ein ewiger Kreislauf, der sich so lange wiederholt, bis das Karma eines Menschen es zulässt, dass er auf einer höheren Stufe des spirituellen Menschseins wiedergeboren wird – bis zur Befreiung der sich schrittweise vervollkommnenden Seele aus dem andernfalls endlosen Kreislauf der Wiedergeburten. Errettung kann nur durch das Erfüllen der Pflichten erreicht werden, durch die Erkenntnis des Einsseins mit Brahman, durch die Hingabe an die Götter in Verehrung, Ritual und Pilgerschaft. Kurz gesagt, durch ein Leben, das darauf ausgerichtet ist, eins zu werden mit der kosmischen Weltenseele – mit Brahman.

Wenn wir die Upanishaden lesen, fangen wir an, die Kraft der persönlichen Interaktion zwischen dem Suchenden, der die Fragen stellt, und dem Lehrer, der uns hilft, die Antworten in uns zu finden, zu verstehen. Denn wir alle sind auf der Suche, wir alle sind voller Fragen, die keine Regel, kein Ritual uns je beantworten könnte. Doch wir hoffen, dass das Leben und die Erkenntnisse anderer uns die Geheimnisse zu enthüllen vermögen.

Die Upanishaden, die zu den ältesten religiösen Schriften der Menschheit gehören, lenken unseren Blick nicht *nach außen,* um uns in Ehrfurcht vor den Geheimnissen des Lebens, der Natur oder dem Göttlichen erstarren zu lassen. Sie führen uns *nach innen,* um in uns selbst nach den göttlichen Impulsen zu suchen, die uns am Ende eins werden lassen mit dem äußersten Geheimnis – mit Brahman.

Es ist also gut möglich, dass wir genau hier Antworten auf die Fragen meiner Leserinnen und Leser finden, auf die Fragen, die uns alle quälen, wenn wir ein bewusstes und ehrliches Leben führen.

II.
Buddhistische Weisheit: Das Loslassen des Begehrens

Die hohe Kunst des Lebens ist es, einen Weg durch die dunklen und steinigen Abschnitte unseres Daseins zu finden. Und es gibt wohl kaum eine spirituelle Tradition, die diese Kunst besser beherrscht als die der Buddhisten. Der Buddhismus verpflichtet die Menschen dazu, sich mit dem Leiden auseinanderzusetzen, lange bevor sie überhaupt mit ihm in Berührung kommen.

Das Leiden, so lernen wir, ist Teil unseres Lebens; nicht, weil es irgendwo außerhalb von uns existiert, in der Hand eines rachsüchtigen Gottes oder in einer Schlangengrube etwa –, sondern weil wir es selbst herbeiführen.

Genau wie wir sah sich Siddhartha Gautama, der später als Buddha, der Erwachte, bekannt wurde, eines Tages mit dem Leiden konfrontiert. Und genau wie wir versuchte er herauszufinden, woher es rührte und wie er es lindern konnte. Die Geschichte von Siddharthas spiritueller Entwicklung ist faszinierend in einer Zeit, die durchdrungen ist von ihrer ganz eigenen Vorstellung von einem guten Leben.

Siddhartha wurde 563 v. Chr. geboren. Er hatte alles, was man sich nur wünschen konnte. Abgeschottet vom Rest der Welt lebte er wohlbehütet hinter den Mauern des väterlichen Königreichs. Er besaß Macht und Reichtum und wusste, dass er dem Vater einmal auf den Thron folgen würde. Doch dann fing er an, kurze Ausflüge vor die Palastmauern zu machen, die ihn und sein königliches Leben von den Untertanen in den Straßen und Städten – also vom Rest der Menschheit – trennten.

Bei seinem ersten Ausflug vor die Mauern sah er einen alten Mann. Die Haut des Mannes war faltig und sein Rücken gebeugt. Sein Haar war weiß und seine Kraft erloschen – sein Körper war verwelkt. Bei seinem zweiten Ausflug sah er einen Kranken, der, von Krankheit geschwächt und vor Schmerzen gekrümmt, kaum noch atmen konnte. Bei seinem dritten Ausflug vor die Mauern des Palasts sah er eine Leiche, die schwarz, vertrocknet und von keinem beachtet auf der Straße lag. Das Leben bestand ganz offensichtlich nicht aus unendlichem Glück, opulentem Reichtum und absoluter Sicherheit, wie ihn seine eigenes Dasein glauben gemacht hatte. Für die Mehrheit der Menschen war das Leben ein ständiger Kampf, jeder Tag hielt eine neue Gefahr für sie bereit. Der Hauptbestandteil ihres Lebens war das Leiden; Krankheit, Verfall und Tod waren seine Kennzeichen.

Dem jungen Siddhartha hingegen mangelte es an nichts. Er besaß Höflinge und Gold und hatte die Aussicht auf Macht und zahllose Freuden. Seit seiner Geburt wusste er, dass ihn sogar noch mehr erwartete: Er sollte die Welt regieren, die Menschen sollten ihm zujubeln, zahllose Länder sollte er erobern. Doch nun wurde ihm schlagartig bewusst, dass nichts von alldem wichtig war, denn es bewahrte ihn nicht vor den Dingen, die er gesehen hatte. Das Alter, die Krankheit und das Grab würden am Ende alles zunichte machen. Was immer die Menschen auch anhäuften, verging mit ihrem eigenen Verfall. Der Tod zerstörte alles. Was hatte das Leben also für einen Sinn?

Siddhartha Gautama war gebürtiger Hindu und lebte in einer Kultur, die von großer intellektueller Unruhe geprägt war. Die althergebrachten Erklärungen schienen einfach nicht mehr zu passen. Es gab neue Fragen, die nach Antworten verlangten. Können unsere Opfergaben tatsächlich etwas bewirken? Besitzen die Götter wirklich Macht? Ist die soziale Ordnung mit all ihren Kasten und hierarchischen Schichten vorbestimmt? Welchen Sinn hat das Leben? Was macht ein gutes Leben aus? Und wie kann man sich überhaupt mit etwas anderem im Leben beschäftigen, bevor man keine Antworten auf diese Fragen gefunden hat?

Siddhartha tat, was viele vor ihm auch schon getan hatten: Er ritt in den Wald – dorthin, wo sich Suchende und Weise aller sozialer Schichten versammelten, um über diese Dinge nachzudenken. Es war eine Zeit der bedingungslosen Askese, von der sich die Suchenden erhofften, sich von den unwichtigen Dingen freimachen zu können, um zu den wesentlichen Dingen des Lebens vorzudringen. Sie waren des Prunks und der Kompliziertheit der Opferriten und Bräuche müde und versuchten, über das hinauszuwachsen, was ihnen ihre Kultur bot.

Es überrascht nicht, dass Siddhartha zunächst zum Eremiten wurde. Doch das einsame Leben im Wald brachte ihm nicht die erhoffte Erkenntnis über die Fülle des Lebens. Mehr denn je fühlte er sich allein mit seinen Fragen.

Nachdem ihm die Einsamkeit nicht geholfen hatte, das Wesen des Lebens zu verstehen, entschloss er sich, Schüler zu werden und den Lehren anderer zu folgen. Aber Vorschriften, Regeln und Gebete halfen ihm nicht, die Fragen zu beantworten, die, wie er nun wusste, die wichtigsten des Lebens waren. Er konnte keine neuen Antworten finden. Stattdessen wurde ihm nur immer mehr bewusst, dass spirituelle Übungen allein nicht ausreichten, um die quälenden Fragen des Lebens zu beantworten.

Schließlich versuchte er es mit Askese. Er hungerte sich beinahe zu Tode, bevor er erkannte, dass er mehr Zeit damit verbracht hatte, über die Askese nachzudenken als über das Leben. Dies war der Moment, in dem Gautama zu Buddha – dem Erwachten – wurde. Es war der Moment, in dem er direkt ins Zentrum des Lebens blickte. Und er kehrte zurück, um dem Rest der Welt zu zeigen, was wir übersehen haben. Alles Leben ist Leiden, lehrte er. Wir müssen lernen, das Leiden zu überwinden.

Um dies zu erreichen, so sein Rat, müssen wir zu der Erkenntnis gelangen, dass alles vergänglich ist – wirklich alles. Unser Herz an etwas zu hängen hat nur die unabwendbare Folge, dass wir leiden.

Alles verändert sich, und deshalb müssen wir alles in offenen Händen halten. Wenn wir das nicht tun, wird es wie Zement an unserer Seele haften, uns zu Boden drücken und unsere Seele zermalmen.

Alles verändert sich, und nichts kann einem Ich zu eigen gemacht werden, das selbst ständig im Wandel begriffen ist. Das Ich entbehrt jeglicher unabhängigen Substanz und ist vollkommen abhängig von allem anderen in der Welt. Deshalb ist das Ich allenfalls eine Illusion. Das größte Trugbild ist allerdings die Ichbezogenheit – der Versuch, uns zum vollauf zufriedenen Zentrum der Welt zu machen, die wir uns selbst geschaffen haben.

Das Begehren, erklärte Buddha, ist lediglich der Anfang unseres Untergangs.

Das Leiden kann aber aufgehoben werden, indem wir unser Begehren zum Schweigen bringen, ein rechtes Leben führen und erkennen, dass das Leben im Hier und Jetzt stattfindet und dazu da ist, gelebt zu werden. Es geht nicht darum, ein System, einen Lehrer oder Antworten außerhalb von uns zu finden, sondern darum, die Kontrolle über die Illusion des

Ich zu erlangen. «Wenn du dem Buddha auf der Straße begegnest», sagte Buddha, «töte ihn. Sei dir selbst ein Licht.»

Zu Buddhas Zeiten herrschte in Indien ein religiöses Klima, das von komplexen Ritualen, einer Priesterkaste und 330 Millionen Göttern geprägt war. Es gab heilige Schriften und ein streng geregeltes Gesellschaftssystem. Auf der Grundlage einer jahrtausendealten Tradition wurden die einen mit Macht und Privilegien überhäuft, während man die Mehrheit der anderen als minderwertig oder absolut wertlos betrachtete. Die Werte und Erkenntnisse, die wir heute als buddhistisch bezeichnen, müssen in Indien damals zweifelsohne ein völlig heterodoxes Weltbild geboten haben. Es war eine völlig neue Art zu leben, Mensch zu sein, heilig zu sein – ohne die althergebrachten Regeln. Und das erkannten die Leute.

Viele betrachteten den Hinduismus als ewige Verdammnis zu einem Kreislauf aus endlosen Versuchen, eine unerreichbare Perfektion zu erlangen – Leben um Leben um Leben. Und nun war da jemand, der lehrte, dass man das Leiden aufheben könne. Seine Bewunderer folgten ihm auf Schritt und Tritt.

Fast fünfzig Jahre lang wirkte Buddha als Lehrer. Er wanderte von einem Ende Indiens zum anderen, lehrte, gründete Klöster und rief die Gesellschaft zu Einfachheit, Mitgefühl, Akzeptanz, Selbstlosigkeit und dem Wesen des wahren Glücks auf.

Der Buddhismus wird heute auf der ganzen Welt in vielen verschiedenen Formen, Richtungen und Systemen ausgeübt. Das Fundament sämtlicher Richtungen und Formen bilden die vier «edlen Wahrheiten»:

1. Alles Leben bringt Leiden mit sich.
2. Die Ursache des Leidens ist das selbstsüchtige Begehren.

3. Das Leiden kann aufgehoben werden, indem das Begehren überwunden wird.
4. Der Weg aus den Fesseln der eigenen Existenz führt über den Achtfachen Pfad.

Im Buddhismus geht es nicht um Glaube, Überzeugungen, Götter, Vorschriften oder Rituale. Es geht darum, die Substanzlosigkeit des Ich zu erkennen. Es geht um rechte Ansicht, rechte Absicht, rechte Rede, rechtes Handeln, rechten Lebenserwerb, rechtes Streben, rechte Achtsamkeit und rechte Versenkung (Konzentration oder Meditation). Der Buddhismus möchte uns dazu verhelfen, das «Begehren zu löschen», das in uns brennt, damit wir von den Gefühlen, die es entfacht, und den Schmerzen, die es über uns bringt, befreit werden.

Ich kann mich von mir selbst lösen, lehrt der Buddhismus. Ich kann mich von allem losmachen, was mich zurückhält, niederdrückt, von meinem Weg abbringt und mir Schmerzen bereitet. Wir müssen lediglich lernen, wie es ist, in der Gegenwart zu leben und uns weder um die Vergangenheit noch um die Zukunft sorgen. Es geht darum, zum ewigen Jetzt zu gelangen und den rechten Weg dorthin zu finden.

Wenn man den Hinduismus als komplex erlebte, dann war der Buddhismus überwältigend einfach. Der Hinduismus verfolgte jede philosophische Frage bis ins Detail. Der Buddhismus hingegen ruhte in der Gewissheit eines einzigen Konzepts: Das Leiden wird von uns selbst verursacht. Vielleicht ist genau dies der Grund, warum wir von den beiden Traditionen so vieles lernen können, warum sie uns so viel zu zeigen haben und uns dazu bringen, die Dinge neu zu überdenken.

III.
Jüdische Weisheit:
Gerechtigkeit und Freude

Wenn es ein Volk auf der Erde gibt, das nach Gerechtigkeit dürstet und bewusst nach Freude strebt, dann ist dies zweifelsohne die Gemeinschaft der Juden. Es gibt kaum ein Volk auf der Welt, dem mehr Ungerechtigkeit widerfahren ist, das stärker bedroht wurde, dem weniger Toleranz entgegengebracht wurde und das so oft in Unsicherheit leben musste wie die Juden. Wie können wir diese Menschen verstehen? Wie ist es möglich, dass eine solch kleine Gemeinschaft so viel Druck standhalten konnte und immer noch ein Volk ist?

Der Hinduismus mit seinen 330 Millionen Göttern sieht das Göttliche überall. In diesem Göttlichen verbringt ein Mensch, wenn nötig, ein Leben nach dem anderen, bis er durch das Loslösen des spirituellen Selbst vom materiellen Selbst zur spirituellen Erfüllung gelangt. Im Gegensatz dazu wird im Buddhismus, wenn überhaupt, nur wenig Zeit darauf verwendet, über Gott zu reden. Was immer Gott auch ist, entschied der Buddha, das Leiden wird von uns selbst verursacht, und deshalb können auch nur wir selbst uns davon befreien.

Im Judentum hingegen ist Gott Frage und Antwort zugleich.

Gott, so die Erkenntnis des jüdischen Volkes, ist Einer. Diese Erkenntnis war überwältigend. Denn dieser Gott ist dann tatsächlich allmächtig. Doch die beste Nachricht war nicht, dass Gott Einer war, sondern dass dieser Eine Gott gut war. Der Gott der Juden quälte die Menschen nicht, er missbrauchte sie nicht und er wetteiferte nicht mit anderen Göttern um Verehrung oder Befriedigung. Dieser Gott spielte nicht mit den Menschen wie mit Insekten, die auf einer Nadel aufgespießt sind. Dieser Schöpfergott, der sie «aus Ägypten herausgeführt» und zu einem Volk gemacht hatte, wünschte ihnen «Gutes, nicht Böses». Dieser Gott war ein Vater, eine Mutter, ein Fels.

Für die Juden war Gott nicht viele, nicht böse und nicht der Welt entrückt. Gott war nicht einfach nur eine Art Hindernis oder Bedrohung *in* ihrer Geschichte. Im Gegenteil: Gott selbst *war* ihre Geschichte, persönlich und wohlwollend, absichtsvoll und freigiebig, rätselhaft und doch bedeutsam, in der Vergangenheit, der Gegenwart und der Zukunft.

Die Juden wussten, dass Gott und ihr Volk durch ein gemeinsames Ziel miteinander verbunden waren: Die Welt für immer daran zu erinnern, dass der Eine Gott die gesamte Menschheit erschaffen und sowohl ihr Schicksal als auch den Weg zu dessen Erfüllung festgelegt hat.

Der Weg beruhte auf zwei Dingen: einem rechtschaffenen Leben und der Erkenntnis, was wahre Freude ausmacht.

Für das Volk Israel gab es deshalb drei Elemente, die das Leben der jüdischen Gemeinschaft bestimmte: die Tora, der Gottesdienst und die Werke der Nächstenliebe.

Das Leben wurde zu einer Übung darin, Gottes Wesen kennenzulernen. Ebenso wurde es zum Übungsplatz für die 613 Gebote oder Mizwot, die Gottes Weisung offenbaren. Das Studium der Tora, die fortwährende Reflexion über die Wege, die Gott für die Menschheit vorgesehen hatte, und das unaufhörliche Auslegen von Gottes Wort für die gegenwärtige Situation wurde zur Leidenschaft der Juden. Ihr Gott ist nicht aus Stein, seine Schöpfung nicht statisch, sein Wort nicht tot.

Die fünf Bücher der Tora verdeutlichen die Beziehung zwischen dem Judentum und seinem Gott. Die Tora erinnert die jüdische Gemeinschaft immer und immer wieder daran: Gott hat uns erschaffen (Genesis), uns befreit (Exodus), er führt uns (Levitikus), vermehrt uns (Numeri) und ist bei uns (Deuteronomium). Diese Beziehung ist ewig – die Verbindung zwischen dem Jetzt und der Ewigkeit. Sie kann weder eingetauscht noch vergessen, bezweifelt oder geschwächt werden.

Wenn man in diesem Bewusstsein lebt, dreht sich das ganze Leben um die hohe Kunst, das Selbst mit der Gemeinschaft und den Idealen des Gottes, der das Leben geschaffen hat, in Einklang zu bringen. Der Unterricht beginnt schon früh und umfasst sämtliche Bereiche des Lebens. Yisrael Deren, ein Rabbi der Chabad-Bewegung, beschreibt das Heranführen an das Ritual und seine tiefe symbolische Bedeutung in der jüdischen Tradition folgendermaßen: «Selbst das Haareschneiden (bei einem Kind) wird zur lehrreichen Erfahrung», erklärt er. «Es handelt sich um eine Mizwa, bei der die Haare geschnitten werden und nur die Peies, die Schläfenlocken, stehen bleiben. Die zentrale Botschaft hier ist, dass letztlich jeder Aspekt und jedes Element unseres Lebens einen höheren und göttlichen Sinn bekommen kann und deshalb bekommen muss – so dass sogar ein Haarschnitt eine religiöse Bedeutung erhält.»

Jegliches Handeln im Leben ist folglich darauf ausgelegt, Beziehungen richtig zu gestalten – mit Gott, mit anderen, mit der Welt. Es ist ein Leben in vollkommener Aufmerksamkeit, im absoluten Bewusstsein Gottes. Dieses Bewusstsein Gottes ist nicht selbstbezogen, sondern die Spiritualität eines Volkes.

Es handelt sich um keine Gott-und-Ich-Spiritualität, sondern um eine Gott-und-Wir-Beziehung.

So wie Gott sich um die Menschheit kümmert, ist ein Jude dazu verpflichtet, sich um die Welt zu kümmern. Es ist deshalb nicht verwunderlich, dass diese Verpflichtung zur Gerechtigkeit ihren Ausdruck in «Werken der Nächstenliebe» findet. Durch sie gestalten wir unser Leben nach Gottes Willen. «Werke der Nächstenliebe» erinnern uns daran, was Gott sich für unsere Welt wünscht.

Die jüdische Gemeinschaft – vertrieben, staatenlos, das Opfer der Pogrome und des Holocaust, ständig auf der Flucht und unterdrückt – verlor schon früh die Vorstellung, dass Gott nur an heiligen *Orten* zu finden ist. Sie entwickelten ein Gefühl für heilige *Zeit*. Der Sabbat, die Verheißung von Gottes Frieden, die Zeit, in der uns Gott eine kurze Ruhepause von den Spannungen und Kämpfen des Lebens schenkt, wurde zum Mittelpunkt des jüdischen Lebens, zur Hoffnung der jüdischen Seele.

Die Sabbatfeier ist der Vorgeschmack auf die süße Freude, auf das Versprechen einer besseren Zukunft trotz aller gegenwärtigen Kämpfe. Die Juden wissen, dass der Gott, der die jüdische Gemeinschaft auf all ihren Wanderungen geführt hat, sie auch durch diese finstere Nacht begleiten wird, bis die Zeit des Friedens und der Erfüllung anbricht. Diese kleine Ruhepause von der Versklavung, der öffentlichen Unterdrückung und innerer Unruhen verspricht, dass nach und nach der ewige Sabbat anbrechen wird – für jeden von uns.

Das Studium der Tora, die Werke der Nächstenliebe und der Sabbat geben dem Juden eine Vorstellung vom Leben, in dem Gott zugleich der Anfang, die Gegenwart und das Ende ist. Es ist ein Leben, in dem es weniger um Theologie, sondern mehr um ein Leben nach Gottes Willen, um ein Leben mit Gott geht. Mit einem Gott, der, wie es die Mischna lehrt, sagt: «Es ist besser, wenn die Juden mich verlassen und nach meinem Willen leben, als dass sie an mich glauben, aber aufhören, die Gebote einzuhalten.» Die Juden wissen, dass die Tora – das Gesetz, das lehrt, wie man sein Leben gestalten soll – zu Gott führen wird.

Aber wenn dem so ist, was gibt es dann Schöneres auf Erden als das Studium der Tora, der Gottesdienst und die Werke der Nächstenliebe?

IV.
Christliche Weisheit:
Der Ruf der Seligpreisungen

Es geschah, als ich den Hebräisch-Kurs in der Synagoge unserer Stadt besuchte. Die kleine Gruppe bestand aus fünf Juden und einer Christin – ausgerechnet eine Nonne, nämlich ich. Wochenlang hatten wir Sätze laut gelesen, uns mit fremdartigen Lauten gequält und die Aussprache von Vokalen erraten. Der Grad der Vertrautheit unter den Mitgliedern des kleinen Kurses war seit der ersten Unterrichtsstunde merklich gestiegen. «Darf ich Sie etwas Persönliches fragen?», wollte eine der Teilnehmerinnen von mir wissen. «Warum gebt ihr Katholiken nicht einfach zu, dass ihr eigentlich Juden seid?» Ich musste lächeln. «Damit hätte ich überhaupt kein Problem», antwortete ich.

Diese Frage sagt tatsächlich viel über die Beziehung der beiden Religionen aus. Der Geburtsort des Christentums liegt zweifelsohne im Herzen des Judentums. Die Propheten der Juden sind auch die der Christen. Die heilige Schrift der Juden, die Hebräische Bibel, ist Teil der christlichen Bibel. Jesus, der Christus, war bis zum Ende Jude. Jesus gründete keine neue Religion. Das kam erst viel später.

Jesus war Jude, und seine Weltsicht stützte sich grundsätzlich auf die Tora, die Propheten und die Psalmen, nach denen er erzogen worden war und nach denen er laut der Evangelisten auch bis zuletzt gelebt hatte. Er lehnte die jüdische Religion nie ab. Im Gegenteil. Er sagte ganz deutlich: «Denkt nicht, ich sei gekommen, um das Gesetz oder die Propheten aufzuheben.» Und an einer anderen Stelle im Neuen Testament heißt es: «Bis Himmel und Erde vergehen, wird nicht ein Jota oder Häkchen vom Gesetz vergehen.»

Wie es die großen Propheten vor ihm getan hatten, predigte Jesus vom Gott des Friedens und der Liebe, vom Gott, dem Schöpfer. Er machte keinen Unterschied zwischen den Menschen, zwischen «Mann und Frau, Juden und Griechen, Sklaven und Freien», wie Paulus, der erste christliche Missionar, es ausdrückte. Und gemäß der Tradition bestand Jesus darauf, dass die Reinheitsgesetze immer als Akt der Liebe, der Menschenwürde und Gleichberechtigung zu verstehen seien.

Jesus nahm die Heilige Schrift und intensivierte sie, um ihre Aussagen zu verdeutlichen. Denen, die gehört hatten: «Du sollst nicht töten», befahl er: «Liebt euere Feinde». Denen, die gehört hatten: «Du sollst nicht ehebrechen», sagte er: «Du sollst nicht begehren, nicht einmal in deinem Herzen.»

Für Jesus war Gott «Abba», der Vater, so wie es der Prophet Maleachi vor ihm gesagt hatte: «Haben wir nicht alle denselben Vater?» Hier wird deutlich, dass Gott nicht einfach nur Gesetzgeber war. Die von Gott geschaffen wurden, sagte Jesus, sind von Gott geliebt; jeder einzelne im gleichen Maß und unabhängig von seiner Herkunft – Römer wie Samaritaner, Kanaaniter wie Israeliten.

Er verkehrte mit Zöllnern, den Gehilfen der römischen Besatzungsmacht, von der das jüdische Volk unterdrückt wurde. Er speiste mit den Reichen, sprach mit Frauen, segnete Ausländer, verkehrte mit Prostituierten und hatte einen bunt zusammengewürfelten Haufen von Jüngern, zu dem auch Leviten, Fischer, Steuereintreiber und sogar Frauen gehörten.

In einer Welt, die aus Hierarchien und Hierarchen, aus Herrschern und Leibeigenen bestand, war Jesus der große Gleichmacher der Gesellschaft. Er war tatsächlich der «Retter», «Befreier» und «Erlöser» – nur eben anders, als man es sich erträumt hatte. Und die Menschen folgten ihm in Scharen, diesem Verkünder einer neuen Menschlichkeit, diesem Propheten eines liebenden Gottes.

Mit der Zeit entwickelte sich die Nachfolge Jesu zu einer Weltreligion. Diese ruft jeden, der sich selbst zu Gott macht, dazu auf, sich an den Willen Gottes für die Welt zu erinnern. Jesus verkündet eine Frömmigkeit, die die Werte der Welt auf den Kopf stellt.

In den Seligpreisungen, der Definition jener, deren Leben wahrhaft selig, göttlich und glücklich ist, ruft Jesus jeden Einzelnen von uns dazu auf, ein Segen für die Welt zu sein. Er ruft uns dazu auf, die Motive, die eine von Macht, Gier, Profit und Kontrollzwang besessene Welt antreiben, hinter uns zu lassen. Stattdessen zeigt er uns einen Weg zum göttlichen Glück, der aus Demut, Mitgefühl, Gerechtigkeit, Gnade, Lauterkeit des Herzens, Frieden und dem Willen besteht, sich selbst hinzugeben, damit all dies geschehen kann.

Er lehrte: Selig die Armen im Geiste. Selig die Trauernden und Sanftmütigen. Selig, die hungern und dürsten nach der Gerechtigkeit. Selig die Barmherzigen. Selig, die reinen Herzens sind. Selig die Friedensstifter. Selig, die verfolgt werden um der Gerechtigkeit willen. Und genau dies widerfuhr ihm.

Natürlich galt Jesus für viele als Störenfried, weil er an den Grundfesten der althergebrachten Sozialordnung rüttelte. Doch schlimmer noch: Den Römern war er ein Dorn im Auge, weil sie die angekündigte messianische Revolte fürchteten. Jesus, der Heilige Gottes, «gekreuzigt, gestorben und begraben», doch nur, um im Herzen, im Leben und im Geiste derer wieder aufzuerstehen, die seine Botschaft gehört hatten und auf seine verheißene Wiederkunft warteten. Christen nannten sich jene, die glaubten, dass in Jesus der Messias schon gekommen ist und sie mit der Aufgabe zurückließ, für die endgültige Ankunft des kommenden Gottesreiches zu wirken.

Die Spiritualität der Gleichheit, der Liebe und der universellen Glückseligkeit ist bis heute ein Zeichen der Hoffnung auf den Gott, der uns Gutes, nicht Böses wünscht, sowohl in dieser als auch in der nächsten Welt. Es ist die Aufgabe der Christen zu lieben.

V.
Islamische Weisheit:
Hingabe in Gemeinschaft

Seit ein nachdenklicher junger Mann im Jahre 610 n. Chr. in der arabischen Wüste damit rang, das Wort Gottes zu hören, zu verstehen, zu predigen und zu verkünden, sahen es die Muslime stets als ihre wichtigste Aufgabe an, sich dem Willen Gottes hinzugeben. «Islam» bedeutet übersetzt so viel wie «Hingabe». Aber warum?

Im ausgehenden sechsten Jahrhundert n. Chr. war die Stadt Mekka ein belebter Handelsplatz, Treffpunkt von Karawanen und rivalisierenden Araber-Stämmen. Auch wenn die Stadt an westlichen Standards der damaligen Zeit gemessen relativ abgeschieden lag, war Mekka eine vielsprachige Welt: Hier trafen sich Händler, die auf den Krawanenstraßen Gewürze, Seide oder andere Güter aus unterschiedlichsten Regionen transportierten und so eine Welt erschlossen, die vom Golf von Aden bis zum Mittelmeer reichte. In diesem belebten Handelszentrum, Treffpunkt von Menschen unterschiedlichster Religionen, die verschiedenste Götter verehrten und ganz unterschiedliche Familiensysteme kannten, wurde Mohammed ibn Abdallah als Sohn der Haschemiten geboren.

Die meisten Menschen, die damals in der Gegend lebten, hätten Mohammed ein kurzes Leben vorausgesagt, und wenn nicht kurz, so zumindest unbedeutend. Mohammed verlor schon früh seine Eltern und wurde von verschiedenen Verwandten großgezogen. Zuerst kümmerte sich sein Großvater um ihn, und nach dessen Tod nahm ihn sein Onkel in seine Obhut. Wie nicht anders zu erwarten, genoss er keine besondere Erziehung. Er war ungebildet, Analphabet und arm.

Er besaß zwar nicht viel, aber eines hatte er: Charakter. Die Menschen, die ihn in seiner Jugend kannten, nannten ihn ehrlich, gerecht, anständig und verantwortungsbewusst.

In einer Kultur der Händler und Nomaden war es selbstverständlich, dass Mohammed ebenfalls Händler wurde, und er machte seine Sache ausgesprochen gut. Er heiratete die fünfzehn Jahre ältere Geschäftsfrau Chadidscha, der die von Mohammed geführte Karawane gehörte, und ließ sich nieder, um ein eher unscheinbares Leben zu führen.

Doch es gab etwas, das Mohammed von anderen unterschied: Er war ein nachdenklicher junger Mann, der sich regelmäßig zum Beten auf den Berg Hira zurückzog. Dort, in der Einsamkeit, tief versunken im Gebet, hörte er zum ersten Mal die Stimme, die ihm befahl: «Lies vor!»

Vierundzwanzig Jahre lang hörte und rezitierte Mohammed die Worte Gottes, aus denen schließlich der heutige Koran entstand. Mohammed widmete den Rest seines Lebens der Verkündung von Gottes Wort. Das Leben Mohammeds ist die Geschichte eines Mannes, der gänzlich von Gott durchdrungen war.

Zuerst teilte er seine Offenbarungen nur zögernd und heimlich mit seiner Familie und seinen engsten Freunden. Nach und nach wurde aus diesem Kreis aber eine Gemeinschaft von Gläubigen, die sich zur Lehre des Einen Gottes bekannten – in einer Gegend, die Menschen eine Heimat bot, die viele verschiedene Götter anbeteten. Mekka war zum gemeinsamen Schrein dieser Götter geworden, und die Kaaba – ein Heiligtum, das ausgerechnet von Abraham errichtet worden sein soll – beherbergte eine Vielzahl von Göttern, um jedem Besucher Mekkas die Möglichkeit zur Ausübung seiner Religion zu bieten. Mohammed war keine gute Werbung für eine Gesellschaft von Händlern, die sich ihrer Offenheit gegenüber unterschiedlichen religiösen Richtungen rühmte und wirtschaftlich von dieser Offenheit profitierte.

Die gesellschaftlichen Spannungen, die Mohammeds Offenbarungen und sein Aufruf zur universellen Bekehrung auslösten, führten schließlich dazu, dass er ins Exil nach Medina ging. Medina war die erste von vielen islamischen Gemeinden, die unter der Führung Mohammeds, des Propheten und «Gesandten Gottes» gegründet wurden. Mohammed führte die Gemeinde nach den Leitsätzen, die ihm im Koran («Lesung», «Rezitierung») offenbart worden waren. Er lehrte, dass diese die Grundlage einer völlig neuen Lebensform seien, nicht nur für Medina, sondern für die gesamte Menschheit.

Mohammed, «das Siegel der Propheten», sah sich selbst als den Letzten in einer Tradition von Propheten, die von Abraham bis Jesus reichte. Er verkündete, dass seine Offenbarung die Vollendung der Botschaften sei, die die «Leute des Buches» – Monotheisten mit einer heiligen Schrift, also allen voran Juden und Christen – vor ihm von Gott erhalten hatten. Mohammed lehrte, dass der Islam, das letzte und endgültige Wort Gottes, gekommen sei, um die Fehldeutungen und Missverständnisse der beiden früheren Offenbarungen richtigzustellen.

Mit dem Islam entstand nicht nur eine völlig neue Lebensform, sondern auch eine völlig neue Moralvorstellung. Ein Muslim, ein Anhänger des Islam zu sein, bedeutete, sein Leben nach dem Willen Gottes zu gestalten. Es bedeutete, sein ganzes Leben, jeden noch so kleinen Teil davon, in Übereinstimmung mit den Regeln und Ritualen zu führen, die der Prophet im Koran verkündet hat.

Der Koran war die Offenbarung und Mohammed war ihr Verkünder. Der Koran und die Bräuche der von Mohammed geführten Gemeinschaft wurden zu den Polen, zwischen denen ein Muslim sein Leben und seine Haltung zu formen sucht. Die Gemeinschaft der Muslime ist eine Gemeinschaft der Werte, der Tradition und großer persönlicher Verantwortung.

Im Koran, so lehrt der Islam, finden sich Antworten auf alle Fragen des Lebens. Dies ist der Grund, warum er nicht bei einer einzigen Offenbarung verkündet wurde, denn er soll für jede mögliche Situation im Leben einen Wegweiser bereithalten, damit wir für jede Lebenslage einen Leitfaden haben, der uns dabei hilft, in Übereinstimmung mit Gottes Willen zu leben.

Der Islam ist einfach und äußerst komplex zugleich. Er lehrt einen kompromisslosen Monotheismus – ähnlich wie die Juden und Christen. Aber im Vergleich zu diesen ist der Islam jedoch stärker auf einen einzigen Schwerpunkt ausgerichtet und umfassender in seiner unablässigen Suche nach Gottes Willen. Der Islam kämpft. Der Islam ringt. Der Islam verlangt fortwährende Anstrengung – *Dschihad*. Am wichtigsten ist vielleicht, dass die Verantwortung, Gottes Weg zu finden, direkt auf den Schultern des Einzelnen ruht. Jeder Muslim muss beständig mit sich ringen, um herauszufinden, welcher Leitsatz in einer bestimmten Situation passt, wie er zu dieser oder jener Zeit am besten handelt, welche Reaktion hier und jetzt die wahrhaft heilige ist.

Mohammed und die ewigen Regeln, die er für unser Gemeinschaftsleben aufgestellt hat, sind sicherlich ein guter Leitfaden. Am Ende zählen jedoch nicht die Routine, die Regeln, die ein anderer für uns aufgestellt hat, und deren ritualisierte Einhaltung, sondern nur die Entscheidungen, die wir selbst treffen.

Der Islam legt die unumstößlichen Regeln fest und strukturiert sich dann so, dass diese auch eingehalten werden können. Die heilige Lehre ist so einfach und klar, dass man sie einfach nicht ignorieren oder missverstehen kann: Es gibt nur einen Gott; die Menschen müssen sich in allen Dingen dem Willen Gottes hingeben; es wird der Tag des Jüngsten Gerichts kommen; es gibt einen Himmel und eine Hölle; in jeder Minute sind wir entweder dem einen oder der anderen näher.

Und der Weg ist genauso einfach und klar wie die Lehre: Ein Muslim muss jederzeit und unter allen Umständen bezeugen, dass es nur einen Gott gibt und dass Mohammed sein Prophet ist.

Darüber hinaus gibt es nichts, als sein Leben dem einen Gott hinzugeben, den Mohammed verkündet hat. Dies soll im Einklang mit der Offenbarung, die der Prophet empfangen hat, und nach dem Vorbild seines Lebens geschehen. Um auf dem rechten Weg zu bleiben und sich allzeit an den unmissverständlichen Ruf des Korans zu erinnern, soll ein Muslim fünf Mal am Tag beten, während des Monats Ramadan fasten, einen gewissen Prozentsatz seines Vermögens für Bedürftige spenden, und, wenn möglich, den *Hadsch* unternehmen, das heißt, nach Mekka pilgern, dem Zentrum und Herzen des Islam.

Im Islam geht es also um uneingeschränktes Vertrauen und Versenken in Gott, um Wohltätigkeit, Disziplin des Selbst und Verpflichtung gegenüber der Tradition.

Weil der Fokus des Islam so klar und deutlich ist, verlangt er von den Gläubigen, sich diesem voll und ganz hinzugeben. Der Islam ist nicht einfach nur ein Glaube, sondern eine Lebensform: die fortwährende Anstrengung, den Willen Gottes zu erkennen und dementsprechend zu leben. Ein Muslim befindet sich unablässig auf der Suche nach dem Willen Gottes. Der Islam strebt danach, die Gemeinschaft Gottes auf Erden zu sein, und er bemüht sich in jeder Sekunde darum.

Wichtige Begriffe

Abba Aramäisch: «lieber Vater», Gottesanrede Jesu
(Markus 14,36; Römer 8,15; Galater 4,6).

Achtfacher Pfad Der Buddha lehrte den «Achtfachen Pfad»
als vierte der vier «Edlen Wahrheiten». Er ist der Weg zur
Aufhebung des Leidens und umfasst die Stufen: Rechte
Erkenntnis, rechte Absicht (Anweisungen zur Lehre);
rechte Rede, rechtes Handeln, rechter Lebenserwerb
(Anweisungen zum Handeln); rechtes Streben, rechte
Achtsamkeit, rechte Versenkung (Anweisungen zur
Übung des Geistes).

Anachoreten Griechisch: «die Zurückgezogenen». Mönche
und Nonnen, die ein Einsiedlerleben führen, im Unterschied zu denen, die in einer Klostergemeinschaft zu-
sammenleben, die durch gemeinsame Arbeit, Gebet und
Mahlzeiten verbunden ist (auf Griechisch «Koinobiten»).

Anglikaner, anglikanische Kirche christliche Konfession, die
sich nach der Lossagung der Kirche von England von der
Oberhoheit des Papstes im 16. Jahrhundert entwickelte. Neben der Kirche von England und der «Episcopal Church»
in den USA gibt es weltweit sechsunddreißig anglikanische
Kirchen, die zur «Anglican Communion» zusammengeschlossen sind. Geistliches Oberhaupt der «Anglican
Communion» ist der Erzbischof von Canterbury.

Ashram Sanskrit: «Ort der Übung», klosterähnliches Medi-
tationszentrum, geleitet von einem → Guru.

Atman Sanskrit: «Lebenshauch, Atem, Seele». Ein breiter
Strom der Hindu-Philosophie sieht die Erlösung in der
Erkenntnis, dass Atman (Einzelseele) und → Brahman
(göttliche Weltseele) letztlich identisch sind («Tat tvam
asi»: «Das bist du»).

Baal Hebräisch: «Eigentümer, Besitzer, Meister»,
  altorientalische Gottheit, «Obergott» des jeweiligen
  Götterhimmels, Fruchtbarkeitsgott. Während der
  altorientalische Hochgott «El» mit dem biblischen Gott
  JHWH verschmilzt, erscheint Baal als Konkurrent JHWHs.
  Die Verehrung des einen schließt die des anderen aus
  (1 Könige 18,20–40).

Benediktsregel Die 73 Kapitel umfassende Lebensregel,
  die Benedikt von Nursia im 6. Jahrhundert für die von
  ihm gegründete Klostergemeinschaft verfasste und die
  in der Folge die Geschichte des gesamten westlichen
  Mönchtums geprägt hat.

Brahman im Hinduismus Bezeichnung für die göttliche
  Weltenseele, die höchste (unpersönliche) Gottesvorstel-
  lung. Die → Upanishaden drücken die Vorstellung der
  Wesenseinheit von Brahman und Seele (→ Atman) aus.

Brahmanen oberste Schicht des indischen Kastenwesens,
  dessen Angehörige traditionell dem Studium und der
  Lehre der → Veden verpflichtet und berechtigt waren,
  als Priester die heiligen Riten zu vollziehen.

Chabad-Bewegung Im 18. Jahrhundert in Russland ge-
  gründete Bewegung des → chassidischen Judentums.
  Der vorerst letzte Anführer, Rabbi Menachem Mendel
  Schneerson, starb 1994 in Brooklyn.

Chassidim, chassidisches Judentum Hebräisch: «Fromme»,
  im 18. Jahrhundert in Osteuropa entstandene Bewegung
  innerhalb des orthodoxen Judentums, durch Herzens-
  frömmigkeit und mystische Spiritualität gekennzeichnet.

Derwisch Persisch: «Mönch», Angehörige eines muslimi-
  schen → Sufi-Ordens.

Dschihad Arabisch: «Kampf, Anstrengung». Das Wort
  wird im Koran und in der islamischen Überlieferung
  sowohl für den militärischen Einsatz zur Ausbreitung des

Islam als auch für die innere, spirituelle Anstrengung für ein gottgefälliges Leben verwendet.

Edo Japanisch: «Flusstür», alter Name für die Hauptstadt Tokio

Eremit Griechisch: «Wüstenbewohner», Einsiedler (→ Anachoreten). Mönch, der zurückgezogen lebt, allein oder in einem Einsiedlerkloster.

Evangelisten Griechisch: «Überbringer guter Nachrichten», Autoren der vier «Evangelien», die im Neuen Testament das Leben Jesu von Nazarets verkünden; ihre überlieferten Namen sind Matthäus, Markus, Lukas, Johannes.

Fakir Arabisch: «Armer», ursprünglich gleichbedeutend mit → Sufi-Mönch oder → Derwisch. Heute Bezeichnung indischer Asketen (Hindu oder Muslime), die durch besondere Übung über außergewöhnliche Körperbeherrschung verfügen.

Ganesha Sanskrit: «Herr der Heerscharen» Shivas, im Hinduismus: elefantenköpfiger Gott des Glücks, der Poesie und Weisheit.

Guru Sanskrit: «schwer, gewichtig». Im Hinduismus Bezeichnung für einen spirituellen Lehrer, der seinen Schülern das erlösungsnotwendige Wissen vermittelt. Siehe auch → Ashram.

Hadsch → Islamische Pilgerfahrt nach Mekka, einmal im Leben von jedem Muslim zu absolvieren, eine der «fünf Säulen des Islam» (neben Glaubensbekenntnis, Pflichtgebet, Almosen und Fasten im Monat → Ramadan).

Haschemiten Nachfahren des Propheten Mohammed beziehungsweise dessen Großvaters Haschim ibn Abd al-Manaf. Der regierende König von Jordanien, Abdullah II., führt sich in direkter männlicher Linie auf Haschim ibn Abd al-Manaf zurück.

Hebräische Bibel Die Hebräische Bibel umfasst die fünf Bücher Mose («Tora»), die Bücher der Propheten («Newiim») und die weisheitlichen Schriften («Ketuwim), daher das Kunstwort «TeNaKh» (Tenach) als Bezeichnung. Der Tenach ist die Bibel Jesu und der Apostel und wurde in der antiken Übersetzung ins Griechische («Septuaginta») zum «Alten Testament» der Christen. Als Übersetzungsnorm dient heute auch für das Alte Testament der christlichen Bibeln der Text der Hebräischen Bibel.

Hindus Anhänger des «Hinduismus», der sich selbst als «sanatana dharma», der «ewige Weg» versteht. Als Religion Indiens geht der Hinduismus auf Formen aus dem dritten Jahrtausend vor Christus zurück und umfasst heute viele verschieden Ansätze, Spiritualitäten und Vorstellungen über Gott und die Götter. Für die meisten Hindus ist die Vielzahl der Götter Ausdruck der vielen Aspekte einer obersten, allumfassenden göttlichen Wirklichkeit (→ Brahman), die sich die einen eher apersonal, die anderen als persönlichen Gott vorstellen.

Hira, Berg Berg nördlich der Stadt Mekka, auf dem der Prophet Mohammed die erste der göttlichen Offenbarungen, die zur Niederschrift des → Koran führten, empfangen haben soll (Sure 96 des Koran).

Hohe Lied Salomos, Das Buch der hebräischen Bibel, des Alten Testaments, erotisches Gedicht, das in der Folge sowohl im Judentum als auch im Christentum auf die Liebesbeziehung Israels, der Kirche, des Menschen, der Seele zu Gott ausgelegt wurde.

Imam Arabisch: «Vorsteher», Leiter des Ritualgebets in der Moschee, im schiitischen Islam Ehrentitel für den rechtmäßigen Nachfolger des Propheten Mohammed in der Führung der islamischen Gemeinschaft.

Kaaba Arabisch: «Würfel», Zentralheiligtum des Islam in → Mekka und Ziel des→ Hadsch, der einmal im Leben vorgeschriebenen Wallfahrt. Nach islamischer Vorstellung von Abraham begründet.

Kali Sanskrit: «die Schwarze», zentrale weibliche Gottheit im Hinduismus, die sowohl als mütterliche Erlösergottheit als auch als zerstörerische Todesgottheit verehrt wird.

Kanaaniter Zu biblischen Zeiten Bewohner Palästinas und Syriens vor den Israeliten.

Karma Sanskrit: «Wirken», hinduistische und buddhistische Vorstellung, dass es ein moralisches «Naturgesetz» von Ursache und Wirkung gibt, wonach gute Handlungen (Denken, Reden, Tun) zu guten Auswirkungen, böse zu bösen Auswirkungen führen. Da dieser Zusammenhang innerhalb eines Menschenlebens nicht nachweisbar ist, gehört zum Karma die Vorstellung wiederholter Erdenleben («Samsara»).

Katholiken, römisch-katholische Kirche Griechisch «katholos»: «allumfassend». Mitgliederstärkste christliche Kirche, größte Religionsgemeinschaft, umfasst verschiedene Ritusfamilien, verbunden durch den Bischof von Rom («Papst») als Kirchenoberhaupt, der sich als Nachfolger des in Rom hingerichteten Apostels Petrus versteht.

Kennin-Tempel Zu Beginn des 13. Jahrhunderts gegründeter Zen-Tempel in Kyoto.

Koan Im Zen-Buddhismus gebräuchliche kurze Geschichten, Anekdoten, Dialoge mit einer paradoxen oder absurden Pointe. Das Ziel des Koans ist die Einsicht in die begrenzte Tauglichkeit begrifflicher Konzepte.

Koran Heilige Schrift des Islam, nach islamischer Vorstellung dem Propheten Mohammed im Verlauf von mehr als zwei Jahrzehnten geoffenbart. Schriftliche Fixierung nach dem Tod des Propheten in 114 Abschnitten («Suren»).

Leviten Das Jerusalemer Tempelpriestertum in der Hebräischen Bibel umfasste die Ämter des Hohenpriesters, der
Priester und der Leviten, die den Priestern assistierten.

Liturgie Griechisch: «öffentlicher Dienst», christliche
Bezeichnung für die Ordnung des gemeindlichen Gottesdienstes (im Unterschied zum Gebet und den Frömmig-
keitsübungen des Einzelnen).

Mekka in Saudi-Arabien gelegene Geburtsstadt des Propheten Mohammed und heiligste Stadt der Muslime,
Zutritt für Nicht-Muslime ist verboten.

Mischna Hebräisch: «Wiederholung», älteste Schicht des
→ Talmud.

Mizwa, Plural: Mizwot Im rabbinischen Judentum ein
«Gebot», das entweder auf die schriftliche → Tora oder
auf die Rabbinen zurückgeht. Nach dem → Talmud enthält die Tora 613 Mizwot: 365 Verbote und 248 Gebote.
Die menschliche Einhaltung der Mizwot ist im rabbinischen Judentum der Weg, auf dem Gott die Menschen
heiligt.

Mönche/Nonnen gibt es in fast allen Religionen, vor allem
im Christentum und Buddhimus, Hinduismus und der
chinesischen Religion: Menschen, die als Einsiedler oder
in Klostergemeinschaften ihr Leben spirituellen Übungen
widmen und in bestimmten Bereichen enthaltsam leben
(z. B. Eigentumsverzicht, sexuelle Askese).

Moschee Arabisch: «Ort der Niederwerfung», Gebäude für das rituelle Gemeinschaftsgebet der Muslime.
Bauelemente einer Moschee sind: Gebetsraum mit Ge-
betsnische, die in Richtung Mekka weist, und Kanzel,
Waschanlagen zur rituellen Reinigung, Türme (Mina-
rette).

Muslim Anhänger des Islam. «Islam» und «Muslim» beruhen auf dem arabischen Wort für «Hingabe».

Nirwana Sanskrit: «Verwehen», Bezeichnung für das
buddhistische Heilsziel, das im Auslöschens jeder An-
hänglichkeit an Faktoren der Vergänglichkeit besteht.
Mit dem Eintritt in den Zustand des Nirwana endet der
Kreislauf der Wiedergeburten.

Nitria ägyptische Wüstengegend, in der sich die ersten
christlichen Mönche zurückzogen. Siehe auch → Sketis.

Novize, Noviziat Lateinisch «novus»: «neu». Noviziat ist die
Probezeit, in der ein/e Anwärter/in auf Aufnahme in eine
Ordensgemeinschaft im Kloster mitlebt und sich prüft
und in der die Klostergemeinschaft sich ein Urteil über
seine/ihre Aufnahme bildet.

Novizenmeister/in Zuständig für die spirituelle Ausbildung
der → Novizen in einem Kloster.

Obaku-Kloster Hauptkloster der «Obaku-Schule» des Zen-
Buddhismus in der Nähe von Kyoto.

Ökumene Griechisch: «bewohnte Erde» (von «oikos»:
«Haus»): seit dem 20. Jahrhundert Bezeichnung für die
Bewegung, die getrennten christlichen Kirchen und Kon-
fessionen zur Einheit zurückzuführen.

Orthodoxe Kirche, orthodoxe Christen Griechisch «orthodox»: «rechtgläubig». Als Konfessionsbezeichnung meint
«orthodox» die Kirchen des Ost-Teils des Römischen
Reiches, die vor dem 11. Jahrhundert mit der → katholischen Kirche in Gemeinschaft waren, nach dem Bruch
mit Rom in der Kirche von Konstantinopel (Byzanz,
heute Istanbul) ihren Orientierungspunkt haben, z.B.
die griechisch-orthodoxe Kirche, die russische orthodoxe
Kirche etc. Auch andere selbstständige Kirchen, die sich
bereits in den ersten Jahrhunderten des Christentums von
der offiziellen Kirche des römischen Kaiserreichs trennten, führen «orthodox» als Selbstbezeichnung im Namen,
wie z.B. die armenische Kirche, die koptische Kirche.

Parvati Sanskrit: «Tochter der Berge», in der hinduistischen Mythologie die Gattin des Gottes → Shiva und Mutter von → Ganesha.

Peies Hebräisch: «Ecken». Nach Levitikus 19,27 ist es Juden verboten, ihr Haar am Kopf «rundherum» abzuschneiden, daher tragen traditionell eingestellte jüdische Männer Bart und Schläfenlocken.

Presbyterianer Älteste presbyterianische Kirche ist die schottische Nationalkirche, die «Church of Scotland». Die Kirchen des auf Johannes Calvin zurückgehenden reformierten Bekenntnisses heißen im englischsprachigen Raum «Presbyterianer», weil ihre Kirchenordnung die gemeindeübergreifende Verantwortung in einen «Rat der Presbyter» (Griechisch: «Älteste») legt.

Rabbi Hebräisch «Rab»: «Meister, Lehrer», von der Zeitenwende bis ins Mittelalter Titel, der die besondere Gelehrsamkeit in → Tora und → Talmud ehrt und die damit verbundene Autorität zur religiösen Regelung praktischer und rechtlicher Fragen bezeichnet. Im modernen (vor allem liberalen) Judentum bezeichnet «Rabbiner» eine Amtsrolle mit den Aufgaben der Gottesdienstleitung und Seelsorge ähnlich dem (protestantischen) Gemeindepfarrer, siehe → Rabbiner.

Rabbiner heute Amtsperson jüdischer Gemeinden mit akademischer Ausbildung als Autorität in religionsrechtlichen Fragen (→ Rabbi) und als Seelsorger.

Ramadan Neunter Monat des islamischen Jahres, Fastenmonat, in dem tagsüber keine Speise und kein Trank zu sich genommen werden darf. Das Fasten im Monat Ramadan ist eine der «fünf Säulen» des Islam (neben Glaubensbekenntnis, Pflichtgebet, Almosen und des → Hadsch, der Wallfahrt nach Mekka).

Sabbat Hebräisch: «Ruhe», siebter Wochentag, nach der
Hebräischen Bibel von Gott gesegnet und als Unterbrechung aller Arbeit eingesetzt. Im Judentum beginnt die
Feier des Sabbats am Freitagabend mit der Entzündung
von zwei Kerzen.

Sadhu (männl.), Sadhi (weibl.) Sanskrit: «Guter», Oberbe-
griff für Mönche und Nonnen im Hinduismus.

Sakrament heiliges Zeichen, im Christentum Bezeichnung
für einen sichtbaren Ritus oder eine Lebensform, die die
unsichtbare Gnade Gottes sichtbar macht. Spiritualität: ein
sakramentales Verständnis sieht die weltliche Wirklichkeit
nicht als «böse» oder als zu überwindenden «Schein», sondern als «Zeichensystem» der Mitteilung des Göttlichen.

Samaritaner Im Lukasevangelium 10,30–37 stellt Jesus
einen Samaritaner als Vorbild für barmherziges Handeln
hin. Die Samaritaner sind eine Religionsgemeinschaft,
die nur die fünf Bücher Mose (→ Tora) als heilige Schrift
verehren und sich als Vertreter des alten israelischen Got-
tesglaubens sehen, von dem das Judentum bereits zur Zeit
der Propheten abgefallen sei.

Samurai Japanisch: «Diener». Mitglied des japanischen
Kriegeradels in vorindustrieller Zeit.

Shiva Sanskrit: «Der Gütige», eine der wichtigsten persönlichen Manifestationen des Göttlichen im Hinduismus.
Der «Shivaismus» ist eine der Hauptströmungen der Hindu-Religion (vor allem in Südindien und Kaschmir). Der
«Tanz des Shiva» erhält die Welt und erlöst die Seelen.

Sketis, sketische Wüste ägyptische Wüstengegend, in die
sich – neben der → Nitria-Wüste und der Kellia-Wüste –
die ersten christlichen Mönche zurückzogen.

Soto-zen eine der Hauptrichtungen des Zen-Buddhismus
in Japan.

Sufi Anhänger der islamischen Mystik. Sufis sind oft als → Derwische in Ordensgemeinschaften um einen Meister («Sheik») zusammengeschlossen. Besondere sufitische Meditationsmethoden (Atemkontrolle, Kreistanz).

Sutra Sanskrit: «Faden, Kette», in der indischen Literatur Bezeichnung für einen einprägsamen Lehrtext. Im Buddhismus sind die Lehren Buddhas in «Sutras» festgehalten.

Swami Sanskrit: «Meister», wird im Hinduismus als Ehrentitel gebraucht und dem Namen vorangestellt.

Synagoge Griechisch: «Zusammenkunft», Versammlungsort der jüdischen Gemeinde zum Beten und zum religiösen Unterricht. Der Gebetsraum hat ein Lesepult («Bima») für Lesungen aus der → Tora, und einen Tora-Schrein, in dem die handschriftlich verfertigten Tora-Schriftrollen der Gemeinde aufbewahrt werden, deren Gegenwart ein «ewiges Licht» anzeigt.

Talmud Hebräisch: «Lehre», wichtigste religiöse Schrift des nachbiblischen Judentums, umfangreiche Textsammlung in zwei Ausgaben (Babylonischer Talmud, Jerusalemer Talmud). Der Talmud enthält religiöse Weisheitsgeschichten (Aggada) und religionsrechtliche Diskussionen (Halacha). Entstehungsgeschichte von der Zeitenwende bis ins frühe Mittelalter.

Tora Hebräisch: «Weisung», im engeren Sinn die fünf Bücher Mose der Bibel («schriftliche Tora»), im weiteren Sinn die «Offenbarung», die darüber hinaus sowohl die ganze → Hebräische Bibel als auch deren Auslegung («mündliche Tora») im → Talmud umfasst.

Upanishaden Bestandteil der → Veden, im ersten Jahrtausend vor Christus entstandene Sammlung religiösphilosophischer Texte. Ihr Gegenstand ist vor allem das Verhältnis von göttlicher Weltseele (→ Brahman) und Seele des Einzelnen (→ Atman).

Veden Sanskrit: «Wissen», heilige Schriften des Hinduismus, enthalten poetische Hymnen und theologische Prosa zum Opferritual, aber auch philosophische Texte wie die → Upanishaden.

Wüstenväter, Wüstenmütter Christliche Einsiedler, die nach dem Ende der Christenverfolgungen und der Etablierung des Christentums als Staatskirche im 3. und 4. Jahrhundert ein spirituelles Leben in der Wüste führten (vgl. → Sketis, → Nitria). Die «Sprüche der Wüstenväter» («Apophtegmata patrum») sind eine Sammlung von Aussprüchen und Weisheitsgeschichten, die Ende des fünften Jahrhunderts entstanden ist.

Zaddik Hebräisch: «Gerechter», Ehrentitel für einen heiligmäßigen Menschen im → chassidischen Judentum.

Zazen Sitzmeditation im Lotussitz mit aufgerichtetem Rücken und halb geöffneten Augen, zentrale spirituelle Übung des → Zen-Buddhismus

Zen Im fünften Jahrhundert in China enstandene Strömung des Buddhismus, von dort Verbreitung nach Korea, Vietnam und Japan. Neben der Sitzmeditation (→ Zazen) und dem → Koan entwickelte der japanische Zen-Buddhismus meditative Formen wie Kalligrafie, Blumenstecken, Bogenschießen, Gartengestaltung sowie die Teezeremonie. Ziel des Zen ist die begrifflich nicht fassbare Erfahrung der Erleuchtung. Aufgrund der großen Offenheit des Zen gibt es praktizierende Zen-Meister mittlerweile auch im Christentum.

Erklärung der Vignetten

Die Vignette zur Hindu-Weisheit bildet **die heilige Silbe «OM»** ab, die sich im Indischen aus den Lauten «a», «u» und «m» zusammensetzt. Im Hinduismus bezeichnet ihr Klang die höchste Gottesvorstellung, das gestaltlose Brahman, die göttliche Weltseele, die *Bedeutung des Ewigen*. «OM» ist für alle Hindus die heiligste Lautsilbe zur Meditation. Ihr Schriftbild wird daher oft als Symbol der Hindu-Religion verwendet, auch wenn «OM» noch anderen Religionen (zum Beispiel dem Buddhismus) als heilig gilt.

Die Vignette zur buddhistischen Weisheit ist **das «Rad der Lehre»,** das Gautama, der historische Buddha, im fünften Jahrhundert v. Chr. in Bewegung gesetzt und zu drehen begonnen hat. In diesem Bild kommt die zentrale Rolle Buddhas als Weisheitslehrer zum Ausdruck. Das «Rad der Lehre» hat acht Speichen; das heißt im Zentrum der Lehre des Buddha steht der «Achtfache Pfad» zum *Loslassen des Begehrens*: rechte Erkenntnis, rechte Absicht, rechte Rede, rechtes Handeln, rechter Lebenserwerb, rechtes Streben, rechte Achtsamkeit, rechte Versenkung.

Die Vignette zur jüdischen Weisheit ist **die Menora, der «siebenarmige Leuchter».** Nach biblischer Erzählung sollte Mose für das Heiligtum einen goldenen siebenarmigen Leuchter anfertigen lassen. Der letzte siebenarmige Tempelleuchter wurde im Jahre 70 n. Chr. bei der Zerstörung des Jerusalemer Tempels von den Römern geraubt und ist seitdem verschollen. Im Tempel stand der Leuchter gegenüber einem Tisch mit zwölf sogenannten «Schau-Broten». Zwölf Brote und sieben Lichter: irdische Wohlfahrt und spirituelle Erleuchtung, das Lebensnotwendige und das Festliche, *Gerechtigkeit und Freude* sind die Pole jüdischer Spiritualität und Weisheit.

Die Vignette zur christlichen Weisheit erinnert an **die «Ikone der Dreifaltigkeit»** des russischen Ikonenschreibers Andrei Rubljow (15. Jahrhundert). Rubljows drei Engel sind das vielleicht schönste Symbolbild für den christlichen Glauben, dass Gott in sich selbst *selige Gemeinschaft* ist. Im Hintergrund von Rubljows Ikone steht die Erzählung aus dem ersten Buch der Bibel (Genesis) vom Besuch Gottes bei Abraham und Sara, den Urbildern des Glaubens, in Gestalt dreier Männer oder «Engel».

 Die Vignette zur islamischen Weisheit ist eine arabische Kalligrafie mit der Bedeutung **«Was Gott will».** Im Zentrum des Islam steht die *Hingabe* an den göttlichen Willen. Der göttliche Wille, wie er im Koran und in den vom Propheten Mohammed ausgehenden Bräuchen offenbar ist, stiftet eine geregelte Lebensform, die die vielen einzelnen Gläubigen zur *Gemeinschaft* verbindet.

Danksagung und Widmung

Ein Buch zu verfassen, ist natürlich eine Übung im Schreiben, aber im Idealfall mehr als das: Es ermöglicht neue Gedanken und macht sie zugänglich, klar und lesbar. Diese Dimension eines Buches setzt Prozesse voraus, in denen die Gedanken von vielen Menschen gefordert sind, die sich mit ihrer Weisheit und ihren Fähigkeiten einbringen. Mir wurde das große Glück zuteil, dass bei diesem Buch viele bereit waren, sich einzubringen. Sie alle haben dieses Werk mit einer beachtlichen Breite an theologischem Wissen und an historischer Erfahrung bereichert und seine Ecken und Kanten abgerundet.

Ich bin immer dankbar für diese Art der Zusammenarbeit. Um ehrlich zu sein, wäre ich ohne sie verloren.

Ganz besonderer Dank gilt meinen Benediktiner-Schwestern für ihre Beteiligung am Entstehen dieses Buches. Die Schwestern Marlene Bertke, Susan Doubet, Carolyn Gorny-Kopkowski, Mary Lou Kownacki, Anne McCarthy, Mary Ellen Plumb, Ellen Porter, Linda Romey, Marilyn Schauble und Charlotte Zalot haben mit ihrer großen professionellen, spirituellen, theologischen, historischen und herausgeberischen Erfahrung zur Tiefe und zur Klarheit dieses Werkes beigetragen.

Jeremy Langford, selbst Autor und Verleger, hat das Manuskript hinsichtlich Inhalt und Qualität besonders sorgfältig geprüft. Dr. Gail Grossman Freyne hat das Werk mit ihrer üblichen Sorgfalt auf seine psycho-soziale Dimension hin überprüft. Professor Amy-Jill Levine, Rabbi Sandy Sasso, Imam Feisal Abdul Rauf und Professor Sean Freyne, der Direktor des «Center for Interfaith Studies» am Trinity College in Dublin, haben in besonders großzügiger Weise Licht in die Konzepte gebracht, die die unterschiedlichen Traditionen verbinden. Ihnen allen, die ihr ganzes Leben lang auf diesen Gebieten gearbeitet haben, bin ich dankbar für ihre Bereitschaft, mein Verständnis für all diese großartigen Glaubensrichtungen zu erweitern. Allein sie zu kennen war eine gute Schule für mich.

Sandra DeGroot, meine Lektorin beim Eerdmans-Verlag, hat sich diesem Projekt von ganzem Herzen gewidmet und mich sehr darin unterstützt. Früher als die meisten anderen hat sie erkannt, dass es in einer zusammenwachsenden, aber turbulenten Welt Bedarf für ein Werk wie dieses gibt.

Der Raum und die Zeit, die man für eine derart breit angelegte und reflektierte Studie benötigt, haben gewiss keinen kleinen Teil zur Entstehung dieses Buches beigetragen. Deshalb bin ich Gail und Sean Freyne und William und Elizabeth Vorshek für die Zeit und die Rückzugsmöglichkeit, die sie mir geschenkt haben, zu großem Dank verpflichtet.

Zu guter Letzt möchte ich mich bei Schwester Maureen Tobin, meiner langjährigen Assistentin und Freundin, bedanken. Ihr Organisationstalent, ihre Unterstützung und ihr sensibler Umgang mit allen Aspekten dieses Werkes haben mehr zu seiner Fertigstellung beigetragen, als Worte es ausdrücken können.

Ich kann mich nur auf eine Art bei all jenen bedanken, die ihren Teil zu diesem Leitfaden der menschlichen Weisheit beigetragen haben: Indem ich sage, dass ihre eigene Weisheit in diesem Buch lebendig ist. Ohne sie würde es schlichtweg nicht existieren.

Mit großem Respekt möchte ich dieses Buch den Mitgliedern des *International Committee for the Peace Council* widmen und dessen Direktor, Daniel Gomez-Ibanez, die alle zusammen dazu beitragen, eine Weisheit zu entwickeln, die allen gilt und alle einschließt.

In besonderer Weise möchte dieses Buch Samdech Preah Maha Ghosananda ehren, den letzten Patriarchen des Kambodschanischen Buddhismus, dessen Lehre über die Minenfelder Kambodschas streift und nicht aufhört, Weisheit zu gebären, eine Weisheit, die diese Welt braucht und die dieses Buch ehren möchte.

Zur Autorin

DR. JOAN CHITTISTER, Benediktinerin, Erfolgsautorin, Dozentin, Leiterin von Kursen mit Auftritten im Fernsehen und eigener Internetpräsenz (www.benetvision.org). Schwester Joan Chittister ist in den Vereinigten Staaten eine der führenden Stimmen für ein Christentum, das an Lebensweisheit interessiert ist und den Dialog sucht. Sie unterstützt Initiativen für Frauen und für Frieden und interreligiösen Dialog.

Richard Rohr im Verlag Herder

Hoffnung und Achtsamkeit
Der spirituelle Weg für das 21. Jahrhundert
300 Seiten | Gebunden mit Schutzumschlag und Leseband
ISBN 978-3-451-32414-7

Das Wahre Selbst
Werden, wer wir wirklich sind
ca. 260 Seiten | Gebunden mit Schutzumschlag
ISBN 978-3-451-32589-2

Zwölf Schritte der Heilung
Gesundheit und Spiritualität
192 Seiten | Flexcover
ISBN 978-3-451-32395-9

Reifes Leben
Eine spirituelle Reise
240 Seiten | Gebunden mit Schutzumschlag und Leseband
ISBN 978-3-451-32394-2

Ins Herz geschrieben
Die Weisheit der Bibel als spiritueller Weg
334 Seiten | Gebunden mit Schutzumschlag und Leseband
ISBN 978-3-451-32005-7

Auf dem Weg nach Weihnachten
Ein Begleiter durch die Adventszeit
96 Seiten | Herder spektrum Taschenbuch
ISBN 978-3-451-06637-5

HERDER